2014

第 二 辑

中国经济与管理

颜廷君　顾建光　主编

上海人民出版社

前　言

没有梦想的民族是没有希望的民族,中华民族从来没有停止过梦想!中国领先世界几千年,大唐盛世是世界的梦。近代中国落伍了,历经屈辱与坎坷,但复兴的梦想藏龙般虬伏在炎黄子孙生生不息的血脉中,像咆哮的黄河、浩荡的长江不舍昼夜。今天,我们喊出"中国梦",这个声音让人振奋,也让人酸楚,它在中华民族的心中压抑了太久太久,它是宣泄,也是宣言!

中国梦,是国家富强、民族复兴之梦,是人民幸福、社会和谐之梦。实现中国梦需要走正确的道路,需要依仗国家的力量,更需要全体中国人的担当。空谈误国,实干兴邦,全国人民的智慧和汗水托起中国梦!

国家兴亡,匹夫有责。编辑出版《中国经济与管理》丛书是"匹夫"的圆梦之举。我们拥有的不是伯乐相马的眼光或某种资历,而是勇气和担当。这里,"经济"除了国民经济及经济基础的含义外,我们还赋予它经国济民这一内涵;我们把"管理"从制度化、规范化扩展到文化管理范畴。这样,"经济"、"管理"和"文化"三大板块漂移到一起,叠加、交融、崛起,以形成世界屋脊的形式横空出世。

《中国经济与管理》丛书内容包括经济生态、公共管理、新视野、实践前沿、文化生态、他山之石等。我们不画地为牢戴着脚镣跳舞,栏目设计本着大体则有、具体则无的原则。内容或原创,或选编,从宏观到微观。可以是有套路的"少林功夫",也可以是"一剑封喉"的独门绝技;可以是经国济世之大计,也可以是组织谋生之道;可以是社会价值坐标,也可以是人生哲学;可以是高手"华山论剑",也可以是草根"螺蛳壳里做道场"。我们崇尚探索、开拓、创新,立足于"建设",同时不回避时弊,只要有益于国家利益和发展大局,没有敏感的话题与禁区。

高僧只说家常话。在表达方式上,我们不屑于虚张声势、故弄玄虚,摈弃陈词滥调、条条框框;追求举重若轻、深入浅出,追求花儿带露开般的鲜活。

《中国经济与管理》丛书集思广益,汇聚、萃取当代"诸子百家"在经济、管理和文化领域的研究成果,实践经验,人生智慧,人文情怀,以"精确制导"的方式传播,为中国经济与管理的主体和"文化人"开阔视野、提高决策能力、管理水平以及文化素养服务,为实现中国梦增添正能量。

选书读书如同择偶,盲目或不慎则耗费生命与精力。书籍浩如烟海,《中国经济与管理》中的文章(尽管有许多出自大家手笔)倘有一篇入你法眼,深感欣慰;有两篇心中窃喜;有三篇大喜过望,可引为知己;再多不敢奢求。

目　录

经济生态

蔡　昉　中国社会科学院副院长、学部委员。曾获中国发展百人奖、中华人口奖、孙冶方经济学奖等。著有《中国经济》《中国劳动力市场的发育与转型》等，主编《中国人口与劳动问题报告》系列专著。

"中国梦"的经济学解析

蔡　昉

一、"李约瑟之谜"

中国人为自己提出的一个宏伟目标是：到 2050 年中华人民共和国成立 100 年之际，实现中华民族伟大复兴。这个"中国梦"被表述为"复兴"而不是"振兴"，是因为在历史上，中国在科技发展和经济繁荣方面，并非从来就处于落后地位，而是曾经长期执世界之牛耳。西方的经济史学家也很早就否定了所谓的"欧洲中心论"，指出现有的世界经济格局，即欧洲及其海外移民地区在科技和经济（如人均收入）上所处的绝对领先地位，并不是从来如此。学者的研究表明，在 15 世纪前后的世界，财富主要集中在东方，而中国在这个"东方"概念中的地位举足轻重。只是在那之后，欧洲才开始崛起，并且在 18 世纪较晚的时候，东西方的"大分流"才出现。也大约在相同的时间范畴里，中国与西方在经济、科技和生活水平上的差距明显拉大，中国逐渐变成一个积贫积弱的国家。

解释国家兴衰是许多学者旷日持久的学术好奇心所在，经济学家更是孜孜不倦地发展出各种理论框架，期冀破解经济增长之谜。激励人们把中国经历的由盛至衰的历史作为主要研究对象的,是以著名的中国科技史学家李约瑟命名的所谓"李约瑟之谜"。这个谜题尝试回答为什么在前现代社会,中国科技遥遥领先于其他文明,而近现代中国不再具有这样的领先地位。

在较长的时间里具有支配性影响地位的解释,来自于所谓"高水平均衡陷阱"理论。这个理论假说认为,由于中国历史上的农业实践把传统技术和生产要素组合到尽善尽美的程度,以致维持了一个与欧洲早期历史相比更高的生存水平,从而人口增长很快,相应导致劳动力过多和过于廉价,使得劳动节约型的技术不能进行。在这种理论看来,只有大规模采用资本密集型或劳动节约型的技术,才能形成突破马尔萨斯陷阱所必需的技术变迁。

其实,无论是从经济理论逻辑上推理,还是从历史事实观察,这个假说都是不能成立的。首先,即使在中世纪历史上,欧洲固然经历过开垦土地边疆的时期,但是,更多的时期则是以人地关系高度紧张为特征。唯其如此,马尔萨斯均衡陷阱才成为最具有持续解释力的理论。其次,经济研究表明,农业技术进步是由生产要素的相对稀缺性所诱致发生的,因此,在劳动节约型技术变迁和土地节约型技术变迁之间,是没有优劣之分的。有研究证明,事实上,人口众多的国家可以因人口与土地之间的紧张关系,获得更强的压力和动力,实现更快的技术进步和进一步的人口增长。

归根结底,高水平均衡也好,低水平均衡也好,都不过是马尔萨斯陷阱的特定表现,即任何可能提高食物生产的机会,归根结底都只是一种暂时性的扰动因素,由此导致的人口增长,最终还会把生产力拉回到只能维持生存的均衡水平上来。

在两百多年的时间里,马尔萨斯的理论不断受到各种批评,但是,其影响力长盛不衰,原因就是,这个理论的确可以为工业革命以前长达数千年的人类经济活动,提供一个符合逻辑的解释。既然一种经济形态可以在如此悠久的时间里,横跨如此广阔的地域而存在,自然不会是千篇一律和一成不变的。所以,马尔萨斯陷阱既可以有高水平均衡,也可以有低水平均衡。例如,根据麦迪森整理的数据,就 1500 年人均 GDP 而言,欧洲国家中最富裕的意大利比最贫困的芬兰高 1.43 倍,后来成为工业革命故乡的英国,则比芬兰高 57.6%。而欧洲 12 个国家平均人均 GDP 高于中国的幅度,1500 年为 33%,1600 年为 51.3%,1700 年为 72.2%,1820 年为 1.1 倍。可见,

"高水平均衡陷阱"既不足以完美地解答"李约瑟之谜",在历史事实面前也难以自圆其说。

经济学家也尝试以更严谨的理论逻辑破解"李约瑟之谜"。例如,林毅夫认为中国在前现代社会的科技领先,在于众多人口产生的更多创新;而没有成功地转变到以大规模实验为基础的现代科技创新模式,则是随后中国的科技乃至经济落后于西方的原因。而他把科技创新模式转化不成功的原因,归结为不鼓励科技创新而仅仅复述和诠释四书五经的科举制度。这个解释无疑触及到了问题的核心,即中国的落后在于没有进入到现代科技创新。然而,留待解释的是,何以中国会形成特有的科举制度。

经济理论的用途在于解释力,核心是其逻辑上的一致性。因此,一种能够更好破解"李约瑟之谜"的理论,要求不仅能够解释历史,也能够解释与历史相连的现实,在理论逻辑上,则不能留有缺失的环节。换句话说,不能把一个命题转换为另一个命题,然后戛然而止。例如,在未能完美地回答为什么中国会形成科举制度的情况下,问题就不能算得到解答。此外,既然关于中国为什么没有保持其科技领先地位的"李约瑟之谜"是基于中西方的比较而提出的,那么,理论应该同时揭示与此相关的中西方之间的实质性而不是似是而非的差异。

在一个典型的前工业革命社会,马尔萨斯式的贫困恶性循环,或者说人均收入周而复始地回到生存水平,是经济发展的常态。但是,一旦实现工业革命的哪怕是具有偶然性的机会来临时,一国的物质资本、人力资本和技术进步是否积累到一个抓住机遇的最低要求水平,决定了能否在该国形成工业革命的突破。因此,我们尝试以极其宏观和大跨度的视角,来观察中西方在前工业革命社会的不同,以提供关于"李约瑟之谜"的合理解释。

在一个徘徊在生存水平的经济中,千千万万个农业经济家庭,甚至手工业家庭的规模都是大同小异的,所有这些"马铃薯"的一切成果,终究不过是维持或高或低的生存水平,因而也只是构成或高或低均衡陷阱的生产方式。此时个体经济单位不可能形成打破低水平均衡陷阱所要求的临界最小努力。因此,比家庭更高层次的经济体,如领主经济、村落经济乃至国家的职能是否有利于资本积累和技术进步,是产生不同经济发展结果的关键。而恰恰在这个层次上,西方与中国有着巨大的分野。

在西方封建制度形成和发展的过程中,君主与地方领主的关系是典型的封建关系,即前者把土地分封给战争功臣和贵族,后者藉此画地为牢、割据一隅,形成自给自足的封闭经济体。作为回报,君主要求领主和贵族在战争中效力,特别是在尚未形成常设国家军队的情况下,这种由封建主以骑士或者武装首领身份提供的军事服务,以及招之即来的表现,是君主与领主之间的一种契约关系。这种以土地为核心的财产与军事服务之间的互惠,或隐或明地以契约的形式确定下来,同时也就奠定了君主统治的合法性。换句话说,这种统治合法性虽然常常也是脆弱的,但由于互惠互利关系的存在,总体上而言,可以被这种契约关系所保障。

获得分封土地等资源的领主,其财产权也具有同样的合法性,据此实现的经济增长和资源增值,也得到产权的保障。因此,领主是一个接近经济活动并从中直接获益的阶层,拥有促进领地经济繁荣的稳定激励。此外,即使是财产权利的不稳定因素,也成为发展经济的激励。在许多情况下,外族的侵略和相邻领主的掠夺,都可能造成财产的损失乃至丧失殆尽。因此,以自己可能的经济实力和技术能力,筑建尽可能坚固的城堡,是保护私人财产的唯一有效手段。而无论是保家卫土还是攻城略地的能力,无疑都与庄园或领地的经济发展水平密切相关。

从经济活动的角度看,教会与上述封建关系有诸多相似之处。教士们不仅孜孜不倦地抄写复制了宗教典籍,在那些印刷业不发达和普遍文盲的时代,还对古典科学和文化艺术的留存及传播,作出了无可比拟的贡献。有一个特别的事情值得一提,地方教会领导人的一个永恒的梦想,就是建筑雄伟壮观、持久屹立的教堂,其建筑过程不仅需要物质资本的积累,也是延揽、激励和培养人力资本的过程。一旦教堂建成,则意味着一个新的商业中心的开拓,对地方商品经济的促进作用甚至超过那些直接以营利为目的的经济活动。

在这种制度框架下,精英阶层既可以通过为国王打仗获得分封,也可以通过成为地方经济组织者甚至高级僧侣扩大自己的财富,甚至通过抢劫或蚕食其他庄园的财富,及至进入统治阶级。这在客观上形成了发展地方经济的强烈激励。

至此,一个与人力资本积累相关的最为重要的因素,也已经昭然若揭。那就是,既然君主与领主之间的关系更接近于一种互惠的契约关系,君主统治的合法性根植于此,则没有必要形成一种机制,不厌其烦地要求领主表达自己的忠诚。这就是为什么在早期西方社会,没有形成一个像科举制度那样阻碍人力资本积累的制度的原因。

一旦有繁荣和发展特定区域内经济活动的激励,道格拉斯·诺斯所阐述的必要的制度条件,就会向着私人收益接近社会收益的方向发展,从而形成支持生产性经济活动的制度环境,发生工业革命所需的物质资本和人力资本条件就可以得到积累。事实上,在特定的发展时期,它们已是万事俱备,只待合适的时间以及一点点运气了。

与西方相比,中国的封建社会是非典型的。由于在较早的时期就形成了大一统的中央帝国,天高皇帝远,中央政府除了在必要的基础设施建设时,如修筑防御性的长城和大型水利设施,需要动员全国力量、组织经济活动之外,并不直接介入一般的生产活动。而地方政府作为中央政府的派出机构,只对中央政府负责,并且与地方经济没有直接的利益关系。因此,经济发展只是一家一户的分散经济活动的叠加而已。

虽然这种典型的小农经济(地主经济通常也表现为个体的佃农经济)具有较大的弹性和活力,许多制度形式如土地自由买卖等也有利于促进经济活动,但是,缺少一个直接利益相关且具有规模经济的中间层次来组织和激励技术创新,妨碍了物质资本的积累,从而阻碍了可以达到革命性突破的技术进步的形成。

更重要的是,由于皇朝与地方官员及士绅之间并不是典型的契约关系,而是威权式的层级关系,皇朝统治的合法性并不建立在与地方官员和贵族的互惠基础上。因此,建立一种封建意识形态和礼仪规则,辅之以君权神授的威权及中央军事实力,是合法性的根本和唯一保障。在这种情况下,克己复礼的儒家思想就成为主流意识形态,继西汉董仲舒"罢黜百家,独尊儒术"之后,在隋唐时期形成以阐释统治阶级意识形态和效忠为唯一内容的科举制度,并延续一千多年之久,也就顺理成章了。

这种科举制度被看做是一个开放的官员选拔制度,也恰恰起到了把所有的精英(同时也是潜在的麻烦制造者)引导到通过科举独木桥进入统治阶层的作用。在这种精英选拔体制下,表达对主流意识形态的认同,论证皇朝统治的合法性以及自己对体制的忠诚,成为精英人才的晋升之途。而科学技术、工艺技能则都成为奇技淫巧,耻与人言。因此,科举制度把有利于科技创新的人力资本积累道路牢牢地堵死了。

固然,生产活动中无时无刻不在产生这样那样的技术创新,作为一个人口泱泱大国,热心于科学探索的官员或士绅,甚至普通工匠也大有人在,对人类文明积累作出了诸多贡献。但是,知识分子的主流激励不在于此,直接知识的创造是随机性的,间接知识的积累是间断性的,不足以积累到科技革命的临界水平,自然也就不能在适当的时机激发出工业革命。

对中国和欧洲在前工业革命时期的物质资本和人力资本积累模式作出这样的宏观比较,就不难揭示出中国未能保持其早期经济繁荣和科技发展的领先地位、没有成为工业革命的故乡的谜底了。也就是说,在世界各地都处在马尔萨斯贫困陷阱中的时候,中国较早并且或许常常处在高水平陷阱中。而当欧洲通过从低水平陷阱到高水平陷阱的提升,进而逐渐为工业革命积累了必要的物质资本和人力资本的时候,中国反而没有进入这个发展阶段,错过了实现工业革命的机会。

二、两个"百年目标"

我们用世界银行的最新数据,补充安格斯·麦迪森的历史数据,可以清晰地显示中国经济发展在数千年中的兴衰更替。在公元 1000 年至 1600 年之间,中国的人均收入大体上处于世界平均水平;至于经济规模(GDP 总量),1820 年时竟占到世界的1/3。而正是在那个时刻,中国在世界经济"大分流"中落到了停滞的国家行列,经济总量占世界比重,以及与世界平均水平相比的人均收入水平都一路下跌。

中华人民共和国成立之前,中国更是经历了无尽的内忧外患、经济停滞、民不聊生。在 1820—1952 年期间,GDP 总量和人均 GDP 的年均增长率分别为 0.22% 和－0.08%,而同期欧洲的这两个增长率分别为 1.71% 和 1.03%。中国经济在世界经济中的地位降到了最低点。中华人民共和国成立后的前 30 年的经济增长,受到传统计划经济体制和重大政策失误的影响,由于排斥市场机制、过高的积累率、产业结构失调,这一时期人民生活水平的改善十分缓慢,不仅没有实现对发达国家及新兴工业化经济体的赶超,反而拉大了发展差距。中国终究没有搭上 1950 年以后世界经济大趋同的顺风车,经济发展失去了宝贵的 30 年,1978 年农村尚有 2.5 亿人口未得温饱。

在改革开放时期,中国终于把自己在几个世纪"大分流"中的落后地位,逆转为向发达经济体的"大趋同",开始了中华民族复兴的宏伟征程,并以成为世界第二位经济体为象征,取得了世人瞩目的经济社会发展成就。改革开放是中国经济由衰至盛的转折点,特别是21世纪以来,无论是经济总量还是人均收入水平,中国占世界的比重都迅速攀升。中国成为世界第一大经济体以及进入高收入国家的行列,也已经指日可待。

正是亲见了改革开放时期取得的经济社会发展成就,中国人民有充分的自信,中华民族伟大复兴不是空谈,也不会仅仅流于一个励志的口号,而必然得到既扎实又迅速的推进。回顾一下从邓小平提出"三步走"战略,到党中央提出"全面建设小康社会目标",再到进一步将其升华为两个"百年目标"表述的过程,无异于书写改革开放以来的中国经济发展史,也有助于进一步增强实现目标的自信心。

在整个20世纪70年代末到80年代后期的时间中,邓小平都在反复调研、咨询和思考"翻两番"、达到"小康"、"人均收入800美元"等目标的可行性。例如,包括邓小平在内的党和国家领导人在对发达国家及相邻国家和地区进行了一系列考察之后,把20世纪末实现四个现代化的目标,先是实事求是地修改为中国式的现代化,继而形成"小康"的概念。1980年又受湖北省提出的工农业20年"翻两番"设想的影响,形成了从1981年到20世纪末的20年,实现工农业总产值"翻两番"的战略构想。

1983年邓小平在会见世界银行行长克劳森时,向对方介绍了中国计划实现工农业总产值"翻两番"的目标,同时希望世界银行组织一次经济考察,针对中国未来20年面临的主要发展问题,特别要根据国际经验,为中国实现上述发展目标提供一些可选择性建议,并对这一目标做一些可行性研究。遵照邓小平的提议,世界银行组织了一个庞大的团队,对中国经济状况进行了考察和研究,并于1985年给中国政府提交了一份题为"长期发展面临的问题和选择"的经济考察报告。这份报告采用现代经济学分析方法,从理论和经验两个方面论证了"翻两番"的可行性。这个报告文本也不胫而走,为中国的经济学家和政策研究者广泛传阅。

在充分调研、论证和经济发展实践的基础上,到中共十三大召开前夕,邓小平在接见国外客人时,阐述了"三步走"的战略思想。党的十三大明确而系统地阐述了"三步走"的发展战略:第一步,从1981年到1990年实现GDP比1980年翻一番,解决人民的温饱问题;第二步,从1991年到20世纪末,使GDP再增长一倍,人民生活达到小康水平;第三步,到21世纪中叶,人均GDP达到中等发达国家水平,人民生活比较富裕,基本实现现代化。21世纪中叶这个时间点所对应的是中华人民共和国成立100周年,因此,届时"建成富强民主文明和谐的社会主义现代化国家"是中国共产党十八大确立的两个"百年目标"之一。

2002年,党的十六大作出一项关系改革开放和现代化建设全局的重大决策:在原定现代化建设"三步走"战略部署基础上,从"第三步"即21世纪上半叶的50年中,划出其中头20年(2001—2020年),作为"集中力量,全面建设惠及十几亿人口的更高水平的小康社会"的发展阶段,以及"实现现代化建设第三步战略目标必经的承上启下的发展阶段"。2020年这个时间点对应的是中国共产党建党100周年,因此,届时"全面建成小康社会",是另一个"百年目标"。

包括邓小平拟定的"三步走"战略和两个"百年目标",最终都可以统一在中共十八大提出的总任务之中,即实现社会主义现代化和中华民族伟大复兴。2012年11月中共十八大闭幕之后的29日,新当选中共中央总书记习近平,带领新一届中央领导集体参观中国国家博物馆"复兴之路"展览现场时,首次提出"中国梦"的概念,称之为实现伟大复兴就是中华民族近代以来最伟大梦想,而且满怀信心地表示这个梦想"一定能实现"。我们可以将"中国梦"作为中共十八大提出总任务的"百姓版"。

古往今来,每一个民族的老百姓都希望过上幸福、富足和安全的物质生活和文化生活,形成各国版本的"梦想",因此,各国民众的梦想和期待无疑是相通的。但是,"中国梦"与其他国家提出过的梦想,也有着诸多不同之处。其中最根本之处,应该是实现梦想的途径和手段。作为一个从欧洲移民到美国的梦想者,施瓦辛格(Arnold Schwarzenegger)早在作为好莱坞动作明星成名之前,就期待着有一天人人能够拼出他复杂的名字。最终他成功了,无论在娱乐圈还是政界都风头甚健,成为真正的世界名人,讲英语的人们都不少能够拼写出他的名字。这代表了一种典型的个人主义"美国梦"。"中国梦"也是建立在千千万万中国人的努力基础之上,但是,最吸引中国人民之处,则是这个梦想中的集体主义和共同富裕的理念。面对中国眼前的挑战,坚持发展是硬道理,而使发展成果更多更公平地惠及全体人民,是"中国梦"的必要且充分条件。

三、中国版"收入倍增计划"

作为"百姓版"的"中国梦",也有收入增长的定量目标。中共十八大报告在经济建设和改善民生方面的重大战略部署,顺应时代潮流,突出经济体制改革和经济发展方式转变,回应了人民群众的新期待,描绘了全面建成小康社会的新愿景。这个报告在经济建设和社会建设方面提出的新愿景和新要求,立足于科学发展和转变经济发展方式,着眼于改善民生和包容性发展,体现了改革的精神,既鼓舞人心又需要付出艰苦的努力。其中,关于经济总量和居民收入增长,以及民生改善等方面的宏伟愿景和战略部署,可以理解为包括目标、内涵和实现手段在内的具有时代特征、符合中国国情的"收入倍增计划"。

许多人会想到著名的日本"国民收入倍增计划",即池田勇人内阁制定并在1961—1970 年间实施的经济发展计划。日本经济在 1955 年完成了战后恢复,回归到战前的正常增长速度。在这个背景下,决策者希望制定一个鼓舞人心的计划,保持恢复时期的高增长率,更快实现对欧美经济的赶超。该计划旨在通过刺激需求以拉动投资、加快科技进步、推动产业结构高度化,以达到加快国民收入增长、提高居民就业和收入水平的目标。在这个时期中,日本经济年均增长率达到 10%以上,计划完成之时,日本经济总量超过德国和法国,成为美国之后的第二大经济体,人均收入水平也大幅度提高。

正是因为日本经济在实施"国民收入倍增计划"时期所取得的高速增长和居民收入的改善,使得许多人对此心驰神往,希望中国也实施一个类似的倍增计划,一跃而进入发达国家的行列。但是,在借鉴日本成功经验的同时,我们也要吸取其失败的教训,同时注意与中国的可比性问题。

虽然日本经济在这个时期实现了高速增长,但是,这种赶超战略也带来了通货膨胀,助长了政府过度干预的弊端以及投资过度等风险。可以说,这个计划的实施,也同时酝酿了后来的大幅度减速。此外,20世纪60年代的日本,并不能与中国目前的经济发展阶段相提并论,因而两国面临的发展制约因素也不尽相同。因此,中共十八大部署的这个中国版"收入倍增计划",并非是对日本所实施过的"国民收入倍增计划"的模仿或复制,而是与中国所处发展阶段以及面临的制约因素和主要任务相对应的。

首先,中共十八大明确提出了经济增长的数量目标。党中央提出2010—2020年GDP翻一番的目标,即在2010年40.15万亿元的基础上,按照不变价格2020年达到80.3万亿元。这个目标十分鼓舞人心,也是完全可以达到的,即从2011年开始GDP总量只需以略低于年平均7%的速度增长即可达到。考虑到2010—2020年人口增长率不会超过每年0.3%,如果GDP每年增长7.2%左右的话,人均GDP也可以翻一番,即在2010年4 382美元的基础上,按照可比价格,2020年人均GDP达到8 764美元,也是一个可以期待的目标。

中共十八大设立的翻番目标,并不是十七大关于到2020年,在2000年基础上翻两番的简单重申,而是在过去十七大到十八大的5年人均收入已经达到更高水平基础上的更高目标。实现这个任务,意味着到2020年,中国人均GDP大幅度接近世界银行定义的高收入国家门槛的11 906美元水平。这将为达到邓小平"三步走"战略的第三步目标,即21世纪中叶达到中等发达国家的水平,打下具有决定性意义的基础。

值得指出的是,中共十八大报告并没有着眼于增长速度本身,而是强调在发展平衡性、协调性、可持续性明显增强的基础上,实现翻一番的目标。确定的量化指标为今后的经济增长留出了充分的余地,以避免用传统经济发展方式推进。实际上,无论是GDP总量还是人均GDP翻番,所要求的增长速度都低于以往10年乃至30年的平均增长率。

然而,在2010年基础上到2020年GDP总量翻一番,也并不是一个唾手可得的目标。根据我们的预测,潜在增长率从"十二五"时期开始,将呈现逐年减缓的趋势,在预测的最后一年即2020年,潜在增长率将下降到5.8%。要达到翻番的目标,推进经济体制改革,获得新的增长源泉是必由之路。

有趣的是,日本制定"国民收入倍增计划"时,出发点并不必然像后来所显示的那样,是为了达到更快的经济增长速度。实际上,在当时的计划者中有一些人,本意却是根据战后恢复期高速增长完成后的新情况,制定一个更为稳定的增长计划。只是,最终拍板人倾向于推动一个更快的速度。上有好者,下必甚焉,1961—1970 年期间的日本经济最终实现的高速增长,终究是祸是福,尚无定论。而中国这个 GDP 翻番目标,却是与"十二五"规划预期的年均 7% 的增长率相互呼应的。

其次,中共十八大报告提出的城乡居民人均收入翻一番的目标,更加贴近人民群众的期待。在 GDP 总量翻一番的情况下,要实现城乡居民收入翻一番的目标,就意味着对国民收入分配提出更高的要求,不仅要做到居民收入增长与经济发展同步,而且在 2020 年之前的时期内,要做到居民收入增长快于经济发展速度。只有依靠国民收入分配结构的调整,显著提高居民收入在国民收入结构中的比重,才能达到这个目标。

人们通常说日本是一个收入水平高度均等化的国家,其实并不完全准确。从其实施"国民收入倍增计划"开始,日本经济增长就越来越倚重大规模投资和扶持大企业,并以之作为主力军推进重化工业化。这样一种增长模式,也必然带来收入分配差距扩大的结果。实际上,人们之所以得出日本收入分配比较平均的印象,是因为没有看到政府实施再分配之前的收入分配状况。事实上,1967 年日本初次分配的基尼系数为 0.375,经过再分配调节降低到 0.328,改善了 12.6%;2008 年初次分配基尼系数为 0.532,再分配之后降低到 0.376,改善幅度高达 29.3%。

中国的"收入倍增计划"也给予收入分配高度重视,强调使全体人民更充分更均等地享受经济发展的成果,不仅需要人均收入水平的持续提高,还要不断改善收入分配,缩小城乡居民享受基本公共服务的差距。中共十八大报告提出深化收入分配制度改革的任务,针对在获得资源和享有机会方面的不均等、不公正、不透明——也是造成贫富差别、收入分配不公的重要原因,特别强调了建立公共资源出让收益合理共享机制,改革征地制度,提高农民在土地增值收益中的分配比例。

四、现代化的含义

如果说"中华民族伟大复兴"是中国人民从自己的历史着眼,期盼在本世纪中叶得以实现"中国梦"的话,实现现代化则是在更有共性的语境基础上,对中国任务的一种界定。一般认为，自工业革命以来，各国所经历的，或者努力探索的，涉及社会生活各个领域的深刻变革过程，就是所谓的现代化。而这一过程终究要以某些既定特征的出现作为完结或者阶段性完结的标志，表明一个社会已经实现了由传统向现代的转变。因此，现代化既是过程也是目标。

中共十八大表述的"建设富强民主文明和谐的社会主义现代化国家"，便是把现代化作为一个目标提出的。作为一种奋斗的目标，全面认识其内涵，既具有鼓舞人心的务虚意义，也具有引导方向和规范过程的务实意义。从学术的角度，揭示现代化特别是大国现代化所必需的要素，以及中国在趋近现代化目标的过程中面临着哪些挑战，有助于推进中国特色社会主义现代化国家的建设过程，在预定的时间里达到目标。

现代化内涵之一，即建设"富强国家"的目标，首先是以硬实力或综合国力为标志的。迄今为止，人们还是认为 GDP 是揭示一国财富水平和生产能力的最概括性指标。如果按照改革开放以来 30 余年的增长速度，中国的 GDP 总量无疑将在较短的时间内超越美国，成为世界第一大经济体。国际货币基金组织(IMF)预计中国经济总量超过美国的时间是 2016 年，届时，中国按照购买力平价计算的 GDP 总量，大约是美国的 102%。当然，就人均 GDP 水平来说，中国才仅仅是美国的 24%，仍然处于中等收入阶段。

其实，早一点还是晚一点，具体在哪一年中国超过美国，成为世界最大的经济体，并不是那么重要。在 1980—2011 年的 31 年中，各年度 GDP 增长率的算术平均值，美国是 2.6%，而中国是 10.0%。如果这个差距持续下去，或者即使按照中国潜在增长率的下降趋势，假设一个中国经济的合理减速，中国对美国的超越终究也是会发生的。

联合国倡导的人类发展指数(human development index，HDI)把人均收入水平、居民健康水平和受教育程度融合为一个指标，能够更全面地反映经济发展的水平以及包容和分享程度。2010 年，中国的 HDI 为 0.663，排位在世界第 89 位，属于中等人类发展水平，这个排位比人均 GDP 排位略微靠前。世界上也有其他一些国家，人类发展指数的排位比人均 GDP 靠前，意味着处于同样的经济发展水平的国家，可以根据优先顺序的调整,实现对人类发展水平的倾斜。实际上,在中国经济增长有所减速的发展期间,更加注重社会发展,加强对人力资本的投入,可以通过人类发展水平的提高,更好地实现发展的目的。

最重要的则是,要汲取许多中等收入国家在相应阶段上的前车之鉴,防止非正常的减速,从而避免陷入中等收入陷阱。为此,沿袭旧路的保守策略是无济于事的。国际经验和教训表明,任何国家一旦进入从中等收入阶段向高收入阶段迈进的时期,一系列有助于打破贫困陷阱、跨入中等收入阶段的做法,都不再行之有效。改革阻碍生产率提高的制度因素,转变经济发展方式,消除涣散社会凝聚力的体制弊端,是中国走向现代化过程中不容回避的任务。

硬实力的另一个标志是科学技术水平和创新能力。随着成为经济大国,中国也加大了跻身科技大国的努力,并取得了显著的成效。长期以来,我们的新闻报道常常会以一些技术突破成果,振奋我们的民族自豪感,但是,作为一个中等收入大国,在某些科技领域居领先地位这样的事实,并不足以显示中国科技在世界上的地位。另一方面,用一些更加综合性的指标进行评判,也越来越具有新闻效果,其中包括一些能更真实反映中国实施科教兴国战略的努力、成就和不足的信息。

在1995—2011年期间,中国的研究与发展经费支出占GDP的比重,以年平均7.3%的速度提高。考虑到这个时期GDP总量的增长速度在全世界是独一无二的,就可以想像这些年中国的科技投入力度有多大。这种投入相应带来了许多显示性的结果。例如,中国发表的科学论文总数和专利申请数量都已经在世界上名列前茅。总量性指标固然有其说服力,但是也有其局限性,对于中国来说尤其如此。更深入的分析显示,在发表的论文和申请的专利被引用方面,中国仍然远远地落后于发达国家,甚至落后于许多发展中国家。例如,观察科学论文被引用量的国际比重与发表量的国际比重两者之间的比率,中国仅为科技创新最前沿国家瑞士的25%,甚至排在南非、墨西哥和巴西之后。

在大规模增加科技投入的同时,我们应该反思的是:科技投入的目的何在,科技创新的规律是什么,以及创新应该以谁为主体。英国《自然》杂志主编菲利普·坎贝尔(Philip Campbell)有一句很有针对性的话——"科学不是比赛"。科学技术发展的目的是为了经济增长有一个赖以持续进行的科技基础,这个基础的水平和牢固性不是金钱可以堆积起来的,而是要通过千千万万的个人、企业、机构的创新。

"创新"这个词,从其被经济学家熊彼特发明以来,就是与创造性破坏联系在一起,即创新有成功也有失败,创造中必然有毁灭。人们津津乐道的第三次科技革命或浪潮的一个显著特征,就是计算机和信息技术改变了人们组织创新活动并使产品和服务商业化的方式。但是,这个新趋势不仅不会改变科技创新的创造性破坏性质,而且在某种程度上进一步强化了这一性质。因此,科技水平是国家整体实力的表现,提升这种实力的创新活动,需要众多单个主体积极探索并承担后果。

国家软实力是现代化不可或缺的内涵之一。软实力这个概念最早是由美国学者提出并应用于国际关系领域。有些学者建议,相对于军事力量和经济手段这样的硬实力,国家应该更多依靠文化和理念方面的软实力获得国际影响力。硬实力强调的是谁赢得经济战或者军事战,软实力则着眼于谁赢得了话语权。另外一些学者则认为,有必要把硬实力与软实力综合运用,形成巧实力。后一观点得到美国官方的采纳。可见,对西方学者来说,无论是硬实力还是软实力,或者两者的结合,都是国际关系博弈中的手段。

许多美国政治家和学者对于中国的崛起忧心忡忡。例如,在2013年6月中国国家主席习近平访美之际,美国哈佛大学学者阿里森在媒体发表文章,认为中国和美国面临着一个所谓"修昔底德陷阱"。2000多年前,雅典将领、历史学家修昔底德(Thucydides)在其著作《伯罗奔尼撒战争史》中指出,历时长久、后果惨烈的伯罗奔尼撒战争,起因正是雅典的崛起及其在斯巴达所引发的恐惧。阿里森还举出诸多其他历史事实,证明在大国关系历史上,的确存在着这个"修昔底德陷阱"。

面对西方社会对中国崛起的担忧甚至恐惧,消除误解、增强共赢信心的做法应该依靠中国软实力的增强。在这方面,不在于谁有强硬的态度和说法,也不在于谁的新鲜名词获得一时的流行,更不在于谁家"鸟叔"的舞步被更多人模仿,而在于谁的规则被人认可,乐于被人遵循。其实,即便不涉及国际关系领域,一个国家在走向现代化的过程中,也面临着一个增强国家软实力的任务。这里,民族文化的感染力和流行性固然是软实力的一部分,但是,一个国家具有更强的社会凝聚力,价值观获得广泛共鸣,话语权普遍得到接受,是更加实质性的软实力。软实力既是衡量现代化的标准,也会为国家的崛起创造更好的内部和外部环境。

五、结语:爬坡与攻关

对于最早实现现代化的欧美国家来说,技术进步是在前无古人的基础上进行的,每一步都是踽踽独行,人均收入水平的提高,则是经过缓慢而旷日持久的经济增长才达到的。相反,由于后发优势的存在,越是后起的国家,则越是能够以更高的速度实现对先行国家的追赶。

例如,我们可以利用经济史学家麦迪森归纳整理的数据,把中国与不同时期的"高速成长"大国(英国、美国和日本)的增长率进行比较。英国在1880—1930年期间,人均GDP的年均增长率只有0.9%。以1880年时出生人口预期寿命50年算,在这个时期,一个平均水平的英国人,可以在自己的一生中感受到生活水平提高约为56%。英国的这一增长表现,是对绵延数千年的马尔萨斯贫困陷阱的第一次,也是最具革命性的突破。继英国和其他西欧国家之后,美国成为又一个现代化强国。在赶超英国的过程中,即在1920—1975年期间,美国的人均GDP增长率约为2%。以1920年的出生人口预期寿命55年算,美国人终其一生,生活水平可以达到近1倍的改善。与众不同的是,美国在随后的经济发展中,仍然保持了类似的增长速度,至今在世界上仍占有最强实力和最高生活水平的地位。日本是之后一个成功赶超先行者的国家,也是亚洲第一个实现了现代化的国家。在1950—2010年期间日本的人均GDP年平均增长速度超过4%。以平均预期寿命60年算,1950年出生的日本人,一生中经历的生活水平提高了将近10倍。但是,日本在1990年以后的经济增长表现乏善可陈,收入水平的提高也举步蹒跚。

自20世纪80年代初起,改革开放把中国推进到高速增长的轨道。根据麦迪森的可比数据,在1981—2011年的30年期间,中国的人均GDP年均增长率为6.6%,也就是说,中国人民自改革开放以来已经经历了近5倍的生活水平改善。以平均预期寿命68年算,1981年出生的中国人将期望活到2049年,即中华人民共和国成立

100 周年之际。如果过去的增长速度得以保持，终其一生，一个典型的"80 后"中国人可以经历高达 73 倍的收入水平提高。

无论是进行横向比较，还是进行纵向比较，中国人迄今为止所经历的收入水平改善速度，都是前所未有的。这是已经发生了的事实。然而，今后几十年仍然保持同样的增长速度，却是不太现实的假设。虽然根据 2010 年人口普查数据预测，2022 年中国人口总规模在 13.8 亿人的水平上达到峰值，此后绝对数量减少，从而有利于提高按人均计算的收入水平。但是，同样的人口因素，也将产生不利于今后经济增长的效应。即以劳动年龄人口和抚养比变化为标志的人口红利，已经于 2010 年开始逐渐消失，经济增长减速是必然的。

可见，中国经济已经达到的高度，既可以自豪地被看做一个举世瞩目的成就，也应该警醒地被看做一个前所未有的挑战。从此以后，中国经济面临着增长的爬坡时期和体制改革的攻关阶段。在较高的发展阶段以及较大的基数上，一个国家的经济增长，必然遭遇边际难度递增和边际努力的效果递减的现象。随着国力的总体提升，中国在科学、技术、管理、市场成熟度及产业结构等方面，虽然与发达国家所代表的前沿水平仍有差距，但是，这个差距比之以往显著地缩小了，意味着中国经济增长所能够利用的后发优势，不再像此前发展阶段上那么明显。

这一变化有两重含义。一方面，中国的经济增长从此需要更加依靠技术和制度创新，依靠产业结构的升级换代，依靠全要素生产率的提高。唯其如此，今后的增长速度虽然会减慢，增长质量特别是发展的包容性完全可以更高。另一方面，正如后发优势理论的始作俑者格申克龙所发现的那样，后起国家在赶超过程中，倾向于政府过度干预、更多倚重大企业和产业结构不平衡，并形成与之相适应的体制格局，因此，在后发优势减弱之际，经济发展方式的转变，也必然以艰巨的体制转型为前提。

创新过程存在着失败的风险，产业结构调整也不会表现为所有企业并驾齐驱地实现升级换代。相反，越是创新和结构变革加速的时期，越是会出现优胜劣汰的情形，意味着那些因循守旧或者决策失误的投资者和企业，不可避免要被竞争的力量逐出市场。但是，在以创新促进的全要素生产率提高成为经济增长唯一源泉的阶段上，这样的发展结果是不容回避的。政府固然要着眼于构筑一个社会安全网，保护在竞争中暂时失利的劳动者,但是,绝不应该保护落后的经济行为,以致伤害创造性破坏机制。

竞争的艰难和失败的风险,可能促使一些企业和部门寻求保护,甚至试图阻碍必要的体制改革。而那些维护既得利益格局的体制障碍,也必然进一步阻碍经济的可持续增长,最终造成更严重的减速甚至经济增长停滞。因此,从中国经济长期可持续发展、实现中华民族伟大复兴的历史大局出发,必须突破显性和隐性既得利益集团的阻挠,以更大的政治勇气和政治智慧推进重要领域的改革,以获取人口红利消失之后所必需的制度红利。

李稻葵 长江学者,清华大学中国与世界经济研究中心主任,清华大学经济管理学院金融系主任、经济学讲席教授、博士生导师。现任全国政协委员,中国世界经济学会副会长。长期关注经济改革与发展的研究,致力于从中国改革开放的实践中提炼相关的现代经济学理论。

中国经济的新增长点

李稻葵

在传统的两大经济增长点逐步褪色的当下,中国如果能够持续改进政府的社会综合治理能力、提高法制的效率、改进金融体系的效率,长远的增长前景将非常可观。

按照可能爆发的顺序看,中国经济的三大增长点包括:公共消费型基础建设投资;已有产能的绿化和升级;居民消费。其中,最有可能在短期内引爆的并可长期依赖的是公共消费型固定资产投资。要催谷这一增长点,必须在融资渠道上进行创新,允许宏观杠杆率由日前的190%提高至300%,并建立大量的国债等准货币金融工具,以较低利率的长期债券支持大量的投资,同时释放企业融资的渠道和融资的成本。

当前中国经济的增长速度比之于3年前出现了比较大幅度的下滑,GDP增速已经降到了7.5%左右,名义GDP增速也降到了个位数字。中国经济到底还有没有潜力保持比较快的增长速度?如果有,新的增长点在哪里?应该如何通过改革和创新,为中国经济的新增长点接生?这是分析当前宏观经济形势必须回答的三个问题。

一、中国经济仍然有较快增长的潜力

要回答中国经济的增长潜力,必须把中国经济当前的发展阶段放到一个大的历史背景中来考察。

中国经历了 36 年的经济快速增长,今天已经成为世界第二大经济体,经济规模比排在第三位的日本超出了将近一倍。尽管如此,我们必须看到,中国当前的人均GDP 发展水平按照购买力平价的汇率计算仍然只有美国的 20%。

纵观人类现代市场经济发展的历史,我们会发现,一个经济体的增长潜力有多大,最主要的决定因素是,该经济体与世界上标杆性的发达国家人均 GDP 的差距。近几十年来,在全世界人口总量超过 1 000 万人的大国中,美国的人均 GDP 发展水平始终保持最高,是全世界经济发展的标杆。欧洲各国包括德国的人均 GDP 发展水平,按购买力平价(PPP)计算基本上为美国的 80%—90%;日本当前是美国的 70%(曾经达到过 85%),韩国接近美国的 70%。

东亚各经济体追赶美国的历史经验告诉我们,当它们的人均 GDP 与美国差距较大时,追赶的速度是比较快的;接近美国时,步伐就会放缓。其基本原因是,差距大的经济体可以从美国等发达经济体学习先进的技术和商业经营的模式,更可以向发达国家出口,从而提升本国国民的收入水平。

日本的人均 GDP 在第二次世界大战之后达到了美国的 20%,韩国的人均 GDP则在 20 世纪 70 年代和 80 年代达到美国的 20%,在此之后的 5 年到 10 年间,这些国家的增速都在 8%以上。因此,我们应该有充分的信心来预测,中国经济在未来的5 年到 10 年间仍然有接近 8%甚至超过 8%的增长潜力。当然,这一潜力需要通过社会经济制度的改善来释放。

从长远来看,中国经济有三大发展优势。第一是作为大国经济,拥有巨大的腹地,不必过分依赖国际市场。二是中国经济是一个赶超型、学习型的经济,能不断从发达国家学习新的商业模式和技术。第三也是最重要的,中国经济与 20 世纪 80 年代末的日本经济不同,仍然有体制创新的原始动力。

中国如果能够持续改进政府的社会综合治理能力、提高法制的效率、改进金融体系的效率,长远的增长前景将非常可观。根据我们的测算,到 2049 年,即中华人民共和国成立 100 周年之时,中国的人均 GDP 发展水平(按购买力平价计算)有可能达到美国的 70%—75%,总体经济规模将接近美国的 3 倍左右。

根据这一分析,我们应该看到今天中国经济的一些困难是暂时的,中国应该有底气在今天适当地采取一些措施来应对经济增长下滑的态势。这是因为,中国可以通过未来较快的经济增长速度和与此同步上升的国家财力,来弥补当前维系经济增长的一些社会成本。

二、当前中国经济减速的原因

从本质上讲,当前中国经济减速的主要原因是传统的增长点正在褪色,而新增长点尚未完全爆发。

过去近 20 年来,中国传统的经济增长点有两个,一是房地产,二是出口。过去十几年,房地产开发及其拉动的相关产业是中国经济增长的第一大动力。房地产开发投资长期以来占到中国全部固定资产投资的 20%、GDP 的 10% 左右。

同时,由于房地产行业的特殊性,它不仅拉动着众多相关产业的增长,也带来了巨大的财富效应,让已经买房的家庭在房价不断上涨的同时获得了巨大的财富增值感,因此撬动了相当数量人群的消费。出口则在中国加入 WTO 之后长期保持两位数甚至高达 20% 的增长,2007 年出口占 GDP 的比例达到 30% 以上,外贸顺差占了 GDP 的 8.8%。

但是这两大经济增长点都在逐步褪色。房地产的增长碰到了困难,原因有两个:其一是城市居民的住房需求已经得到了部分满足。另外,由于金融改革的加速,许多家庭可以比较容易获得 5% 以上,即超过通胀水平 2.5% 以上的低风险的、流动性极强的金融投资回报,这改变了居民长期以来形成的、将投资买房作为财富增值保值手段的格局。

同时,出口作为中国经济增长的拉动力已经光环不再。最重要的原因是中国经济的规模已从 4 年前的 5 万亿美元上升到目前的 10 万亿美元,世界这个大市场再也不能提供与中国经济增长同步的进口需求,更不用说中国自身的劳动力成本上升、利率上涨也为出口带来了各种各样的阻力。

三、中国经济的新增长点在哪里

既然中国经济仍然有较大的长期增长潜力,那么未来的增长点在什么地方呢?我的分析是,中国经济未来存在三个增长点,这里按照有可能爆发的顺序列举如下。

第一个增长点就是民生性、公共消费型基础建设投资。

公共消费型基础建设投资指的是直接进入未来百姓消费的、具有一定公共产品性质的基础建设投资,包括高铁、地铁、城市基础建设、防灾抗灾能力、农村的垃圾和水处理、空气质量的改善、公共保障性住房的建设等等。

这种公共消费型投资不同于一般的固定资产投资,因为它们并不形成新的生产能力,不带来产能的过剩。更重要的是,这种公共消费型投资并不完全是提供公共产品,比如说高铁和地铁仍然是谁使用谁受益,具有相当的排他性,并不是全体百姓同时受益。

但是这类产品的性质与汽车、冰箱和电视机不同,因为公共消费必须是大量民众一起进行的,比如一趟高铁的消费群是几千人,不可能为一个人开一趟高铁,但是一部手机却是一个人使用的。公共消费品需要大量的前期性投资,从社会福利的角度看,公共消费类的投资尽管商业回报可能比较低,但一旦形成服务能力,可以逐步形成社会福利回报。

为什么说这种公共消费型基建投资是中国经济当前以及未来的第一增长点呢?最根本的原因是这类投资是当前中国百姓最需要的,最能够直接提升百姓未来幸福感。中国的国民,尤其是城市居民,与发达国家国民的生活质量差距,已经不再是电冰箱的拥有量、手机的普及度和质量,乃至于汽车的拥有量和品质,而在于空气的质量、交通的拥挤程度、公共交通的普及度和质量,以及自然灾害来临之时的应对能力。

这些本质上属于公共消费水平的范畴。提升公共消费的水平,需要非常长的投资周期,商业回报往往是很低的,需要政府长时间的补贴。但这种投资在很大程度上可以拉动经济增长,就目前情况而言,中国的固定资产投资中约有 25% 用于此类投资,这一比重未来还有提升的空间。值得一提的是,这种投资不仅不会加重产能过剩的问题,反而有助于化解这一难题。

中国经济的第二大经济增长点就是已有生产能力的绿化和升级。

中国的制造业从生产能力和产出量上讲已经在全球名列前茅,但是各种生产设备往往是高污染、高能耗的,把这样的产能升级为现代化、有效率的产能,需要投资,这个投资的过程将长期拉动中国的经济增长。

根据笔者不完全测算,仅五大耗能行业——有色金属、钢铁、电力、化工、建材,更新一遍高污染、高能耗的产能,就需要 10 年时间,其每年将拉动 GDP 增长 1%。而且,由此带来的低污染和低能耗将令国人长期受益。

中国经济的第三大经济增长点是居民消费。

中国居民消费自从 2007 年以后,每年占 GDP 的比重在不断上升,根据我们的测算,目前已经上升到 45%左右,但是居民消费真正成为经济增长的重要增长点,其比重超过 GDP 的 50%,恐怕还需要 4—5 年的时间。

综上所述,中国最有可能在短期内引爆,并且可以长期依赖的最大增长点就是公共消费型投资。

四、如何催生公共消费型投资这个中国经济第一大增长点

为了释放中国经济的增长点,最重要的就是找到一条长期稳定、高效的融资渠道。当前地方政府投资主要的资金来源,是银行贷款及与之类似的信托产品,公开发债占比很低。

依赖银行贷款进行长期投资的弊端很多。第一是期限错配,以 3 年或 3 年以下的银行贷款支持 10 年以上的固定资产投资,往往使得地方政府需要不断向银行再融资,而每一轮再融资无论对银行还是政府都有风险。

第二是地方政府面对短期还债的压力,从而过分依赖土地开发,这就像一个紧箍咒,不断逼着地方政府拍卖土地,同时又担心地价下降,导致许多地方政府不能够按照应有的长期规划来进行土地开发。

第三就是由于大量的固定资产投资依赖银行贷款,而这些投资具有政府背景,在

资金来源上具有优先级,在相当程度上挤压了银行对中小企业的贷款,中小企业往往不得不以很高的利率为代价融资,这就拉高了整个民营经济的贷款利率。

当前非常荒唐的格局是,中国的国民储蓄率高达50%,但贷款利率普遍在6%以上;而美国的国民储蓄率为15%左右,其贷款利率却普遍在3%—4%的水平。

该怎么办?我们必须机制创新,通过创新为长期固定资产投资打开融资渠道。首先应该允许宏观杠杆率有所提高。当前中国的杠杆率,即贷款余额加债务余额占GDP的比重,约为190%。

国际上很多人认为这个比重太高,但是必须注意,中国的国民储蓄率是50%,用这些储蓄去支持占GDP约190%的债务没有任何问题,因为这些债务的年利息顶多是GDP的19%(按照名义利率10%的上限计算)。美国经济的杠杆率是250%,但是美国的储蓄率只有15%左右,更何况,美国还是一个以股权等直接融资市场为主的经济体。

根据这个分析我们认为,中国经济的杠杆率按照比较保守的计算应该提升至300%。其中的关键是调整债务结构,从本质上讲,需要把部分公共消费性基础设施投资由银行贷款转变为低利率的政府性贷款,或由政府担保的借款,由此释放银行贷款潜力,让其更多地为企业服务。

具体说来,首先应该逐年增加国债的发行量,使国债占GDP的比例从当前的15%提升到50%。可以用净增发的国债收入建立专门的国家民生建设投资开发公司,类似于国家开发银行,但其功能更加单纯,就是专门评估地方政府的长期固定资产投资资金的使用情况。

根据我们的测算,中国2014年可以增加9 000亿元的国债规模,2015年,在此基础上还可以再增加3 000亿元,即1.2万亿元,以此类推,中国经济未来5年大约能够形成一个7万亿元以上的不断滚动的(发新还旧)投资基金,用于长期支持民生性项目的投资建设。

第二,已发的、地方政府所借的债务,应该及时地转为地方政府的公开债务(由中央政府担保),但地方政府也需要同时公开自己的财务信息和资产负债表。这样可以形成社会对地方政府财政的监督机制,这也是一个机制的创新。

　　第三，应该通过资产证券化等方式，逐步降低银行贷款存量占 GDP 的比重，如果能从目前的 130% 降低至 100% 的话，将有助于化解银行的金融风险，更可以解决经济增长对货币发行依赖的老大难问题。

　　换句话说，通过以上运作，可以逐步将货币的部分功能调整为由国债等准货币类金融工具来提供，从而使得金融市场的风险大幅度下降。同时也必须看到，当前由银行发出的基础设施贷款有一定的风险，所以应该允许银行和信贷公司进行一定的重组，允许部分的项目和产品违约，这样才能够给金融系统消毒，逐步地化解系统性金融风险。

　　总之，中国经济未来仍然有大好的发展前景，而当前能够看到的最大的新增长点就是长期的、可持续性的、民生的、公共消费型的基础设施投资。为了释放这一增长潜力，必须从现在开始在融资渠道上进行创新，要在中国建立大量的国债等准货币金融工具，以比较低利率的长期债券来支持大量的投资，以此打通企业融资的渠道，降低融资成本，为整个中国经济的转型升级奠定坚实的基础。

徐洪才 著名经济学家,金融学教授。现任中国国际经济交流中心信息部部长、研究员,清华大学特聘教授,中央财经大学兼职教授。著有《全球化背景下的中国经济》、《大国金融方略:中国金融强国的战略和方向》、《中国多层次资本市场体系与监管研究》、《中国产权市场研究》、《投资基金与金融发展》等。

"新常态"下经济可持续发展

徐洪才

一、"新常态"下的中国经济面临新的外部环境

2008 年全球金融危机以来,世界经济复苏一波三折,中国经济面临的外部环境也发生了深刻变化。目前,美国经济复苏趋势强劲,美联储退出量化宽松货币政策(QE)已成事实,正在酝酿完全退出 QE 和加息,恢复利率正常化。欧洲主权债务危机最困难时刻已经过去,正在进行结构性改革和加快经济一体化进程。日本安倍经济学短期内取得了初步效果,能否持续推动日本经济稳定复苏还有待观察。概括地讲,当前世界经济出现了明显分化,发达经济体向好,新兴经济体参差不齐,全球经济治理向美元主导的旧体制回归,"新常态"下中国经济可持续发展面临诸多不确定因素。近期里,中国经济面临的外部环境呈现以下五个特点。

第一,发达国家经济复苏明显,新兴经济体出现分化。2014 年 7 月,中国外部经济综合采购经理人指数(PMI)为 52.0,高于 6 月,连续 14 个月位于荣枯线上方。从环比看,美国强劲上扬,欧元区持平,日本小幅回落,英国保持在高点,总体上发达经

济体复苏态势稳固。印度政局稳定,经济向好;俄罗斯 PMI 回升至 51,但乌克兰局势存在变数;二季度巴西经济增长同比下降 0.9%,环比下降 0.6%,投资和消费动力不足;南非出口疲弱,7 月 PMI 继续下探至 41.9;总体上新兴经济体略有好转,但出现了分化,且有较大不确定性。国际资本回流发达经济体,国际金融风险因素增加,特别是受美联储货币政策影响,国际资本流动对新兴经济体负面溢出影响加大。在过去一年多时间里,部分新兴经济体国家出现货币贬值,金融市场急剧动荡,例如印度尼西亚、阿根廷、土耳其等,先后出现资本外逃、货币贬值、股市动荡等情况。

第二,全球金融治理向美元主导的旧体制回归。2010 年以来,受美国拥有"一票否决权"的影响,有关国际货币基金组织(IMF)的投票权改革方案一拖再拖,以中国为代表的新兴经济体,在 IMF 的发言权和份额改革方案没法落实。不难预见,2015 年 IMF 对特别提款权(SDR)篮子货币评估时,人民币将继续被排除在 SDR 篮子之外。2013 年 10 月底,美联储、欧洲央行、瑞士央行、英格兰银行、加拿大央行和日本央行达成长期性多边货币互换协议,联手重新构造现行国际货币体系。美国货币政策调整,国际资本回流发达经济体,导致发展中国家金融市场出现大幅波动,这种震荡促使全球经济更加依赖美元,巩固了美元的国际地位。从目前情况来看,国际货币体系又回到了美元主导的旧体制,新兴经济体期待的多元化国际储备货币体系严重受阻。

第三,新兴经济体参与全球经济治理取得了一定进展。2013 年 3 月,在南非举行的金砖国家领导人第五次会议提出了建立金砖国家工商理事会、金砖国家开发银行和金砖国家外汇储备库三个新的平台,无疑是对世界贸易组织(WTO)、世界银行(WBG)和 IMF 老的三个平台的有益补充。2014 年 7 月,金砖国家五个领导人在巴西达成协议,平等出资成立金砖国家开发银行,并将其总部设在上海,标志着金砖国家金融合作开始进入到了实质层面,但其运作效率有待观察,短期内可能还难以对旧的全球经济治理体系产生较大影响。

第四,亚洲金融稳定机制存在内在缺陷。虽然东盟 10 国与中日韩 3 国成立了清迈倡议多边化的外汇稳定基金,目前规模已达到了 2 400 亿美元,但由于该基金不是放在一个现实的资金池里,而仅仅是一个承诺,即是说,一旦"10＋3"成员国里面出现金融危机,各国央行将按照事先约定的出资比例出钱予以救助。该机制不是很灵活,当出现金融危机苗头的时候,将难以作出快速反应,更难做到"先发制人"、"不战而屈人之兵",因而不能预防金融危机发生和阻止危机蔓延。与此同时,中日韩之间,尤其是中日之间的紧密合作也是令人担忧的。

第五,WTO多边框架下的自由贸易谈判取得了初步进展,但总体上取得实质性进展难度很大。相比之下,区域性FTA谈判进展很快。例如,美国主导的跨太平洋伙伴关系协定(TPP)和跨大西洋投资与贸易伙伴关系协定(TTIP),即"两洋战略",正在如火如荼地进行。在金融危机阴霾逐渐散去,全球经济特别是发达经济体日子越来越好过的情况下,美国试图重新构造一个有利于维护发达国家利益的新的国际游戏规则体系。但中国似乎是边缘化的,没有吸收中国参加TPP谈判。而由东盟国家牵头的地区全面经济伙伴关系谈判(RCEP),由于标准和层次不高,加之东盟牵头是"小马拉大车",推动起来非常艰难,特别是中日韩FTA谈判矛盾重重,给亚洲未来经济发展增添了不确定性。

二、"新常态"下中国经济有五大特征表现

首先,潜在经济增速下降,呈现中高速增长趋势。2001年至2011年,中国加入世界贸易组织(WTO),分享了经济全球化红利,实现了国内生产总值(GDP)年均增长10.4%。2008年全球金融危机引发经济环境剧烈变动,中国GDP增长从2007年第四季度的14.2%快速下降到2009年第一季度的6.6%,随后因大规模刺激政策回升到2010年第一季度的12.1%,之后开始下降,2012年全年GDP增长7.7%,2013年为7.7%,2014年上半年为7.4%。2012年一季度以来,中国GDP增速一直保持在"七上八下"的水平,进入一个较稳定的中高速增长区间。经济增速"换挡"的主要原因是人口红利消失、老龄化社会渐行渐近、能源资源贫乏、生态环境脆弱,难以承载过去"旧常态"下的那种经济高速粗放增长。

其次,经济结构悄然发生变化。旧常态下依靠投资、出口驱动的经济模式已不可持续,需要加快转变经济发展方式,特别是增强消费对经济增长拉动作用。2014年7

月份,全国固定资产投资同比增长 17%,较 1 月至 6 月回落 0.3 个百分点。其中,受制于制造业严重产能过剩,6 月份一度回升的制造业投资增速在 7 月份又下降 2.6 个百分点。房地产开发投资增速由 1 月至 6 月的 14.1% 回落到 7 月份的 13.7%,呈现连续 7 个月逐月下滑趋势。房地产进入下行周期,相关服务业和消费也受到负面影响。在固定资产投资中,制造业投资和房地产投资下降,基础设施投资受制于地方政府负债扩张能力,增长空间有限。外需方面,未来全球外贸保持在 3% 左右增长将是常态,中国期望取得 7% 以上的外贸增速难度很大。中国自身要素成本上升较快、人民币累积升值过多和产业转型升级缓慢,也制约了外贸竞争力提升。因此,迫切需要从消费等方面寻找突破口。近年来,中国经济结构也出现了一些积极变化。2013 年第三产业对 GDP 增长贡献首次超过第二产业贡献,达到 46.1%;并且出现了 GDP 增速下降,新增就业岗位反而上升的情况。

第三,存在产能过剩、影子银行、房地产泡沫、地方政府债务和外部风险冲击等潜在风险。解决产能过剩问题,要"三管齐下"。一是培育市场机制,淘汰部分落后产能;二是加快区域经济一体化和新型农村城镇化,通过增加内需消化部分过剩产能;三是支持企业"走出去",向外转移部分产能。特别是破除地方本位主义,避免产业结构雷同,减少重复建设。关于影子银行风险,刚性兑付其实并无法律依据,是一个伪命题。要培育投资人风险意识,释放局部性风险,同时加强监管和疏导。影子银行本身是一个中性概念,不能"把脏水和孩子一起倒掉",要充分肯定影子银行对实体经济的服务作用。房地产泡沫是过去长期"透支"的结果,由于房地产产业发展辐射范围大,处理起来要格外慎重。目前各地纷纷放松"限购限贷"政策,是理性选择,要尽快出台对首套住房贷款优惠政策,防止房地产市场惯性下滑。地方政府债务问题要通过增强预算约束、拓宽融资渠道和加快财税体制改革来解决。外部金融风险冲击也不容忽视,在加快资本账户开放的同时,要尽快推出金融交易税,维护国内金融稳定。

第四,各项改革稳步推进。改革贵在落实,目前应重点突破改革"疲劳症"和"中部梗阻"问题,推进国家治理机制现代化和法制化。实现国家治理机制现代化任务之一就是转变政府职能和改革行政体制,要理顺中央和地方财税关系,给地方政府稳定的财源。改革千头万绪,重点是理顺政府和市场的关系,其中转变政府职能更重要。

政府部门给自己做手术不会容易，包括大部制改革、国企改革和国有资产监管体制改革，都需要大胆探索。市场培育不起来，内生动力、内在活力激发不出来，社会主义市场经济体制就难以建立。反腐工作取得了阶段性进展，但不能像割韭菜一样，割过一茬，后面又长出一茬，因此要建立机制。加快推进自贸区谈判，这堪称中国第二次"入世"。仅在上海搞一个自贸区试点是不够的，要及时总结经验，扩大试点范围，创造条件主动与国际FTA高标准靠拢。全球经济中心正在向亚太地区、尤其是向东北亚地区转移，中日韩关系如果处理不好，一定会制约中国经济发展。要加大对外开放，通过加大开放来促进内部改革。

第五，宏观调控方式创新。2014年以来，中国宏观调控方式出现了一些创新之举，如央行定向降准、定向降息，对小微企业进行扶持、支持服务业发展等。但是宏观政策也不宜过度"微观化"。在目前市场机制尚不健全的情况下，政府进行定向调控是必要的，但是对某些领域给予过多的政策倾斜，也不利于建立公平有序的市场体系。未来宏观调控政策重心应放在建立高效的政策传导机制和培育市场机制上，最终建立一个"政府调控市场，市场调控企业和居民"的间接调控机制。从短期看，经济下行压力很大，应继续实行稳健的货币政策和积极的财政政策，突出宏观政策的前瞻性、针对性和灵活性，要维护宏观经济相对平稳运行，避免7月份货币信贷急剧萎缩的情况再次出现。在稳增长前提下，统筹"稳增长、调结构、促改革、惠民生、防风险和扩开放"之间的关系。

三、中国经济发展要依靠五大动力

党的十八大报告中首次提出"实现国内生产总值和城乡居民人均收入比2010年翻一番"的新指标。按照目前的GDP规模，未来几年中国只需保持平均7.2%的增速，就可以实现这两个"翻一番"的目标。概括起来，支持中国经济继续保持中高速增长仍然存在五大动力。

第一是新型城镇化，以及与此相关的工业化、信息化和农业现代化。未来六七年，中国新型城镇化要解决"三个一亿人口"的问题。通过将农民变成市民，拉动基础设施的投资,提升消费能力,增加就业机会,因此可以提振消费。哥伦比亚大学斯蒂格里茨教授曾经讲过,如果把中国城镇化的机遇和发达国家技术、资本相结合,就可以推动世界经济发展。这个机遇属于中国,也属于世界。中国愿意与其他国家分享这一机会。

第二是改革创新的红利。过去市场机制不健全,存在政府错位、缺位。市场分割,特别是地方保护主义甚嚣尘上,各地方出于本位主义考虑,都在搞各自的发展规划,导致重复建设,缺乏差异化竞争,没有找准自身产业定位和战略定位。这种低层次重复竞争导致资源浪费和产能过剩,束缚了生产力,尤其是微观主体的活力、创造性也受到了极大抑制,通过改革来释放红利。这是新常态下中国经济发展的最大红利。

第三是技术创新的红利。中国在很多方面,特别是在制造业、传统农业方面,与发达国家的技术差距还相当大,通过学习、模仿,并通过自主创新,把先进技术应用于传统行业,就会有很大的经济发展提升空间。比如,在精细化工领域,中国从韩国、日本等国进口,有将近1 000亿美元的逆差;在高端制造业和能源进口领域,每年也要花掉将近1 000亿美元。提高能源利用效率,或者发展可再生能源,通过进口替代,可以对中国经济发展提供强有力支撑。

第四是人才红利。人口红利正在消失,人才红利需及时跟进。中国是人口大国,高素质人才很多,人才浪费十分严重。应该创新相关政策,充分发挥国际化人才作用,吸引海外华人归国,参与国内经济建设。

第五是经济全球化的红利。2001年加入WTO以来,中国的比较优势,如低成本优势充分发挥出来,推动了中国经济快速增长。未来中国将从"中国制造"走向"中国创造",从"世界工厂"走向"世界市场"。伴随中产阶层的崛起,中国将形成一个巨大的消费市场。中国企业"走出去",特别是人民币国际化将产生新的红利。现在美元地位进一步加强,必须将人民币和美元绑定,这对双方都有好处。人民币国际化对美国是好事,有利于巩固美元国际储备货币地位,要让美国明白这个道理。在未来20年内,人民币在国际储备货币中,要努力实现和中国经济、外贸、投资在世界经济中比重相适应的地位,到本世纪中叶实现美元、欧元、人民币,加上英镑、日元等货币共同参与全球经济治理的格局,这一相对平衡格局就可以大大降低全球金融体系的系统性风险。外汇储备越多越好,顺差越高越好,这是错误的观点。同时,我们要盘活存量,通过 10 年或者更长时间消化,最终人民币国际化,不需要这么多美元外汇储备了。人民币走出去就是外汇,要适应这一新的人民币时代的来临。就是人民币既是本币,也是外汇,可以买世界上任何东西,这是中国人的梦想。

总之,未来中国经济能否可持续发展,需要依赖这五个方面的动力。

四、深化金融改革应实现五大突破

"新常态"下中国经济面临的最大风险隐患,是虚拟经济和实体经济关系的扭曲,银行利润过多、过厚,产业资本得到的投资回报过低、过薄,严重挤压了产业资本利润率。彻底改变这种金融结构,需要从五个方面入手。

第一,发展中小金融机构,增强银行信贷市场竞争。民营银行发展会产生示范效应和鲶鱼效应,但对民营银行也不要期望过高,在 5 年、10 年甚至 20 年内,靠民营银行发展打破中国银行业垄断格局,都是不现实的。民营银行主要是起示范作用,在金融创新方面可能会更积极一些,这样会给大型国有银行带来外部压力,促使它们改变经营方式,提高服务质量。

第二,发展多层次资本市场体系。通过发展直接融资,分化瓦解一部分间接融资,让投资人有多样性选择,从而改变强制性储蓄。由于利率管制,金融资源配置机制扭曲,实际是居民补贴银行,银行补贴国有企业,国有企业乱投资,导致资金使用效率低下。近年来,理财市场蓬勃发展与利率管制密切相关。理财产品利率直接反映了资金市场供求关系。投资人追求合理回报,这是合理的,应该得到保护,要创造条件满足它。发展资本市场,创造了多种金融工具、金融产品,有助于打破金融垄断。

第三,资产证券化和融资证券化,就是把商业银行资产负债表左边的资产证券化,把那些长期、存量资产盘活了,增强流动性。10 年、20 年之后才能全部收回的按揭贷款,现在以此为支撑发行债券,根据现金流分布,设计不同证券化产品,银行一次性卖掉这些长期资产后,证券投资人之间证券买卖就形成一个新的市场,因此可以分散和转移风险。与此同时,通过融资证券化主动创造银行负债,就是把储蓄存款、短期资金变成长期资金。比如,发行 10 年期甚至更长期限的银行大额可转让存单(CDS),这样银行就可以放心地长期使用这些资金了。由于投资者可以互相买卖,因此可以实现银行资产期限结构的转换。前者是把长期资产变成了短期资产,后者是把短期负债调换成了长期负债。这种金融创新,对商业银行来说,是一个脱胎换骨的变化。

第四,加大对外金融开放。到 2013 年年底,中国银行业资产里的外资金融机构占比不到 2%,还低于 2001 年加入世贸组织时的比例。下一步不妨加大金融开放力度,条件是换取西方国家对中国的对等开放。无论在发达国家,还是在发展中国家,中国金融机构都要大踏步地拓展市场范围,加快建立人民币全球清算网络。这次美国和欧洲制裁俄罗斯,银联正好可以乘机挺进。VISA 卡、Master 卡,加上银联卡,努力实现三分天下有其一。

第五,完善国家金融安全网。包括建立存款保险制度和监管体系改革。要建立中央和地方适当分权的双层监管体系。美国联邦政府和州政府的监管权是分开的,很多小金融机构都是由地方监管。统得过死的话,必然会抑制金融深化和发展。还有金融机构破产和市场退出制度,以及完善担保制度。现有担保体系,担保公司是完全市场化的。最终成本还是加在企业头上。要建立由政府资金引导的对中小企业提供信用担保的体系。20 世纪 70 年代以来,我国台湾地区中小企业信用保证基金表现一直良好。其基本做法是,台湾当局出一部分钱,银行交一部分保险,贷款企业也要承担一部分,采取"三合一"的模式。这种制度设计,好处是经济往往周期性地波动。当经济下行的时候,所有金融机构出于风险考虑,各人自扫门前雪,通过收紧信贷减少自身风险。但是,当所有银行都这么做的时候,系统性风险反而增加了。个体正确行为加总,陷入了"集体谬误"。因此,宏观经济需要"逆周期"地调控。当经济周期下行,银行不应该竭泽而渔、落井下石,而是应放水养鱼、雪中送炭,帮助企业渡过难关。金融机构跟企业的关系就是鱼和水的关系。完全遵循市场原则肯定不行。因此,要建立由政府引导的中小企业信用担保机构,作为现行商业化担保机制补充,还要建立政策性金融或开发性金融体系。

巴曙松 国务院发展研究中心金融研究所副所长、研究员,中国银行业协会首席经济学家。主要著作包括《巴塞尔新资本协议研究》、《房地产大周期的金融视角》、《城镇化大转型的金融视角》、《2008—2013年中国资产管理行业发展报告》等。

金融改革:全面经济改革的突破口

巴曙松

中共十八届三中全会对中国下一步的总体改革进行了系统而全面的战略部署,其中金融改革是整个改革中十分关键和重要的组成部分。把握下一步中国金融改革的趋势和总体战略,既要把握金融业自身发展的客观需要,也要考察金融改革与当前经济转型和结构调整的互动关系,同时金融领域以外的各个领域改革的深化(例如国资管理体制改革等)也会直接与金融改革形成相互影响和相互促进。

与其他领域的改革相比,金融改革更易于从全局和总量层面进行突破,例如利率市场化改革等,同时改革开放以来在金融改革领域积累的经验也对重点突破金融改革形成了支持,而且金融改革的突破对于带动整个经济转型也会有积极的带动作用。从这个意义上看,金融改革有可能、也有必要成为下一步整个经济改革的主要突破口之一。

一、金融改革是中共十八届三中全会部署的整个经济改革的重要内容

从金融结构与经济结构的互动关系角度考察,不同经济发展阶段的最优金融结构需要与相应阶段实体经济对金融服务的需求相适应,以有效实现金融体系的基本

功能，促进实体经济发展。如果一国的金融结构与其最优产业结构相适应，则会促进具有比较优势的产业和具有自生能力的企业的成长，创造更多的经济剩余，推动资本积累，从而有利于要素禀赋结构、产业结构的提升和经济发展。

中共十八届三中全会强调，要紧紧围绕市场在资源配置中起决定性的作用来深化经济改革，那么如何在金融领域发挥市场在资源配置中的决定性作用？实际上，支持经济增长的主要资源是资金、土地和劳动力。目前，中国劳动力、土地等生产要素投入均程度不同地面临瓶颈，经济转型的重心转向提高资源配置效率，通过加快制度改革和市场建设释放各要素活力，正如十八届三中全会公报中强调的："让一切劳动、知识、技术、管理、资本的活力竞相迸发，让一切创造社会财富的源泉充分涌流，让发展成果更多更公平惠及全体人民。"

就资金而言，过去较长的一段时间，金融体系改革发展的出发点是适应劳动力、土地以及其他要素总体较为充裕的禀赋，重点强调金融体系动员资金的功能。因此，利率、汇率等资金价格的管制，以及能够迅速动员储蓄、集中力量"办大事"的间接融资体系等总体上适应了前一阶段经济增长的要求。随着中国要素资源禀赋出现根本性变化，新时期对资源配置效率的要求已经超越了对铺摊子的规模诉求，这相应需要一个更加高效、市场化、富有弹性的金融体系来支持经济转型。这就需要通过深化市场化改革来实现，也需要与其他领域的改革配套协同来实现。

中国全要素生产率在过去20年的提升，很大程度上是因为投资活动逐步从低效率部门转移到市场化的高效率部门。然而，与此同时，以银行信贷为主的金融资源却仍然有相当比例配置在效率低下的部门，而大量成长性良好的市场化企业往往缺乏金融支持。金融资源的错配和扭曲加剧了传统部门的产能过剩，抑制了市场化企业的成长。尽管低成本融资补贴了部分企业，但却是以市场化企业较高的融资成本为代价的。如果这种错配能够得到矫正，市场化部门在金融支持上的抑制得到释放，其在经济中的比重能够进一步增加，总的全要素生产率还会有很大的提升空间。

中共十八届三中全会强调，要通过改革来推动经济更有效率、更加公平、更可持续地发展，下一步金融改革的深化与上述几个方面的改革目标的达到都直接相关。

二、改革要重点解决金融体系存在的突出问题

下一步，中国金融体制还需要通过改革，将重点转移到提高全要素生产率上来，矫正金融功能、机构、市场以及监管等领域的结构失衡问题。具体而言表现在如下几个方面。

（一） 金融体系功能失调

如前所述，中国金融体系的很多方面还停留在为传统经济增长动员资金的定位上，忽视了金融内在的提升资源配置效率和降低系统性风险的功能，在经济转型的背景下正凸显出越来越多难以调和的矛盾和问题。

一是经济体系中存在大量得不到金融服务的薄弱环节。目前中国金融体系的功能和结构主要围绕着为重工业初期的制造业和固定资产投资服务，通过利率管制人为压低资金成本。在这种情况下，能够获得正规金融体系支持的往往是重资产的大企业，轻资产的服务业、农业、科技企业等的金融需求难以得到满足。而后者恰恰是新一轮产业结构优化升级的重点。

二是现有金融体系不足以支持下一阶段中国经济的转型和产业的升级，也不足以支持城镇化推进中的大规模融资。新一轮经济的转型升级应当伴随着金融资源从重资产行业向轻资产的新兴产业重新配置，也即落后产能产业应当"去杠杆"，科技创新和新能源、新材料等新兴产业应当"加杠杆"。然而，在目前经济增长减速的背景下，重资产行业的杠杆率依然居高不下，新兴产业融资难的问题始终没有得到有效解决。这背后折射出以银行业为主导的金融体系在推动经济转型方面的低效率。同时，城镇化是新一轮经济增长的重要引擎。目前，作为融资主体的银行体系"短借长贷"期限错配风险不断积累，资本约束监管趋严也制约了银行体系提供长期信贷支持的能力，迫切需要金融市场提供包括权益性资金、市政债、民间资本等多元化融资方式，以及养老金等长期资金提供者。

三是金融抑制引发的双轨制一定程度上造成了金融体系功能的紊乱和潜在金融

风险的积累。利率和汇率是引导金融资源配置的有效市场信号,资金价格的双轨制必然导致资源的错配。在当前金融体系下,管制的利率体系与市场化的金融市场并存,在岸的人民币市场受到较多管制与离岸市场上自由的市场定价并存。以前者为例,目前银行主要的存贷业务品种仍实行利率管制,而非银行金融体系以及为规避利率管制而创新出来的金融业务则采取市场化的利率体系。利率双轨制以及相关的信贷投放的监管要求等衍生出大量的资金套利行为和所谓通道业务,使得宏观调控面临的挑战压力加大。资金在银行业表内业务与表外业务之间相互转换,央行宏观调控的效果大大减弱。这些事实上的金融双轨制带来的种种问题,必须通过进一步市场化来改进。

(二)　金融市场结构失衡

一是以间接融资为主的低风险偏好难以支持经济转型升级。以美国为代表的主要发达经济体在过去 30 年先后以重工业、科技行业为主的经济转型过程表明,在支持创新、动员金融资源方面,资本市场比银行体系更富有效率。而中国金融体系突出的特征是以间接融资为主,直接融资发展严重滞后。从融资结构看,2012 年社会融资总量中,只有 13.9% 来自于债券和股票;从资产规模看,银行业金融机构的资产规模在 90% 以上。间接融资主导的金融结构不仅导致系统性风险主要在银行体系内部积累,同时银行的低风险偏好决定了其难以将信贷资源向科技型和轻资产企业倾斜,对经济转型和产业升级金融支持十分有限。

二是行政管制和审批是导致直接融资欠发达的重要原因。债券市场方面,由于主管部门不同,交易所市场和银行间市场存在分割,无论是市场参与主体、上市交易品种还是市场的托管清算均未实现统一,且交易所市场发展滞后于银行间市场。此外,银行间市场还存在由商业银行主导的问题,导致风险实质上仍然高度集中在银行体系。股票市场方面,证券的发行和上市交易受到行政审批限制,大量有活力的创新型企业难以获得上市融资的机会。行政力量的过度介入相当于为股票、债券等证券品种附加了隐性政府信用背书,不利于投资者的风险识别。

三是股票市场结构仍待进一步调整。股票市场层次较为单一,主板、中小板、创业板和代办转让系统呈不稳定的"倒金字塔"形；养老金和保险等长期机构投资者发展迟滞，A股市场专业投资者持有市值不足两成，远低于发达市场七成左右的占比情况；一级市场价格严重高于二级市场，2012年新股平均发行市盈率为47倍，而二级市场平均市盈率仅为17.8倍；估值结构不合理，蓝筹股价格明显低于非蓝筹股价格，绩差股价格畸高，严重背离企业内在价值。

（三） 金融机构治理失范

一是股权结构不够合理，国有股"一股独大"现象依然突出。截至2010年年底，中国银行业股权结构中，国家股占53.85%，国有法人股占6.81%，远高于全球大型银行最大股东的持股比例。中国银行业股权结构的不合理，一方面使得银行的公司治理改革"形似而神不似"，行政因素和政治周期对于银行的影响相对突出，需要长期投入的发展转型难以顺利推进，基于良好公司治理的风险防范难以有效实现；另一方面，在经济发展要求信贷规模持续扩张的情况下，银行很容易陷入"信贷扩张—风险资产累积—再融资—再扩张"的循环，而国有股占据主导地位也使得财政资金难以满足持续的银行再融资需求。

二是政策性银行与商业银行权责划分不清。政策性银行与商业银行本应以市场和公共领域为界限，形成互为补充的格局。然而，目前双方业务均突破了原有边界。一方面，商业银行参与的地方平台贷款一定程度上带有政策性业务性质。另一方面，部分政策性银行也逐步介入商业银行业务，依靠其拥有资金成本低、国家信用隐性担保、政策优惠等优势，与商业银行争利。同时，政策性银行偏离其初衷，也会使原有应得到政策扶持的薄弱环节融资难问题再次凸显。

（四） 金融监管失位

一是监管机构零风险导向抑制金融市场创新。目前，监管机构在事实上强调零风险容忍，监管手段行政化色彩浓重，监管行为常常容易渗入到金融机构的日常经营,使得金融机构的市场化、商业化经营行为难以充分开展,抑制了金融创新发展。现有的一些创新更多的是由表内到表外的规避信贷额度、资本要求等监管型创新,而不是提高资源配置的效率型创新,反而容易形成新的风险。

二是金融消费者保护的监管目标没有得到充分履行。从国际上来看,许多国家的监管机构都将金融消费者保护与防范金融风险作为金融监管的两大首要目标。过去较长一段时间,金融监管的职责都较多地关注金融风险和金融对国家战略的支持,而对金融消费者权益维护强调不足。尽管一行三会在金融危机后均设立了金融消费者保护部门,但总体来看,金融消费者保护工作仍处于起始阶段,在立法、协调机制、纠纷解决、教育等方面均待改进。

三是现行分业监管体制与大量涌现的、以大资产管理为代表的跨领域创新不匹配。综合经营的不断推进和跨领域金融创新产品日益涌现,对现行的分业监管提出了挑战。现有的监管体系缺乏明确的责任划分、良好的协调机制,分业监管体制造成了中央银行与监管部门,以及监管部门之间的行政分割,出现监管真空、监管冲突和监管重复并存、协调难度加大等问题,形成了监管体系中的潜在风险。例如,目前各金融机构开展的资产管理业务,由于归属于不同的监管机构,在资本要求、投资渠道上的适用规则存在较大差异,进而影响其资金成本,造成了通道业务等套利行为的出现。

四是中央与地方金融监管职责亟须明确。与大量新兴金融机构在各地涌现相矛盾的是,地方金融管理部门注重准入审批,但是在行为和风险监管等方面相对薄弱。在这种情况下,如何发挥中央金融监管部门的指导和协调作用,适当下放部分金融监管权和政策制定权,明晰中央与地方在金融监管上的职责,从而充分调动地方政府积极性,成为在全局的金融体系稳定与局部的金融市场活力之间达成平衡的关键。

三、新一轮经济改革对下一步的金融改革提出了新的要求

(一) 以金融改革来抓住全球经济再平衡背景下中国经济发展的有利时间窗口

国际经济再平衡是未来一个时期影响全球经济金融走向的主题。放置到外部变

化的大背景下，中国经济金融改革的机遇来自于：一是发达市场的结构性问题短期内难以改善，急性病转为慢性病，并可能始终处于动荡的格局，由此带来的国际货币体系重构，为人民币国际化、金融机构加快"走出去"步伐创造了有利外部条件；二是以部分非洲国家为代表的发展中国家基础设施投资大有空间，推进在该区域资本输出不仅有助于消化国内过剩产能，同时可逐步形成非洲的人民币市场。从国际储备货币演进来看，美元国际化最大的推动力就是马歇尔计划。

（二） 以金融改革来促进经济转型和产业升级，并支持城镇化的继续推进

实现经济发展方式的转变，必然要求要素沿着调结构的路径转移配置。劳动力与资金价格的扭曲是过去 30 年中国高增长模式的重要贡献因素。近年来，劳动力要素的短缺正在提高劳动力的价格，从而一定程度上推动了落后产能的淘汰以及外部不平衡的矫正。而资金价格的压制仍在继续。IMF 曾有研究表明，中国资金的扭曲程度在全球来看都处于较高的水平。必须通过加快金融改革发挥资金的资源配置作用。通过发展直接融资市场体系，开展更为市场化的股本或债券融资，依托于风险投资和资本市场等市场化筛选机制，加速推进中国的工业化、城镇化、信息化和农业现代化进程，同时为高新科技企业和战略新兴产业提供金融支持。通过促进市政债券、资产证券化等多元长期融资工具的发展，培育养老金、保险机构等长期资金提供者，满足城镇化融资需求。

（三） 以金融改革来化解当前经济金融体系中存在的金融风险

从中国历次金融风险的化解经验来看，加快改革是寻求防范和缓释风险的有效途径。过去 30 年整个经济处于上升周期、货币化进程还在进行中，以不良资产为代表的金融风险在经济快速增长和货币化过程中得以消化。而目前无论是经济增长还是货币化进程都难以达到过去的增速，中国经济增长正处于从高速增长向中速增长

的转换阶段,结构转型的压力加大,同时货币化也在逐步进入尾声,因此,化解金融风险的这种传统政策逻辑需要作出重大改变,必须及时转移到深化金融改革上来,从上述分析逻辑看,一方面要加强对融资主体和金融中介的市场硬约束,强化市场纪律,从源头上控制金融风险的形成;另一方面,对存量的资产,可以采取更为市场化的方式(如资产证券化)来处置消化。

(四) 以金融改革配合财税改革、要素价格改革等多个领域的改革,提高改革的协同效应

当前的经济改革是一项系统性工程。财税、金融等领域中体制机制性问题往往相互交织并彼此牵制,某一个领域改革的单兵突进难以取得实质效果,需要综合改革举措的统筹规划。例如,金融市场改革的一个重要方面就是要形成具有市场约束力的政府融资主体,这涉及财税体制改革。金融市场机构投资者的培育又与养老金体系改革密不可分。

四、新一轮金融改革的基本框架和主要突破口

面对经济转型和产业升级的新要求,只有坚持市场化导向,进一步释放金融体系活力,建成完善的金融机构体系、金融市场体系、金融运行体系和金融监管体系,才能有效分散金融风险,为实体经济全要素生产率的提升和经济转型提供强有力的金融支持。如果说上一轮金融改革主要致力于改革微观金融机构,新一轮金融改革的重点则应逐步转移到构建制度、完善市场、改进利率汇率市场化形成机制、提高金融资源配置效率与金融服务实体经济的功能上来。从中共十八届三中全会的重要部署看,下一步的金融改革预期会从以下几个线索推进。

(一) 深化金融业的对内和对外开放

这主要包括金融业的对内和对外开放,具体包括降低民间资本进入金融业的门

槛、推动政策性金融机构改革等。

（二） 金融价格形成机制的市场化

这主要包括利率市场化改革和资本市场的开放，以及加快实现人民币在资本项目的可兑换。

利率是引导资源优化配置进而提高全要素生产率的重要市场指标，形成市场化的利率水平对于促进经济转型具有深远意义。全面推进利率市场化必须建立在融资者、投资者风险收益约束清晰的基础上，否则会形成金融资源配置的扭曲和金融风险的积累。

从长期来看，培育更加透明和更具市场约束的投融资主体需要进一步加快金融机构公司治理改革以及财税改革，调整融资结构，发展直接融资，健全多层次资本市场，其中的关键是推动股票发行注册制改革，多渠道推动股权融资，发展并规范债券市场，鼓励金融创新。

从利率市场化角度看，需要在目前利率市场化取得长足进展的基础上，继续按照"先长期后短期、先大额后小额"的思路，进一步扩大中长期定期存款的浮动区间，并逐步扩大至短期和小额存款利率上浮区间，最后完全放松存贷款利率浮动限制。同时，逐步放开与存贷款有关联性或有替代性的金融产品和服务定价，推动整个金融产品与服务价格体系的市场化。进一步发挥上海银行间同业拆放利率（SHIBOR）的基准作用，扩大其在市场化产品中的应用，同时促进利率品种的多样化和结构的合理化，形成完整的收益率曲线，各种期限利率实现动态联动变化。进一步确立市场定价权，允许市场化的债券违约的出现，使投资者能够独立判断客户风险并制定相应的风险溢价，形成风险收益曲线；加强金融机构风险定价能力建设，防止系统性定价错位。

在进行利率市场化建设的同时，应同时推进相关配套制度的建设，从而尽可能降低改革对金融市场和宏观经济的负面冲击。

一是规范金融机构市场退出机制。利率市场化所带来的金融竞争必将产生"优胜劣汰"，建议在深化金融机构产权和治理结构改革的基础上，设立存款保险制度，建立金融机构破产退出机制，以并购重组方式处置利率市场化过程中的问题金融机构。

二是引导民间资本进入正规金融体系。利率市场化的真正实现，需要放开金融机构的市场准入，增加金融供给，使利率能够真正反映资金价格。

当前的国际国内形势为人民币国际化提供了良好的时间窗口。目前人民币在国际贸易和国际投融资活动中的使用得到明显促进。下一步，建议在完善汇率形成机制、推进资本项目可兑换的基础上，逐步实现人民币国际化，以此倒逼带动外汇市场、跨境投资、债券市场、金融机构本外币综合经营等领域的改革。

一是完善以市场供求为基础、参考一篮子货币进行调节、有管理的浮动汇率制度，增强人民币汇率双向浮动弹性和灵活性，发挥汇率对调节国际收支的积极作用，保持人民币汇率在合理均衡水平上的基本稳定，逐步扩大波动区间。推进外汇市场各项交易制度的完善，减少中央银行对汇率水平的干预和日常性外汇买卖，增加其对汇率形成机制的调节。发展外汇衍生品，为金融机构和贸易企业提供更为丰富的外汇避险工具和产品选择，增强其有效防范汇率波动风险的能力。

二是逐步实现人民币资本项目可兑换。根据相关研究机构按照国际货币基金组织 2011 年《汇兑安排与汇兑限制年报》的评估，目前中国不可兑换项目有 4 项，占比 10%；部分可兑换项目有 22 项，占比 55%；基本可兑换项目 14 项，占比 35%。总体看，目前中国资本管制程度仍较高，与资本账户开放还有较大距离。下一步，需要根据中共十八届三中全会的重要部署与金融业发展和改革"十二五"规划所制定的"突出重点、整体推进、顺应市场、减少扭曲、积极探索、留有余地"的总体原则，进一步扩大人民币在跨境贸易投资中的使用，逐步拓宽资本流出渠道，放宽境内居民境外投资限制，逐步扩大国内金融市场对外开放，稳步有序推进人民币资本项目可兑换。

在这一过程当中，还要注重推进措施与国际金融形势、国内经济发展情况、企业承受能力的协调统一，并进一步健全跨境资本流动的统计监测和预警，构建防范跨境资金双向流动冲击的体制机制，运用托宾税、零利率存款准备金等工具控制短期资本的过度流动。

三是以香港离岸人民币市场为人民币国际化先行先试的参照，实现在岸市场的金融改革与离岸市场发展的良性互动。香港离岸人民币市场是境内的国际金融市场,一定规模的香港离岸人民币市场的发展对在岸的人民币可兑换可以提供先行先试的探索参考价值,在岸市场可以参考香港离岸人民币市场的发展状况,分析在资本充分自由流动环境下人民币国际化可能遇到的挑战,降低整个人民币国际化过程中可能出现的风险,同时也有助于巩固香港国际金融中心地位。可继续率先在香港设计和推出人民币计价的金融产品,扩大人民币资产的交易规模,试点人民币资本账户开放的相关改革措施等。

(三) 以适应整个经济改革需要和经济转型要求为重点,有针对性地完善金融市场体系

一是发展多层次资本市场体系。在继续完善主板、中小板、创业板制度的同时,推进全国中小企业股份转让系统("新三板")建设,积极引导区域性股权交易市场的规范发展,鼓励证券公司探索建立柜台交易市场;大力发展债券市场,稳步发展期货及衍生品市场,扩大资本市场的涵盖面和包容度;做好金融市场与科技创新、现代农业、社会保障、新型城镇化建设等的对接与服务,推动中国经济发展由要素投入型向创新驱动型发展转变。

二是大幅度提高债券在融资结构中的比重,促进场内和场外市场,银行间及交易所债券市场的互联互通。推进债券市场建立统一的准入条件、统一的信息披露标准、统一的资信评级要求、统一的投资者适当性制度、统一的投资者保护制度。在此基础上,进一步促进场内和场外市场,银行间及交易所债券市场的互联互通,探索与建立跨市场的执法机制,逐步建设规范统一的债券市场。

三是落实中共十八届三中全会提出的股票发行注册制改革。放松管制,夯实市场机制正常运行的基础,促进发行人、中介机构和投资主体归位尽责。监管重心从市场准入控制转向行为和过程的监督,发行审批重点从上市公司盈利能力转移到保护投资者的合法权益上来,以信息披露为中心,不断提升财务报告的质量,帮助投资者通过市场化的方式识别和承担证券风险,在此基础上实现发行制度的市场化。

四是大力发展机构投资者,推动机构投资者的多元化。引导长期资金在平衡风

险和收益的基础上积极参与资本市场,为社保基金、企业年金、住房公积金、养老金和保险公司等参与资本市场提供公平高效的平台;引进境外长期资金,适当加快引进合格境外机构投资者(QFII)的步伐,特别是来自港澳台的机构和使用人民币的产品。

(四)　强化金融改革过程中的金融监管

一是中共十八届三中全会强调的是完善监管协调机制问题,特别是要加强一行三会的金融监管协调。在明确划分一行三会职权职责、特别是对交叉性金融业务和金融控股公司监管职责的基础上,完善跨行业、跨市场、跨境金融风险的监测评估机制,加强重大风险的识别预警,强化央行对金融体系系统性风险防范的协调职能。

二是落实中共十八届三中全会部署的界定中央和地方金融监管职责和风险处置责任。需要根据不同领域的状况,适当赋予地方金融管理部门一定的地方金融监管职能,明确地方政府对地方性金融机构的监管权力与责任,将类似小额贷款公司、担保公司等不吸收公众存款的小型准金融机构及其经营活动的监管权限交给地方金融管理部门。同时,提高省级金融管理部门的独立性,降低地方政府对本地金融机构的持股比例,从而减少地方政府对地方中小金融机构经营行为的干预。加强地方政府金融管理部门与中央金融监管部门之间的协调沟通,避免垂直管理的中央金融监管体系"鞭长莫及",以及不同地方金融管理部门"各自为战"的问题。

三是建立存款保险制度,完善金融机构市场化退出机制。

(五)　中共十八届三中全会提出的许多相关领域的改革与金融改革直接相关

一是国有资产管理体制改革会带动大量国有资产重组的金融服务需求,同时也会促进产业的重组整合,引发金融资源配置方式的显著调整。

二是划转部分国有资本充实社会保障基金,加上对保险和社会保障等机构发展的改革措施,会促进机构投资者的发展。

三是建立城乡统一的建设用地市场，会促进现有的房地产金融出现结构性变化，从目前较为单一地集中在住宅金融，转向更为多元化的、兼顾城乡的房地产金融服务方式。

四是科技体制改革为创业投资和股权投资等促进技术创新的金融服务带来新的增长空间。

五是金融监管部门同样需要简政放权、深化行政审批制度改革，减少对微观事务的管理，集中监管资源到风险识别和防范，为市场运行提供更为灵活的创新空间。

六是建立支持城镇化发展的金融体系。创新金融产品和服务，将社会资金更多引入城镇化相关领域，也包括中共十八届三中全会部署的构建新型农业经营体系的改革。积极创新开展农村房屋产权抵押贷款、集体建设用地使用权抵押贷款、农村土地承包经营权抵押贷款、林权抵押贷款等业务，推动农村生产要素在城乡间自由流动；开展市政收益债发行试点，综合运用资产证券化、引入保险和养老金等机构投资者拓宽地方政府融资渠道。

七是扩大对外开放和促进产业全球布局，为中国金融业的国际化提供了新的动力。

八是中共十八届三中全会部署的现代文化市场体系的发展，也为文化产业与金融业的融合提出了新的要求。三中全会强调，要鼓励金融资本、社会资本、文化资源相结合。

可以预计，随着中共十八届三中全会部署的一系列重大经济改革举措的落实并产生成效，中国的金融改革也会在多个领域取得显著突破，并为当前的中国经济转型提供强有力的金融支持。

高培勇 中国社会科学院学部委员,财经战略研究院院长、教授、博士生导师。著有《国债运行机制研究》、《公共经济学》、《当代西方财政经济理论(上、下册)》(合著)、《市场化进程中的中国财政运行机制》(合著)、《中国:启动新一轮税制改革》(主编)等。

以深化改革推进地方债步入新常态

高培勇

一、地方债风险:呈现出与以往大不相同的复杂局面

当前我国的地方政府债务以全国的经济和财政实力计,尚处于国际公认的安全线之内。尽管在总体规模上不足忧虑,但跳出全局视野而深入到不同地区,就会发现,在总体风险可控的同时,由于区域经济发展状况、地方政府债务管理水平及其控制松紧程度的差异颇大,有些地区已经出现偿付困难,具有隐患,因而事实上存在着局部风险。跳出短期视野而着眼于长期态势,也可以发现,由于深藏在地方政府债务风险背后的各种体制性因素仍在发挥作用,在短期风险可控的同时,部分地区的严峻情势有可能向全国蔓延,因而事实上存在着长期风险。

值得注意的是,围绕地方政府债务的这种局部风险和长期风险,是在中国经济发生转折性变化并向"新常态"转换的过程中呈现的。其一,经过了30余年的高速增长之后,支撑中国经济增长的产业结构和要素投入结构发生了变化,中国经济已经由高速增长转入中高速增长平台。其二,在以化解产能过剩为核心内容的经济结构调整中,企业的兼并重组甚至退出市场正在成为不得不付出的代价。其三,2008年以来

刺激政策所形成的累积和溢出效应仍在持续,宏观经济政策的选择和调控空间由此缩小。

在经济增速换挡期、结构调整阵痛期和前期刺激政策消化期的所谓"三期叠加"的新形势下,一方面,地方政府债务风险同一系列与以往大不相同的新矛盾和新问题相交织;另一方面,地方政府债务风险的防范化解亦面临着一系列新挑战。不仅财政收入增速随着经济增速换挡而下滑,而且财政支出压力随着结构调整阵痛而上升,在财政收支形势趋于严峻的条件下,增量调整的渠道变窄。不仅宏观政策抉择因消化前期刺激政策而面临多方掣肘,而且传统宏观调控机制和方式因经济下行压力的进一步加大而面临诸多挑战。不仅经济体制在经济发生转折性变化下的运行规律尚未充分认识,而且包括经济、政治、文化、社会、生态文明和党的建设在内的各方面体制在全面深化改革进程中也在发生变化,应对风险的操作难度增加。如此等等。

二、特殊视角:找准地方债风险问题的病根

特殊视角之一:强烈的举债需求源于强烈的招商引资冲动。

强烈的举债需求,当然源于强烈的投资需求,强烈的投资需求又源于追求 GDP 的不适当政绩观。在这一具有特殊体制背景的关系链条中,地方政府之间围绕招商引资所展开的激烈竞争,在事实上成为支撑中国经济 30 多年高速增长的主要推动力。

要招商引资,总要付出一定的代价,给予一定的条件。那么,地方政府究竟是拿什么或凭借什么来招商引资的呢?以 1994 年划界,在此之前,地方政府招商引资主要凭借的是滥施税收优惠。1994 年的财税改革,在统一税法的旗帜下堵住了滥施税收优惠的闸门。于是,乱收费开始取代税收优惠,通过对企业和居民乱收费取得额外的资金,为外来投资提供各种现实、潜在的优惠条件,便成为地方政府实施招商引资的新的凭借。到了 20 世纪 90 年代末期,在"费改税"和税费改革浪潮的冲击下,乱收费的大门被关上了。要继续招商引资,地方政府还得另辟他径。于是,卖地、通过出让国有土地获取额外收入,从而为外来投资提供基础设施以及各类公共设施开始兴盛。

进入 2008 年,情况又发生了新的变化。一方面,对土地实行"招拍挂",使国有土地出让行为逐渐纳入规范化轨道;另一方面,国际金融危机波及中国,我们需要动用扩张性的经济措施去反危机、保增长。于是,在扩大政府投资规模的口号下,各个地方的融资平台债开始大行其道。搭上抵御危机的这辆便车,不仅可以跃出地方政府不得举债的现行预算制度约束,而且可以堂而皇之地以政府投资吸引外来投资,以政府自身投资为招商引资铺路搭桥,从而带动 GDP 增长。其结果,地方政府债务规模呈井喷式扩大。

求发展→出政绩→上项目→增投资→搭车举债,关于地方政府债务的这一逻辑线索提醒我们,事情虽然表现在地方政府债务上,但问题的根源却在于唯 GDP 马首是瞻而导致的对于招商引资的无限和盲目追求当中。只要这个特殊的体制因素不消除,地方政府债务一定会酿成风险,甚至会酿成足以危及国家长治久安的大风险。

特殊视角之二:非健全的债务人人格源于非健全的财政管理体制。

来自各方面的调研结果均表明,在当下的中国,不仅为数不少的地方举债之时并无还债的打算,而且相当多的地方还债之时也不具备相应的清偿能力。换言之,当下的地方政府并不是具有健全人格的债务人。从根本上来说,非健全的债务人人格的形成与非健全的财政管理体制格局直接相关。我国现行的财政管理体制,虽然名义上举的是"分税制"旗子,但实际上,它的很多方面已经偏离了"分税制"轨道。

本来意义上的"分税制财政管理体制"至少具有"分事、分税、分管"三层含义:所谓"分事",就是在明确政府职能边界的前提下,划分各级政府间职责(事权)范围,在此基础上划分各级财政支出责任;所谓"分税",就是在划分事权和支出范围的基础上,按照财权与事权相统一的原则,在中央与地方之间划分税种,将税种划分为中央税、地方税和中央地方共享税,以划定中央和地方的收入来源;所谓"分管",就是在分事和分税的基础上实行分级财政管理。一级政府,一级预算主体,各级预算相对独立,自求平衡。

将上述含义和现行财政管理体制运行格局加以对照,便不难发现,在过去的 20 年中,我们始终与其保持着不小的距离,这种距离甚至进一步拉大。一个典型的表现就是,中央财政支出的 70% 要作为税收返还和转移支付下拨到地方,地方财政收入的50%左右要依赖于中央财政的拨款。更有甚者,这50%左右的拨款,不仅绝大部分属于戴帽下达的专项转移支付,而且即便是一般性转移支付,也在相当程度上带有"跑部钱进"的不确定性。

如此高比例地依赖中央财政实现收支平衡且具有相当不确定性的体制环境,既会使地方财政收支体系陷于不完整状态,也会让地方财政难有过日子的长期打算。地方政府实现不了对于其收支运行的全面控制,自然难以作为健全的行为主体对自身的收支活动全面负起责任。长此以往,不仅实行分级财政管理的基础趋于弱化,而且本应作为一级财政主体所具有的健全人格亦难免退化。对于既缺乏自律又具有强烈举债需求的地方政府来说,不允许其举债则已,一旦对其举债的他律约束稍有放松,便极可能像被大人管束久了的孩子而陷入盲目举债的"淘气"漩涡中一发不可收。

偏离"分税制"的体制环境→非健全的财政收支体系→非健全的行为主体→非健全的债务人人格→盲目举债,关于地方政府债务的这一逻辑链条告诉我们,事情虽然表现在地方政府债务上,问题的根源却存在于偏离"分税制"轨道的财政管理体制格局之中。只要地方财政收支体系处于非健全状态,地方政府就难以成为健全的行为主体,从而也就难以成为具有健全人格的债务人。只要这个体制环境不彻底改变,地方政府债务就同"风险"二字脱不了钩。

三、对症下药:在深化改革中实现地方债标本兼治

第一,着眼于体制根本变革,积极推进地方政府债券自发自还试点。无论从哪个方面看,作为一级政府财政,作为一级政府行为主体,都是应当拥有举债之权的。对于地方政府举债,宜疏不宜堵,在疏的同时加强对地方政府举债的管理。事实上,也只有通过类似地方政府债券自发自还试点这样的改革行动,让包括局部和长期风险在内的各种缠绕于地方政府债务身上的问题浮出水面,才有可能在求解问题中走出一条适合中国国情的地方政府债务管理之路。但应注意的是,地方政府债券自发自还试点所触动的,充其量只是地方政府债务问题的外在表现形式,而非它的内在核心内容。故而,从其入手,由表及里,逐步逼近地方政府债务问题的体制性痼疾,最终在

体制上做大手术,应是地方政府债券自发自还试点的归宿所在。

第二,破旧立新并举,构建与国家治理现代化相匹配的地方政府政绩评估体系。地方政府对于政绩的追求不能仅仅局限在 GDP 上,更不能落实于对招商引资的无限和盲目追求中。应在淡化、破除 GDP 考核的同时,坚持破旧立新并举,站在推进国家治理现代化的总体角度,将地方政府及其官员的政绩评估作为经济体制、政治体制、文化体制、社会体制、生态文明体制以及党的建设制度改革的交汇点,从根本上建立一种适合全面评估地方政府政绩需要的制度体系。以此为基础,让地方政府走出唯 GDP 马首是瞻、以招商引资为主要施政手段的怪圈,进而踏上正确的政绩实现轨道。

第三,以健全地方财政体系为着力点,重构分税制财政体制格局。有别于预算单位财务,作为一级政府财政的最基本的内涵,就在于它同时拥有两种财权:相对独立的收支管理权和相对独立的收支平衡权。这两种财权,无疑要建立在健全的财政收支体系基础之上。也就是说,脱离了健全的收支体系支撑的地方财政,肯定是不能相对独立地行使收支管理权和收支平衡权的地方财政,也肯定不是本来意义上的分税制财政体制格局下的地方财政。毋庸赘言,坚守"分税制"的改革方向,通过重构分税制财政体制格局健全地方财政收支体系,是让地方政府具有健全债务人人格的前提。

面对健全地方财政收支体系和重构分税制财政体制格局的艰巨任务,澄清并确立如下几个基本认识显然是非常必要的:

其一,"分税制"不是"分钱制"。1994 年实行分税制财政体制的改造对象,就在于"分钱制"——无论总额分成、收入分类分成,还是财政大包干,本质上都是分钱制。因而,在划分中央税、地方税和中央地方共享税的基础上,让中央和地方财政各自保持或拥有一个健全的收支体系,在一个相对稳定的体制条件下各过各的日子,是分税制的基本特征之一。

其二,分级管理财政不是"打酱油财政"。在我们这样一个大国搞分级财政管理,不能建立在根据交办事务多少而拨付相应资金的基础上。那样做的话,分级财政管理很可能会蜕化为预算单位财务管理,或者分级财政管理很可能会蜕化为单级财政管理。因而,按照分级财政管理的原则分别建立起中央和地方各级次的健全的财政收支体系,在分级管理的体制条件下各过各的日子,是实行分级财政管理的基本前提之一。

其三,税权不等于财权。在我国,强调税收立法权高度集中于中央无疑是必需的。但是,税收立法权的高度集中绝不等于财政管理权不能下放给地方。相反,在坚持税收立法权高度集中的前提下,赋予地方政府相对独立的组织收支、平衡收支的财政管理权力,不仅是实行分级财政管理,而且是实行分税制财政体制的必要条件之一。

左小蕾　中国银河证券首席总裁顾问，湖北银行独立董事。1992年获得美国伊利诺伊大学博士学位，曾任新加坡国立大学经济统计系讲师、亚洲管理学院副教授。研究领域：计量经济学、国际金融、证券市场等。著有《小蕾视角：我看中国经济》《经济的真相》等。

地方债，如何远离"火山口"

左小蕾

一、影子银行风险渐行渐近

改革开放以来，中国受过两次外部危机的冲击：一次是1997年的亚洲经济危机，另一次是2008年开始的美国金融危机以及引发的欧债危机。迄今为止，中国尚未经历过由内部风险引发的危机，虽然人们认为国内金融服务还远没尽如人意，但风险积累已经到了不得不警惕的程度。

地方债务风险，被认为是最可能引发中国内部经济危机的因素。近年来，地方政府债台高筑，形势严峻。虽然政府监管部门近年来在地方债务方面执行了降旧控新、只降不增的强硬调控，平台贷款在地方债务中的比重一直呈现下降趋势，但一些地方通过信托、融资租赁、BT（"建设—移交"）和违规集资等方式变相融资的现象却愈加突出了。商业银行通过同业业务、理财业务等途径，向地方政府大量"输血"。更严重的还在于，融资平台通过金融租赁公司和小贷公司等，与民间借贷和境外资金"合流"，导致了地方债务的"影子化"。如今，平台债务分为两大块：一块是在银行体系内，估计余额大约是 10 万亿元人民币；另一块是在影子银行系统内，余额在 3 万亿至 8 万亿元人民币之间。

影子银行是危机词汇，原来主要指华尔街以衍生品发行和交易为主营业务的投资银行。而在中国，影子银行的概念很复杂，主要表现为银行体系以外的金融中介活动，如银信合作理财、地下钱庄、小额信贷公司、典当行、民间金融、私募投资、对冲基金、网上 P2P 人人贷以及阿里贷这类非银行金融机构贷款等。因为影子银行的高杠杆率、低透明度，以及华尔街影子银行引发的危机等原因，中国影子银行的潜在风险也逐渐为世界所关注。中国影子银行是 2008 年全球金融危机以后的产物，存在仅仅几年的时间。那么，影子银行的风险何在？风险究竟有多大？我们希望通过分析，揭示风险以引起相关方面的警惕。

首先，影子银行引发的风险是系统风险。影子银行业务的参与主体，基本上没有意识到或者也可能是刻意忽视他们自身每个主体都是一个系统风险的制造者。特别是银行，每个银行都认为风险可控，监管部门发布的数据也认为各银行的相关风险监管指标在可控之内。但是 2008 年的美国金融危机就是影子银行制造的系统风险引发的。危机爆发前每个影子银行不但在一般意义上自我认定风险是可控的，而且每个公司的风险控制部门都在计算 VAR（Value at Risk，风险价值模型），也就是计算在 1% 或者 5% 的置信区间内，公司资产配置的每天最大亏损值。截至危机爆发前，每个投资银行的 VAR 值都被认为是风险可控的。

这里最大的问题是各银行计算的只是各自面对的非系统风险。殊不知，通过发行和交易衍生工具，把公司和客户的资产配置在各种衍生品上进行的所谓"风险管理"并未消除风险，而是把风险"分散"到了市场的各投资主体，所以实际上每一个衍生品都在向市场释放风险。如果每个公司都通过自我膨胀的衍生品发行，推动衍生品交易价格上涨，不断放大资金杠杆向市场释放新的风险，市场就会不断累积风险的规模。

当最大的债券产品包括衍生品发行和交易公司雷曼破产以后，立即引发市场对所有影子银行的信用危机，系统风险爆发，由此美国遭遇了百年不遇的金融危机，而全球化又使美国危机冲击了全世界。

　　现在,国内各大国有银行、股份制银行、城市商业银行、信托公司、小额信贷公司、民间投资公司,所有影子银行都在乐此不疲地发展理财产品、表外投资,这与美国2001—2006年的情况颇为相似,差别可能仅在于产品的复杂程度而已。实际上这些理财产品向市场释放的风险正在集聚。近期某银行出现理财产品不能兑付的情况不能仅仅当作个案。2002年,当美国第七大能源公司安然公司因表外衍生品出现问题轰然倒下的时候,人们也是把它当作个案,掩盖了整个衍生品市场巨大的系统风险。国内对已经冒头的问题切不可等闲视之,必须早作防备为是。

　　其次,不知道风险有多大是最大的风险。影子银行摧毁美国经济就是因为投资银行卖了多少CDO(担保债务凭证)和CDS(信用违约互换)连自己都不清楚。而国内现在投资银行发出的产品究竟有多少也没有人知道其确切的规模。根据官方报告,央行数据显示截至2011年年底,民间金融地下银行活动约3.38万亿元。中国信托行业协会数据显示,截至2012年第三季度中国65家信托共计持有6.3万亿元资产。国际货币基金组织(IMF)在《全球金融稳定报告》中称,中国国内理财产品存量2012年第三季度为8万亿至9万亿元。综合上述数字,国内影子银行总量约在17万亿元—19万亿元,占GDP总量的三分之一。但2010年时任中国银监会首席顾问的沈联涛先生估计影子银行规模约达到20万亿元。现在还有民间估计可能是30万亿元。有一篇报道的标题比较准确地描述了影子银行的现状,"一本不断膨胀的糊涂账"。这里的关键词是"糊涂账"和"不断膨胀"。

　　更令人担忧的是,影子银行的市场呈现无序状态。有报道称,银行理财产品销售人员,根本不知道产品的投资结构;理财产品的投资人,只关心收益率是否高于银行同期存款利率而不问风险;而P2P(人人贷)更是乱相一片,违规金融行为的数目巨大。

　　据报道,P2P原是以互联网为平台,现在已经向线下发展,一些公司变相吸收客户存款发放贷款,建立类似的银行资金池,只要有满意的收益率,他们并不在意把钱贷给了谁,很多公司还虚拟投资人,圈理财产品投资人的钱。有些公司还开始了资产证券化,在未告知客户的情况下,将其债权打包转化为投资理财计划卖给公司其他客户,也卖给其他P2P公司的客户,形成批量业务,再拿着融资来的钱去投资。这样的行为有两个方面的风险：一是创造货币，大规模放大资金杠杆；二是完全没有风险控制，资金回旋余地非常有限，一旦出现大规模挤兑，这个充斥了小储户的领域，非常可能引发社会问题。

再次，弱化货币政策宏观调控的作用，宏观调控风险增大。

货币政策是靠各种货币工具通过银行和银行间市场调控经济运行中的流动性来实现平稳实体经济的作用。在利率并未完全市场化的情况下，银行信贷额度的控制是流动性与实体经济对接的主要环节和重要手段。但是2012年社会融资总额中银行信贷从91%下降到58%，影子银行的信贷融资规模，包括债权和股权融资，还有银行表外的银信合作的理财产品融资规模快速增长。因为统计的问题，民间非正规金融的融资可能还未计算在社会融资总额之中。

影子银行之所以被称为"银行"，最重要的原因是它具有银行创造货币的行为功能。非银行融资信贷的大幅增加，意味着大规模脱媒和信贷体外循环。这部分信贷完全不受央行控制，总量不受控制，乘数效应更不受控制，直接削弱了货币政策的宏观调控能力。如果没有相应的新的监管措施和货币工具，影子银行就可能绑架货币政策，宏观调控的风险因此增大。

其实影子银行风险带来的监管风险也是不能忽视的。如果影子银行的相关金融活动比如资产证券化放开，所有的信贷产品都可以证券化后一次性收回贷款，银行就没有资本金和坏账拨备的压力了，那么《巴塞尔协议Ⅲ》关于银行提高资本金要求的监管条款基本不会起到约束作用了。资本金提高的约束必须配合沃克尔法则才能得到有效的实施。但是就是在最关键的地方，新监管条例被打了折扣，没有能够得到严格执行。国内影子银行业务已经如火如荼，衍生品也在加速发展，监管面对的挑战也将是前所未有的。

二、积极设防，远离地方债"火山口"

2013年3月，海外资金掀起新的一股做空中国的旋风。外资投行、评级机构先后上演唱空大戏，其理由基本集中在以下几个方面：经济增速下滑、债务规模扩大、银行信贷质量堪忧、房价过高以及产能过剩严重等。事实上，这些问题都不是突发的新问题。2013 年上半年中国经济增长 7.6%，这个增速与中国经济现阶段的潜在增长率完全一致，是符合经济规律的，也显示了经济增长的稳定性。以此数据来对比过去 8% 的增长率，唱空中国经济，是不理性甚至居心叵测的行为。

我们认为，在战略上政府决策不必被唱空论调误导，正确判断中国的经济形势，按照既定方针抓住转型的战略机遇才是大智慧。在具体风险防范上，则需要给予高度的重视。虽然中国政府债务目前仍然在国际安全线以下，但是地方政府平台的投资项目没有持续赢利和还款的能力，且存在着巨大的违约风险和引发系统风险的可能性。也就是说，总量债务在安全线下并不等于说债务风险就是可控的。如果不采取有效的措施防止地方债务风险进一步膨胀和蔓延，"中国式债务危机"迟早不可避免。那么，地方政府债务危机应该如何设防，才能远离风险喷发的"火山口"？

继 2011 年国际评级机构质疑中国地方债务风险之后，2013 年惠誉和穆迪两大机构再度对中国经济发出警示，在不到一周的时间内分别下调中国主权信用评级。理由是"中国金融稳定性的风险正在逐步增加，地方债务问题在 2012 年再度恢复增长"。相关部门关于"风险可控"的官样文章，在没有外国投资者参与债市投资的时候对国内投资者有安抚作用，但在 QFII、RQFII 以及港台个人投资者都可参与债券投资的更开放的市场上，国际评级机构的评级对他们的影响更大。我们已经亲眼见证了欧债危机过程中评级机构的能量，它们作出的评级对债务风险爆发和蔓延有推波助澜的作用。希望评级下调能倒逼我们正视债务风险，完善必要的制度，避免债务危机的爆发。

（一）　地方债务风险的主因和源头

地方债务风险主要表现在三个方面。第一方面，由于信息不透明，不知道地方债务的总体规模。首先，迄今为止，官方给出的地方债务的准确数据仍然是 2010 年国家审计署披露的 10.7 万亿元，而根据 2013 年 6 月 10 日国家审计署发布的《36 个地方政府本级政府性债务审计结果》推算，截至 2012 年年底，全国的地方债务为 13.87

万亿元。2010年10.7万亿的数据是否包括了县级政府和镇级政府也因没有说明不得而知。有估算称基层政府融资平台的债务也是以数万亿元计算。其次，2011年的债务增量没有准确的报道。造成评级下调的2012年的"大幅恢复增长"，究竟增长多少也是各有评估、众说不一。再次，表外的融资更无法统计。2010年起政府进行地方债务调控，收紧地方债务平台以后，大量地方融资平台改头换面，以企业的身份，通过发行中票、短融、企业债等方式融资，甚至以信托或理财产品的方式出现，构成大量缺乏监管的表外业务。有报道称，2011年至2012年，有些地区通过信托贷款、融资租赁、售后回租、发行理财产品、BT、违规集资等多种方式融资合计2 180.87亿元，占这些地区两年新举借债务总额的15.82%。由于这些融资方式的筹资成本普遍高于同期银行贷款利率，其中BT融资年利率最高达20%，集资年利率最高达17.5%。总之，不准确的数据、不透明的运作让人很难对政府债务风险有一个相对准确的整体评估。

第二方面，地方债还款能力没有可靠的保证。目前中国地方政府的财政透明度较低，偿债形势也不明朗。在全部289个市级政府中，仅淮北和遵义两个城市，也即0.6%的市级政府公布了其债务余额和还本付息的情况。审计署发布的36个地方政府债务审计结果显示，审计署抽查的36个地区中，有10个地区2012年政府负有偿还责任的债务率超过100%；如加上政府负有担保责任的债务，有16个地区债务率超过100%，债务率最高的达219.57%。由于偿债能力不足，一些省会城市本级只能通过举借新债偿还旧债，5个省会城市本级政府2012年负有偿还责任债务的借新还旧率超过20%，最高的达38.01%。14个省会城市本级政府负有偿还责任的债务已逾期181.70亿元。

事实上，2011年已经出现云南城投的违约事件。2011年有证券公司曾经对当时国内城投债企业的偿还能力做过研究。根据该研究对城投债企业的城投债发债主体财务数据统计，经营现金净流量为负的城投债发债主体达161个，占比为33%。如不考虑这些城投企业背后的政府背景，把城投企业仅仅看作普通企业，这些企业目前三分之一以上的经营现金流都为负，即便今后几年不再做任何新的投资，也已经入不敷出。报告还显示，城投债发债主体用货币资金偿债的能力也在下降。以2010年年末或 2011 年一季度的数据测算,城投债发债主体的货币资金与流动负债和利息之比已经下降到 47%,货币资金呈现紧张态势。如果把城投债看做准政府债券,以该省的城投债余额和地方债余额之和作为分子,以地方政府一般预算收入作为分母计算负债率,则青海、宁夏、甘肃三省的负债率超过了 100%,安徽、江西、云南三省也超过了 70%。所以,尽管中国的债务总量按照国际标准没有超过安全线,但不等于说这些地方债务就是安全的。

第三方面,地方债务规模继续膨胀的势头很强。主权信用评级被下调的直接原因就是 2012 年政府债务恢复"快速增长"。24 个地方政府超过 10% 的 GDP 增长的指标预示各地大投资、大融资的格局已经拉开架势。中国银监会 2013 年 4 月发布的《关于加强 2013 年地方融资平台风险监管的指导意见》(以下简称 10 号文件)删去了"融资平台贷款余额较 2011 年年末不得增加,融资平台贷款不得超过本行 2012 年年末的水平"等字样,以一个笼统的"各银行业金融机构法人不得新增平台贷款规模"规定代之。这可能放开了一个绕过监管打擦边球的口子。一些地方政府争取金融发展试点政策,不排除是为了大投资、大发展资金运作做准备。这些都显示未来地方债务规模只会越来越大。审计署 36 个地方审计结果显示,从债务形成年度的数据看,2010 年及以前年度举借 20 748.79 亿元,占 53.93%;2011 年举借 6 307.40 亿元,占 16.39%;2012 年举借 11 419.62 亿元,占 29.68%。这意味着,过去两年地方政府在继续增加债务杠杆。

(二) 地方债务风险的治标和治本之策

那么,如何控制地方债务风险,让地方债务远离"火山口",防止中国版的"政府债务危机"?

这里,针对前面的分析,我们提出防范风险需采取的三项治标措施和一个治本思路。

第一,加强监管。10 号文件的发布说明监管部门注意到了地方债务风险问题。但是监管思路需要更审慎,特别是要堵上前面提到的"口子"。不能因为担心地方债务风险敞口现在暴露而放宽尺度和规则,这样可能积累更大的风险。

第二，加强政府债务的信息披露，增加透明度。审计部门和监管部门要彻底梳理地方政府债务情况，制定地方融资平台的信息披露规则，表外业务全部纳入表内管理，严格禁止进一步的表外融资活动。

出现局部违约事件不要采取变相粉饰风险、隐藏风险的做法，否则会产生严重的道德风险。云南城投采取的所谓"债务重组"，把前期投资不赚钱的问题资产从资产负债表中划走，然后再发新的企业债，这意味着旧债不能还又欠新债。如果允许地方融资平台重复这样的游戏，地方债务规模会越滚越大，而银行出现坏账的风险也越来越大。对于城投债投资者而言，这样一来他们也完全不必有风险意识，也不必真正关心平台公司里面装什么资产，只要确认发债平台公司与政府的关系，反正出了问题政府买单，地方债务将陷于不能自拔的非理性的泥潭。更糟糕的是，这样的方式一定会被效仿。最近江苏南通就再现了这种资产划拨的游戏。各地地方融资平台将制造越来越大的风险，局部风险就会演变为系统风险。

如果出现债务循环的局面，就与当初欧债演变的过程异曲同工了。由于选票政治，欧洲政治家要当选都会对选民作出各种福利改善的承诺，当选后通过发行政府债券筹措资金兑现承诺。当各国政府能够在市场上循环地发新债还旧债（新债规模一定大于旧债的规模）的时候不会出现问题，一旦债务规模累积到完全没有对应还款能力的时候，评级公司会下调各国债务评级，发债利率大幅上升，政府债发不出去，最后债务危机爆发。

所以局部出现违约风险实际是风险逐渐释放的通道，刻意掩盖反而是埋下了一个个金融危机的地雷和炸弹，随时会引爆危机。

第三，建立对不负责任的融资投资行为问责的制度。政府参与经营性资产投资（这本非政府职能），就必须设定赢利目标。地方政府官员强制性动用各类资源大力度投资竞争性项目而不考虑是否有效率和回报，很难说是在为人民谋利益，很可能是为了成就 GDP 的政绩考核而谋取个人政治利益。所以对于盲目投资融资带来政府债务风险的行为，要有严格的问责制度。银行出现坏账不论是政府的还是民企的，只要给银行造成损失也应该问责。特别是为了掩盖前期信贷风险，采取滚动贷款加剧风险的行为，更要严格问责。

需要重点说明的是,地方政府债务风险的防范,不仅需要治标,还要治本。而真正治本之策是必须推进政府职能的彻底转变。有专家提出地方债务风险防范的几条建议,我觉得有"助纣为虐"之嫌。例如,一是有建议允许地方政府卖更多的地来还债。实际上卖地财政扰乱了中国的房地产市场,已经受到各方的严厉批评。二是有建议让国企向地方政府平台注资。地方国企早就抱怨地方政府把它们当成了借债还债的工具。国企应该向社保注资是社会的共识,国企注资融资平台使国企收入变成政府收入,但又不转化为民生支出,是完全不可取的。三是有建议动用财政收入增加到投资工具中去。现在政府投资过大已经成为中国经济的巨大结构问题,再增加财政投入,加大地方政府投资力度,无疑会使问题变得更糟糕。之所以认为这些建议是"助纣为虐",因为首先要提出的问题是,政府应不应该做这些事情。如果回答是政府根本不应过多参与竞争性极强的经济活动,上面的建议要求政府做其不应该做的事情,给政府妄加职能,就是"助纣为虐"了。

所以地方债务风险防范的治本之策是推进改革,实现政府职能的彻底转变。如果政府退出竞争性领域而让市场配置资源,活跃民间投资,推动更有效率、带来更大税收增长的持续的经济增长,政府融资平台就没有存在的必要,也就没有债务风险的问题了。至于政府回归提供公共服务的职能,包括一些自然垄断的公用事业的基础设施,以及保障性住房等所需要的投资,只要设计合理,也可以通过一些让民间资金参与的模式来完成。由地方政府主要出资的地方让国企担保地方政府发债来完成这些公用事业也是可取的。最后,财税体制的事权、财权匹配的改革也是非常重要的治本之策。

三、消除地方债务的银行坏账预期

中国的地方债务总规模究竟有多大? 2013 年全国"两会"上,国家审计署副署长董大胜估计,各级政府总债务规模在 15 万亿元—18 万亿元,而在 2013 年 4 月份的博鳌亚洲论坛上,前财政部部长项怀诚预计这个数字超过 20 万亿元。根据 2013 年 6 月国家审计署对 36 个地方政府的债务审计结果推算,截至 2012 年年底,全国的地方债务为 13.87 万亿元。无论哪一个数字更准确，这样的数据让一些研究中国经济的机构担忧，评级机构穆迪认为，中国地方债务规模正在增长，将对中国信用状况构成不利影响。

早在 2011 年，就上演过信用评级机构因为中国地方债务风险看空中国经济的一幕。2011 年 7 月 6 日晚间，淡马锡新闻发言人确认对中国银行和中国建设银行股票进行了减持。这一幕发生在当时中国国家审计署公布地方政府融资平台的地方债务有 80% 来自银行信贷之后，淡马锡的大规模减持之举，立刻牵动了市场对于中国银行业，以及巨额银行坏账可能拖累中国经济进一步下滑的忧虑神经。其实，从 2011 年 6 月初起，国外机构就开始频频报道中国地方债务问题及其关联的银行业风险。法国兴业银行一篇报告表示，中国清理 3 万亿元地方债务，相当于美国不良资产救助计划规模的 1.5 倍，"这暗示中国遭遇的危机可能是 2008 年时美国的 1.5 倍"。国际评级机构穆迪也发布报告称，由于缺乏全局性的处理方案，银行的信用前景可能因此而弱化。考虑到目前没有清晰的方法应对地方债务问题，该机构已经对包括中国的银行在内的几十家香港上市的国内公司贴了红条，即信贷展望转为负面。

虽然中国央行随后发表声明称，外资机构的判断，推测的成分较大，有不实之词之嫌。但是当时的地方债务确实存在超过 2 万亿元的高风险债务，而且这 2 万亿元风险债务中，超过 90% 都是银行贷款，这样的地方债务的或有坏账率可能远远超过以往银行不良贷款的规模。

另据报道，2013 年 4 月，惠誉将中国的长期本币信用评级从"AA－"降至"A＋"，理由是担心政府债务膨胀及影子银行扩张损害金融稳定。这是自 1999 年以来中国主权信用评级首次被一家大型国际评级机构下调。因此，中国银行业在后危机时代所受的负面冲击还远未过去，如果不能妥善处理这些高风险债务，确实可能引发银行风险，并连带引发整体经济的风险。

要化解地方债务拖累经济下行的风险，我们认为短期内有必要着眼关于地方债务解决方案的制定，从心理上消除地方债务"转化"为银行坏账的预期，保证经济的平稳增长。从长期来说，要从战略的角度规范地方政府债务发行，从根本上避免债务危机。笔者对此提出五个可参考的解决思路。

第一个解决思路，是要把地方债务正名为财政负债。若按前文提到的 13.87 万亿元的地方债务余额计算，加上国债余额 7.76 万亿元，加起来约为 21.6 万亿元，占 2012 年 52 万亿元 GDP 的 41.5%，低于全球公认的 60% 的安全警戒线。而且中国财政增长收入很快，所以没有违约的风险。但这只是总量和概念上的意义。地方债务 80% 是通过公司形式的政府融资平台以银行贷款的形式存在，原则上，中央财政收入增长并不必然承担这些银行贷款的还贷责任。

非常重要的是要细分 2 万亿元风险信贷中，哪些是属于政府职能实施的项目信贷，哪些是公益服务项目的信贷。那些属于 1998 年和 2008 年两次经济危机的配套资金引起的贷款，应该划属财政范畴，名正言顺成为财政债务。作为财政债务，可以做一些合理安排，每年财政收入增长中的一定比例拿来偿付这类贷款。当然，要防止一些盲目推动 GDP 增长和形象工程投资的"浑水摸鱼"。

第二个思路，要区别中国债务与欧洲债务的不同，不仅是规模，更重要的是债务的用途。政府融资平台贷款大多用于有经济和社会效益的基础设施上，这些项目的经济和社会效益会逐渐显现。应该对这类项目进行经济特别是社会效益的计算，也会有利于财政债务和收益的平衡。

第三个思路，通过地方国有企业的民营化，也就是部分国有资产出售，偿还部分银行信贷。

第四个思路，银行拨备地方债务。中国银行业赢利增长强劲，其资产质量仍将保持稳定。银行应该专门为地方政府融资平台的信贷进行坏账拨备，虽然一定程度上会降低银行的扩张速度，但是使地方融资平台风险整体可控，银行的发展才可能更稳定更可持续。

第五个思路，不要简单对中国银行体系采取救助方案。也就是不要采取前两次的政府剥离银行坏账的方式，这样会产生预算软约束带来的道德风险，不利于银行风险控制。前两次被剥离的坏账，其形成有政策改革和银行改革的历史原因，财政买单是改革必须付出的成本和代价。而后来迅速积累的新的风险贷款，虽然有政府拯救危机的推动，但是银行盲目扩张、风险意识淡漠，也应该承担非常重要的责任。而且政府出手救助银行传递的信息也是非常负面的，因为只有银行陷入危机，政府才会救助。

长期来说，要防止地方债务风险和危机，要做好以下几方面的工作。

第一，要遏制地方政府推动 GDP 增长的冲动。经济增长一直以来都是地方政府的考核指标。每届政府都会不顾一切地增加投资，上项目铺摊子；通过退税减税的方式招商引资，不择手段地筹措资金、举债融资，这是巨额地方债务累积的重要原因。要特别注意地方债的大扩张，要防范长期债务风险，就必须改变地方政府 GDP 增长的考核机制。

第二，进行政府职能转变，推进财税体制改革。这里主要涉及的是地方政府事权、财权匹配的问题。政府职能转变是第一位的，政府应该做什么不要做什么，要清晰地界定。否则不该做的事也去做，再多的资金也不能满足地方政府的需求，地方债务的风险是无法控制的。

第三，银行建立政府融资平台贷款问责制和预算硬约束机制。中国的银行基本上都不是独立于政府运作，信贷领域行政干预从未根绝。银行业盲目迷信地方政府和所谓大项目信用，对地方政府的信贷不会按照正常的风险管理的原则进行约束，这只会不断加剧银行的风险。像一般信贷风险管理机制要求的那样，建立严格的对政府平台贷款的行长问责制，也是防范地方债务风险的重要举措。

第四，改革银行规模扩张的发展模式。早在 2011 年，中国银行业金融机构境内外合计本外币资产总额就突破百万亿元大关，年均增长 50%，这是个惊人的数字。规模的迅速扩张主要是信贷规模的扩张，这样扩张下去资本金的扩大可能成为吸收资本的黑洞，对实体经济发展的资源产生掠夺性负面效应。而且规模扩张模式以及与之相适应的激励机制，也会成为银行不负责任地向政府平台放款、加剧地方债务风险的原因。

第五，建立地方危机拯救基金。审计署报告显示，地方债务在 1998 年和 2008 年有两次大幅跃升，显然直接与危机拯救相关。全球化的趋势下，经济危机有频繁加剧的趋势。为了避免频繁拯救危机带来地方政府债务风险的快速增加，用正常年份增加的财政盈余建立危机拯救基金，能更有效及时地应对危机影响，同时避免债务风险。

第六，不要形成"债务依赖"的增长模式。这是欧洲债务危机的重大教训。欧洲各国深陷债务危机,被评级机构一次一次下调评级而束手无策,就是因为欧洲各国已经走入了举新债还旧债的死胡同。而新债一定比旧债规模更大,政府才能保持运作,维持高福利体系和推动经济增长。当债务累计超过警戒线,评级机构下调信用评级,政府市场举债成本大幅提高,这种"债务依赖"的增长方式就走到了尽头。中国现在也在推动发行地方债,筹措保障性住房建设资金,这是政府职能之内的事情,举债也合情合理。但是希望提前做好还债的安排,不要重蹈欧洲"债务依赖"危机的覆辙。

如果能做好这些短期和长期的准备,地方债务不但不会拖累地方经济增长,还会有利于未来更长时间的经济平稳增长。

四、地方债必须实施预算硬约束

地方债,是由地方政府发行的公债。发行地方债是地方政府筹措财政收入的一种方式,地方债收入列入地方政府预算,由地方政府安排调度。

自2011年第四季度开始,国务院批准上海市、浙江省、广东省和深圳市四地率先试点自行发债。在此之前,中国地方政府债券由财政部代理发行。2009年,为应对国际金融危机,扩大政府投资能力,国务院允许地方政府发行债券,由财政部代为办理偿还手续。自四省市试点自行发债后,2011年、2012年地方自行发债规模分别为229亿元和289亿元。

2013年7月4日,财政部发布《2013年地方政府自行发债试点办法》。在首批试点的四个省市之外,经国务院批准,江苏省和山东省也加入自行发债试点的行列中。至此,中国地方政府自行发债试点已扩至6个省市。

实际上,在2011年国务院批准四省市自行发债试点之前,国家发改委就制定了《关于利用债券融资支持保障性住房建设有关问题的通知》,这个通知允许政府融资平台发行企业债,可以看做变相地放行了地方债,之后批准四地地方政府发债试点,就是正式启动了地方债。可以说,中国财政体制开始了一个重要的改变,在欧洲债务危机正在肆虐全球的风口浪尖上,中国政府启动地方债试点,是很有勇气的举动。

鉴于欧洲债务危机和美国诸多州政府破产的前车之鉴，地方债放行和扩容最需要关注的是风险防范和制定稳妥的制度安排，不要让地方债还未开始就埋下经济危机的潜在制度性风险。许多关键问题必须找到有效的方式解决。

地方债发行的制度安排，首要的是严格地方政府发债的预算硬约束。放行和扩容地方债，主要的理由是地方政府不能延续卖地财政，财政收入会大幅减少，而靠地方政府自行发债可以解决地方财政的困境。然而，如果放行和扩容地方债的目的，是以地方债替代土地财政，而地方政府官员的任期制会导致短期业绩指标导向，这样就极易导致地方政府像吸毒上瘾一样，通过不断发债来推动任期内 GDP 的增长。但如果这就是地方债放行的目的，那就难免产生与欧洲各国政治家靠发债兑现竞选承诺的债务依赖模式殊途同归的结果。

在地方政府的 GDP 增长考核指标短期不容易改变的情况下，实施严格的地方政府发债的预算硬约束，以遏制发债规模的过快膨胀引发债务违约危机是非常必要的。过去，地方政府融资平台依靠银行贷款融资方式无节制融资，带来巨大的没有被覆盖的债务风险，主要是银行没有强制性的地方政府融资的预算硬约束的要求所致。与银行信贷相比，地方债刚性偿付要求更高，如果没有预算硬约束的事前安排，地方政府违约风险将大大超过银行信贷。因为银行信贷预算软约束背后是中央政府的担保，地方政府自行发债是地方政府靠自己的信用担保，信用级别不能与中央政府比肩。

地方债原则上是以地方税收作为偿债来源。如果像企业债一样让制度安排发债与未来偿付能力挂钩，地方债规模发行就必须与债务存续期内的本地经济增长水平和地方财政收入水平相一致，财政预算就必须合理考虑债务偿付能力来确定各地的债务"透支"水平。地方政府靠发债推动的非理性 GDP 增长冲动，就会在一定程度上受到遏制。

预算硬约束必须与发债地方政府官员的任期一致，这是非常重要的一点。政府官员的任期都是 3 年至 5 年，当期发债支持当期经济增长，但是还债是后任政府的问题，所以各届政府可能有巨大的融资冲动。这应该是过去地方融资平台的银行融资不受约束地膨胀的原因之一。地方政府债务融资应该避免当期使用未来偿付与政府短期任期交替的制度所带来的道德风险。更重要的是，如果本届政府的短期行为带来的债务扩张，变成下一届政府的债务余额，下一届政府一定效仿而继续扩张，如此循环，类似欧洲债务危机的爆发就几近不可避免了。所以，发债期限与当期政府任期一致是预算硬约束的重要部分。笔者注意到，首批试点中有一个规定，试点地区的债务期限是3—5年。这意味着现在发债的政府必须在本届政府任期内还债。这一规定是否刻意安排，笔者不得而知，但是客观上起到了任期内硬约束的作用。对于地方债的制度安排来说，地方政府不能发行超过任期的长期债可能需要成为一个严格的规定。

地方政府任期内的硬约束还有一层含义，就是不能在任期内发新债还旧债。欧洲债务危机爆发的根本原因之一，就是"债务依赖"的经济增长方式。比如希腊，政府债务超过GDP的150%。其背景是，每一届政府都延续还债是发新债换旧债的概念。但是因为经济增长大大低于赤字占GDP的比率，所以新债发行规模一定大于被偿付的旧债的规模，才能维持政府新的越来越庞大的支出和投资。这种"债务依赖"的经济增长方式，累积了与经济增长完全不相匹配的高债务规模，导致了希腊以及整个欧洲的债务危机。如果中国地方政府在任期内可以发新债还旧债，非常容易演变成希腊式"债务依赖"的经济增长模式，累积巨大的债务规模，最终爆发危机。把每一届地方政府发债规模控制在与经济增长所带来的税收增长相适应的水平，各届政府不被允许在任期内滚动发债，防止"债务依赖"的经济增长方式的风险，是我们从地方债发行放行一开始就应该从欧债危机中接受的教训。

如果没有预算硬约束，地方政府GDP增长冲动的发债需求会不断膨胀，政府债的规模不断扩张与投资资金需求增长同步，非常可能重新让银行成为地方债的主要持有主体，债券违约风险与政府融资平台前期的银行信贷风险也没有根本的区别。而且欧债危机现在与银行危机绑在一起的教训，也早已警示了这一点。所以，我们从一开始就有必要约束地方债规模与银行持有地方债规模同步扩张，避免中国式欧债危机。

如果地方政府发债的任期内预算硬约束的制度在发债试点的制度安排中成为重点规则，那么国人对地方债发行会演变成中国式欧债危机的担心就可以减半了。

五、地方债需要完善的市场监督机制

地方债发行的制度安排，除了预算硬约束的第一约束条件以外，还不能缺少完善、规范的监管机制和公平、独立、权威的信用评级机制。

按理说，地方政府自行发债的前提应该是财政状况透明，而目前中国地方政府的财政透明度较低，偿债形式也不明朗，这也正是经济界担心地方债风险的主要原因之一。4万亿元时代过后，地方政府债务问题逐渐浮出水面，风险逐渐凸显。自2010年开始，国务院开始对地方债务调控，至今3年过去，中国地方债务规模不降反升，在地方政府财政收入放缓、土地财政日渐乏力之际，债务风险足以让人警惕。

所以，地方债发行需要完善的市场监督机制，而监管机制的建立要依靠制度改革来促进。地方债发行要伴随规范财政预算制度和财政监管机制的建设，建立地方政府和政府融资平台的资产负债表，增加地方政府财政预算和支出、地方债务和收益情况的透明度，进行必要的平衡资产和债务的管理，这样才能把地方债的风险控制在最小范围内。

建立地方政府的资产和债务平衡制度，有利于监督地方债资金的使用，有利于地方债的发行，实现地方债发行承担相应的社会职能、提供公共服务，推动政府职能实现真正的转移。

未来的政府投资和融资应该向社会性和民生性项目大规模倾斜，把包括教育、医疗、社会保障、保障性住房建设等。财政政策是引导经济转型的主导政策，地方债要在结构调整、引导新兴产业发展的研发环节中发挥积极的作用。通过地方债的发行实现财政政策的引导目标，募集资金的用途一定要受到严格监督。短期要防止地方债变成房地产资金链的救命稻草，使房地产调控功亏一篑，扩大房地产泡沫的风险；从中长期来说，不能让地方债发行变成地方政府获取资金，延续投资推动的GDP增长方式，进而阻碍经济转型的新突破口，造成适得其反的结果。地方政府发债试点要使地方债的使用透明化，才能达到有效监督积极财政政策、推动经济转型的目标。

监督体制的建立有利于实施财政决策的预算硬约束。有报道披露，外国官员在与中国官员进行商务谈判过程中,对一些官员当场"拍板"重大投资项目和巨大投资规模的情况感到非常惊奇。因为在法治国家,但凡政府的支出或者投资行为,都是要受到预算约束的,同时要有程序约束,不是某一个人就可以决定的。加强地方债使用的透明度,规范公共资源的管理,有利于防范滥用权力带来的公共资源的损失和风险,也避免公众对于地方债发行后,一些地方政府官员将自己的座驾由奥迪换成法拉利的担心。

地方债是一种公共金融产品,其发行和使用应该高度透明,债券持有人有权利知道债券资金使用的明细,应接受持有人和市场的监督,降低债券持有人的投资风险。

建立资产负债表,定期披露资产和负债信息,有利于监管部门控制发债规模,有利于监督国有资产的保值增值,防止滥用、浪费债务融资和导致地方国有资产的流失的行为。

加强独立评级机构的培养也是市场监督的一部分。按照国内外现有的游戏规则,债券市场评级是对还债信用也就是违约概率的一个公开评判。2008 年全球金融危机以及欧债危机的不断升级过程,都与受利益驱使的评级机构的道德风险相关,国际信用评级机构本身存在严重的信用问题。中国的评级机构还处在初级阶段,应借地方债发行的机会,一开始就注重加强其独立性、公平性的品牌建设,逐渐建立债券评级的权威性。

公平评级是地方债利率价格形成的重要信息依据之一。财政部的规定提出,试点省(市)发行政府债券应以新发国债发行利率及市场利率为定价基准,采用单一利率发债定价机制确定债券发行利率。发债定价机制包括承销和招标,具体发债定价机制由试点省(市)确定。

市场利率价格的形成需要信息对称,招标报价需要对影响债券利率的各种因素有全面了解。在市场制度不完善的债券市场上,地方债发行需要伴随评级机构的成长。强化评级机构不对地方政府发债网开一面的公信力规则,是地方债市场健康发展的至关重要的环节。否则,"发债定价机制由试点省(市)确定"的权力,容易导致地方债按照 AAA 级别低成本发行,人为掩盖风险。地方政府的信用级别不应与中央政府担保的债券具有同样的信用等级,换句话说,地方债不应都具有 AAA 信用级别，发行利率不应被"省（市）确定"为低利率高融资的规模，应该是全面对称各地方政府信用信息的"市场利率"。这里的关键是评级机构必须是独立的和超脱利益方。如此，公平的评级，才能对地方政府发债行为和债务使用行为有相应的约束和监督机制。

中国近年来其实也有很多非常重要的变革，因为结果不尽如人意，引发许多对改革本身的质疑。笔者的观察发现，不是因为改革本身有什么问题，而是因为在执行过程中出了毛病。因为执行部门的失职和失误，或者由于利益群体的干扰，改革被误入歧途，结果面目全非。我们今后的地方债发行不能在操作环节被扭曲，因为地方债发行与其他变革不同之处在于，操作过程失误不仅会导致发行失败的结果，而且完全可能引发中国改革开放以来的首次经济危机。欧洲债务危机已经是最惨痛的前车之鉴了。地方债的试点，从开始就要秉持长期可持续发展的理念，设计和建设地方债发行机制，保证地方债市场公开、公平、公正的发展环境。应该通过试点，在得到一整套防范风险、避免危机的制度安排后才能推广。而推广也绝不是简单的审批范围的放宽，一定要伴随相对完善的风险制度框架下的地方债运行规则的严格执行，并健全所有的地方发债主体的问责机制。

根据国家审计署发布的《36 个地方政府本级政府性债务审计结果》推算，截至2012 年年底，全国的地方债务为 13.87 万亿元。虽然从总量上看，全国的政府债务仍然在国际公认的安全线以内，但其中的隐性坏账水平是不能忽视的。如果不能强化地方债的预算硬约束，不加强市场各方的监督，地方债完全可能演变成与土地财政一样的急功近利的短期融资行为，那样对整体中国经济来说，等于变相放出了一群资金不被管束的脱缰野马，后果就不堪设想了。

贺雪峰 华中科技大学中国乡村治理研究中心主任、教授、博士生导师。著有《乡村治理的社会基础》、《村治的逻辑》、《地权的逻辑》等。

城市化道路与中等收入陷阱

贺雪峰

当前,学界和政策部门关于城市化或城镇化的讨论热度一浪高过一浪。总体来讲,政策部门希望以城市化作为抓手,拉动内需,保持中国经济增长的速度。正是从这个意义上讲,中国的城市化将成为 21 世纪的奇观。然而,如果我们对中国城市化没有清醒的认识,不能摆正城市化与产业发展的关系,中国的城市化将迷失方向,中国的发展奇迹将止步于中等收入,陷入所谓中等收入国家陷阱。

对于中国乃至任何一个国家来讲,城市化本身不是最终目标,现代化才是最终目标。而从整个 20 世纪全球一百多个国家的发展来看,真正由一个发展中国家步入到发达国家行列的大国仅有韩国——一个孤独的背影。而韩国以及创造经济发展奇迹的所谓"亚洲四小龙"的另外三个国家和地区的中国台湾、中国香港、新加坡,其发展都得益于冷战背景下以美国为首的西方国家的全力扶持。其他所有人口大国,虽然经历了 20 世纪 100 年的赶超,而无一个国家真正实现了赶超从而步入发达国家的目标。这就说明,20 世纪以来的国际格局形成了某种意义上的发展锁定,在这样一个发展锁定格局下,要赶超从而实现现代化,绝对是奇迹,是特殊,而不可能是一个国家顺其自然发展的结果。

同样,进入 21 世纪,中国仍然是一个发展中国家,离现代化还有很大的距离,与发达国家还有巨大差距。中国目前已步入中等收入国家行列,但能否真正突破现代化中的发展锁定格局,真正成为发达国家一员,困难极多,不确定性极大。从过去 100 年历史来看,中国现代化被锁定在中等收入国家行列的确定性要远远大于中国顺利实现现代化的确定性。从这个意义上讲,不能认为只要按照一般欧美国家的发展道路去走,就一定可以实现现代化。由此,必须深入探讨中国的现代化之路,要对中国现代化的国际处境、历史与未来道路选择有清醒的认识。

当前,与中国现代化道路选择关系最为密切的一项战略是关于中国城市化道路的选择。选择什么样的城市化道路将事关中国现代化的成败。笔者认为,城市化必须服务于产业发展,服务于中国的现代化。没有经济增长和产业发展,单纯发展城市化将导致严重后果。

一、两种类型的城市化

(一) 欧美日与亚非拉:两种类型的城市化

当前,世界上大致有两种外观面貌截然不同的城市化。一种类型是欧美日的城市化,一般称为欧美模式。这些国家的城市化有两个特点:一是城市化率高,一般达到了 80%;二是城市市民一般都有稳定的就业和体面的收入,可以享受到失业保障,大多数有较好的医疗保障,绝大多数进城人口可以在城市体面而有尊严地生存,即使失业或无就业能力的市民也可以享受到广泛的福利体系的保障。从外观上看,欧美日的城市中一般没有发展中国家所常见的大规模贫民窟,城市秩序良好,人们安居乐业。

欧美日的城市化可以说是既好又快、有质有量的城市化,这些国家城市化率高,城市建设得好,城市居民收入有保障,住得下来、生活得好。这就是人们所向往和憧憬的城市化。

在欧美日以外的广大亚非拉地区的城市化则呈现了截然不同的面貌。其中最突出的一点是,几乎所有国家的城市都有大规模贫民窟,且城市贫民窟人口占比极大,甚至达到全部人口的 1/3 左右。与城市贫民窟相联系的是,进城人员很难获得正规就业,就业不稳定,收入低,社会保障少,无法做到安居乐业。从城市外观上看,除了大规模贫民窟以外,城市基础设施一般都比较差,治安不良,卫生条件不好,等等。按温铁军的说法,不仅所有发展中大国都有大规模贫民窟,且贫民窟往往被黑社会所控制,黄赌毒泛滥,而且这些国家往往还有反抗现行体制的武装存在,如印度、墨西哥等。

从城市化率来看,亚非拉国家的城市化率差别极大,其中,巴西早在 20 世纪 80 年代城市化率就达到 80%,而印度目前城市化率才 30% 多一点,非洲很多国家城市化率只有百分之十几。

无论亚非拉国家的城市化率高与低,其城市化的品质都存在问题,表现在外观上就是城市基础设施比较差,存在大规模的难以治理的贫民窟,社会治安不好,进城人口收入不稳定,难以安居乐业。这显然不是人们所期待的城市化。

那么,是什么原因造成了以上两种不同类型的城市化? 如何才能实现欧美日那样又快又好、有质有量的城市化,同时又能避免亚非拉国家贫民窟式的城市化?

(二) 为什么会有两种不同类型的城市化

其实,欧美日与亚非拉的区分,已经划分出了发达国家与发展中国家的界限。欧美日是当今世界的发达国家,是世界体系的中心,这些国家早在 19 世纪就已经步入现代化的行列,成为 100 多年来的世界强国。这些国家经济发达,人均 GDP 很高,且是世界规则的制定者,是高科技的掌握者,是居于全球价值链顶端的国家。欧美日以外的亚非拉国家绝大多数都仍然是发展中国家,经济不发达,人均 GDP 比较低,且不掌握国际规则的制定权,缺乏高新技术的发展,产业大都集中在全球价值链低端,是世界体系的边缘国家。

这样一来,前述城市化的两种类型就变成了发达国家与发展中国家的差异,变成了世界体系中的中心国家与边缘国家的差异。之所以欧美日城市化又快又好、有质有量,是因为欧美日是发达国家,而亚非拉国家的城市化既无秩序又不体面,是因为这些国家仍然处在发展中。良好的城市化与一个国家的制度几乎无关,而只与这个国家的现代化程度、经济发展水平及其在国际经济格局中所处的位置有关。

全球化的国际分工体系无疑存在着不平等的结构,这一不平等结构的核心是不同国家所掌握核心技术的差异。无论是从产业、产品上讲,还是从核心技术上讲,发达国家垄断高新技术,保留了高附加值产业和产品环节,而将进入壁垒比较低的容易标准化的产品和加工环节转移到发展中国家。进入壁垒低导致过度进入,从而必然是低附加值。发展中国家最方便进入的就是这种进入壁垒低、附加值低的产品及生产环节。发展中国家为了加快发展而进入到这种高度竞争的产品生产中,就一定会出现同类出口产品竞争者过度进入所导致的贸易条件恶化。

发达国家在长期的发展中形成了极强的科技开发和技术垄断的能力,从而可以垄断高附加值产品,这些产品具有极高的进入壁垒,形成了寡头式的垄断经营格局。比如大型客机,目前系统集成者只有美国波音和欧洲空中客车。中国要进口一架空客,就要出口8亿条裤子,进出口物品的价值不相等,交易就无法完成,因此,可以认为空客与裤子的交易是等价的,也是平等的。但这种平等背后也有着严重的不平等,即飞机是高度垄断性的,进入壁垒极高,空中客车与波音公司在飞机定价上具有极高的自主权,而生产裤子的进入壁垒极低,是高度竞争性的,生产裤子的企业根本不可能有自主定价权。

这样一来,只有两家生产商的高度垄断的空客与几乎没有进入壁垒因此高度市场化的完全竞争生产的裤子进行交换,这种等价交换背后就会有极大的附加值的差异。同样是10亿美元的交易,空客可能有高达5亿美元的附加值,而价值10亿美元的裤子可能只能实现500万美元的附加值。貌似等价的交换中,实现的附加值却有100倍的差异。

这样一来,在当前全球化背景下,发达国家与发展中国家就形成了不平等的二元结构,其中,发达国家在贸易中拥有高科技、自主知识产权以及以构建知识产权保护和专利池体系为核心的市场进入标准的制定权,从而形成了低竞争、高利润的高端产业;而发展中国家的产品大都集中在技术成熟且标准化、自主知识产权少、进入壁垒低的产业,由此形成了高竞争、低利润的低端产业。

因此,在发达国家与发展中国家的贸易中,貌似等价交换背后,存在着极大的不平等。随着国际分工的进一步深化,在发达国家与发展中国家的贸易中,同一产品的不同工序,高附加值工序被发达国家控制,标准化的低附加值环节则由发展中国家完成,由此形成所谓微笑曲线:发达国家控制两端(研发和品牌营销),低附加值的中间环节则转移到发展中国家,从而进一步深化了当前国际分工中存在的不平等结构。

欧美日发达国家正是通过控制高附加值产品和工序才实现了高人均 GDP,发展中国家也正因为无法通过产业升级进入到高附加值环节而被锁定在低人均 GDP上。这种锁定格局已有 100 年,要打破并不容易。

在发达国家占据贸易主动权,其产品具有极高进入壁垒从而是低竞争的情况下,发达国家与发展中国家的贸易就是不平等的,这种不平等明显表现在附加值上的差异。正是高附加值为发达国家提供了企业高回报、工人高工资、政府高税收。低附加值使加入到全球化体系中的发展中国家在付出资源、环境、人力等巨大代价之后,企业却只有微薄的利润,且这个利润还将随着众多竞争者的加入而更少。低利润、低工资、低税收的"三低",与发达国家的"三高"形成了鲜明对比。

企业利润少,就倾向偷税漏税,减少治污成本,克扣工人工资。工人工资少,就只能年轻时进城务工,却无法在城市体面地完成劳动力的再生产,因此,要么在年老时回到家乡,要么沦落到城市贫民窟。国家低税收,即使可以为所有人提供全覆盖的社会保障,这样一种全覆盖的社会保障也一定是低水平的,无法为一般进城人员提供体面而有尊严地生活下去的物质基础。

本来就处在价值链低端,利润少且大都是劳动密集、污染严重的生产环节,发展中国家的制造业为了获得微薄利润而很难有效治理污染,因此,加入到全球化国际分工体系的发展中国家的环境污染也就不奇怪了。在税收基础很少的情况下,发展中国家也就无力建立起高水平、全覆盖的社会保障体系。

也就是说,在全球化的国际分工体系中,发展中国家处在产业链与价值链的底端,进城人口不仅难以获得稳定就业和高收入,而且不可能获得在城市体面生活下去的全覆盖的社会保障。发展中国家的城市化因此必定是低水平、低质量的,这与一个国家经济发展的阶段有关,与其产业在全球价值链中所处位置有关,而与制度无关。

在发展中国家,进城农民大多缺乏稳定的就业和有保障的收入,其最大的原因是这些国家仍然处在发展阶段，而未到发达阶段，现代化仍然在进行中。

二、城市化的第三种类型：中国的城市化

中国情况相当特殊。中国是当前发展中大国中唯一没有大规模城市贫民窟的国家，且有一种说法，就是中国"城市像欧洲，农村像非洲"。中国农村像不像非洲，后面我们再讨论，但说中国城市像欧洲，却并非完全没有道理，至少从表面看起来，中国的城市基础设施建设良好，且没有发展中国家通常都有的触目惊心的贫民窟。中国城市化显然与一般发展中国家的城市化有很大的差异，造成这种差异的原因却恰恰是因为中国独特的制度。

（一）　中国的城市化率

如何计算中国的城市化率是一个问题。若按户籍人口计算，2012 年中国人口的城市化率只有 35％；若按居住地来计算，中国城市化率已达 52％。高达 17％的城市化率差异，是因为有大约 2.6 亿农民工及其家属常年在外务工经商所致。这中间的一个重要情况是，中国农民进城，极少是一次性进城，而是多次在城乡之间往返，只有当他们在城市获得了稳定就业和有保障的收入，他们才真正进城安居，否则，他们就可能年轻时进城而年老返乡。更重要的是，即使目前已经进城的农民工，他们的父母甚至子女大都仍然在家务农。这样就形成了中国进城农民与农村家乡之间剪不断理还乱的联系。

正是进城农民与农村家乡之间的这种联系，以及造成这种联系的中国特殊的制度安排，为中国城市化提供了与其他发展中国家不同的路径，为中国现代化提供了与一般发展中国家不同的可能。中国特殊的制度安排是新中国的制度遗产，一是城乡二元结构，二是中国土地集体所有分户承包的农村基本经营制度。

中国这两个特殊制度使进城农民可以保留返回家乡的权利。就是说，当进城农民无法在城市体面安居时，可以选择返回农村家乡。农村家乡有土地，有住房，有熟

人社会,有祖祖辈辈的传统,有根,因此有归属感。返回家乡,可以生活得体面而舒服,至少要远好于城市贫民窟中漂泊无根的生活。进城农民在进城若干年后发生分化,少数运气好、收入高的农民在城市安居下来,变成了体面的城市一员,运气不大好收入也不高的农民则退回村庄过不奢华却很稳定的村庄熟人社会的生活。这样一来,中国城市就看不到发展中国家通常都有的大规模贫民窟。

从这个意义上讲,虽然在国家统计局公布的52%的城市化率中有相当部分农民工只是在城市打工,还没有真正融入城市生活,但他们却并非等于是假城市人口,更不同于贫民窟人口。中国52%的城市化率与收入相对较高的发展中国家的城市化率相差不大,比印度30%多一点的城市化率要高得多,竟然没有大规模的城市贫民窟,这就形成了中国城市化中的特征,也算是一个奇迹,而这显然要感谢体制性城乡二元结构和以家庭承包为基础的统分结合、双层经营的中国农村基本经营制度。

(二)　城乡二元结构

当前的中国城乡二元结构,几乎所有限制农民进城的制度都已取消,农民可以自由地进城了。更重要的是,这个制度同时也允许农民返乡,从而保护了农民返乡的权利,限制了资本下乡的自由,从这个意义上讲,当前体制性的城乡二元结构正在发生历史性的变化,即正在由过去剥削性的城乡二元结构变成保护性的城乡二元结构,变成保护进城失败农民仍然可以返回农村权利的结构。正是这种保护性城乡二元结构的存在,使进城失败的农民可以返回农村家乡,过上温饱有余的宁静生活。城乡二元结构给进城失败农民返乡的机会,也就防止了城市贫民窟的形成。正是城乡二元结构的存在,使中国未形成严重的城市内二元结构。

农民可以返回农村的城乡二元结构,让进城失败农民在城市贫民窟和农村家乡之间作出选择。选择就是权利,农民可以选择返乡的权利,这是他们基本的人权。

正是农民可以在进城失败后返回家乡熟人社会生产生活,城市没有形成大规模贫民窟,而使农村成为了中国现代化的稳定器与蓄水池,使中国现代化的重心稳定,城乡社会有序,使中国可以经受得住几乎任何经济、金融、社会危机的冲击。西方预测中国会崩溃,预测了20多年都没有预测准,这是因为他们不理解中国农村这个重心很稳,不理解中国城乡二元结构和农村基本经营制度为中国的高速现代化提供了稳定的基石。

这里应当特别注意,城乡二元结构,既是一种剥削性的结构,又是一种保护性的结构。应当坚决消除和打破剥削性的城乡二元结构,而发挥目前这一制度对农民这个中国最大弱势群体的保护作用。

(三) 农村基本经营制度

中国农村基本经营制度的特点是土地归村社集体所有,农民按户承包经营,农民有长久不变的土地承包经营权。每户农民都有无偿使用的宅基地,他们一般都在宅基地上盖有比较宽敞的用于生产和生活的住房。这样一种农村基本经营制度让所有农民都可以通过土地获得基本生活资料,大致可以解决温饱问题。村庄是农民祖祖辈辈生活的地方,是熟人社会,有密集的社会关系网络,有亲朋好友,有自己的住房,良好的空气,可以自种蔬菜,可以捞鱼摸虾,种花养草。他们的生活,温饱有余,闲暇很多:有根,有历史,有意义,有归属,有稳定的预期,有人生目标,终老之后可魂归乡里。这样的农村,说它像非洲,就的确是太不了解当前中国农村的情况了。何况最近这些年的新农村建设正在改善农村的基础设施,农村不仅是有人情有根的生活场所,而且可以过有质量的生活。

因为每个农户都有不可剥夺的耕地和宅基地,以及他们回到村社熟人社会的权利,进城务工经商失败的农民就可以返回农村。这正是城乡二元结构的一个有机组成部分。

当前中国农村基本经营制度还形成了十分普遍的"以代际分工为基础的半工半耕"结构,即在农民家庭中,年轻子女外出务工,年老父母在家务农,一个农民家庭因此可以同时获得务工和务农两笔收入。务农收入可以解决农民家庭的温饱问题,务工收入可以作为现金储蓄下来。以代际分工为基础的半工半耕结构为中国出口导向型经济提供了大量高素质的廉价劳动力,从而使"中国制造"具有全世界无可比拟的竞争力,使中国成为名副其实的"世界工厂"。从某种意义上讲,中国显然是全球化中的赢家,虽然"血汗工厂"只给了中国比较少的附加价值,但血汗钱也是钱。

(四)　土地制度

中国城市像欧洲,其中之一是说中国城市有良好的基础设施,这与中国的土地管理制度有关。

新中国在土地管理制度上采用了土地公有、地利共享的宪法秩序,这种秩序集中表现在《土地管理法》第 43 条和第 47 条。当代中国土地管理制度的鲜明特点是消灭了特权的土地贵族集团,没有人再可以凭借其占有的土地来剥削他人及不劳而获,成为土地食利者。中国现行的土地管理制度安排阻止了土地食利阶层的产生,中国至今未形成庞大的土地食利阶层是中国取得经济增长奇迹的关键之一。

具体地说,随着经济增长和城市扩张,越来越多的农地要成为城市建设用地。相对于农地,城市建设用地有更高的价值,这个价值来自土地非农使用所形成的增值收益。从本质上说,土地非农使用增值收益来自经济增长和城市扩张。土地非农使用的主要增值收益是以土地出让金的形式留在地方政府,成为土地财政的一部分。土地财政主要用于城市基础设施建设。

正是将城郊农地非农使用增值收益以土地出让金的形式用作城市基础设施建设,中国才会随着经济发展和城市扩张,在人口城市化的同时,实现土地的城市化,并将土地城市化的增值收益用作基础设施建设。良好的城市基础设施又成为城市经济进一步发展和更多人口城市化的润滑剂。城市扩张带来城郊农地非农使用的增值收益,此增值收益的主要部分又被用于城市基础设施建设,从而推动城市的进一步发展与人口增长,由此形成良性循环。在当前中国快速城市化的背景下,在人口城市化同时也是土地城市化的背景下,以城郊农地非农使用增值收益归公为核心的土地制度使中国城市化步入良性循环。这正是中国虽然是发展中国家,却可以有像欧洲一样良好的城市基础设施的关键。从这个意义上讲,中国土地制度安排对中国城市化乃至现代化,居功至伟。

一般在发展中国家,土地私人所有,城郊农地非农使用所形成的巨额土地增值收益大都被城郊特定位置土地的所有者所获取,这部分土地所有者因此变成土地食利者,独占了国家经济发展和城市扩张中附着在特定位置土地上的经济剩余。这种不劳而获的土地食利阶层的形成,挤占了发展中国家本来有限的经济发展资源,城市基础设施建设难有足够的资金投入,城市发展也就难以形成良性循环。

中国的土地管理制度当然不是要剥夺农民利益,所以,征收农民土地的同时,要给农民以补偿,使农民生活有保障。就当前中国征地情况看,在沿海地区已有土地食利者出现,在中西部地区的中小城市,征地中损失农民利益的情况也时有发生。但总体来讲,当前的中国土地制度在保护农民合理利益与保证城市建设的平衡上做得不错。

(五) 小结

中国式城市化具有与一般发展中国家不同的特点,其主要表现在两个方面:一是城市基础设施良好;二是没有大规模贫民窟。这恰恰是与中国特殊的城乡二元结构、农村基本经营制度以及土地制度安排有关。正是这种独特的制度红利,使中国避免了一般发展中国家城市化的缺陷。试想,如果没有城乡二元结构和农村基本经营制度为农民提供在城乡之间自由往返的通道,中国城市必会形成大规模的贫民窟,在这样的贫民窟中生活,不仅对农民不人道,而且一旦发生经济或金融危机,大规模的城市贫民窟必会对其起到推波助澜的作用,经济危机转化为社会、政治危机的可能性极大。

中国消灭了土地食利者阶层的土地公有、地利共享的制度安排,为城市快速发展提供了内生的资金积累机制,从而使中国城市可以有良好的基础设施。良好的基础设施不仅是城市外观形象,而且是城市生产力的一部分。正是良好的城市基础设施为经济发展提供了基本条件,城市基础设施是经济增长的润滑剂。

以代际分工为基础的半工半耕结构为中国出口导向型经济提供了大量高素质的廉价劳动力,从而使中国制造在全球化背景下具有强大的竞争力,中国因此成为世界工厂。正是通过世界工厂,中国可以获得虽然不多但仍然有的经济增长。"中国制造"的持续竞争力为"中国创造"提供了成长空间,从而为中国顺利走出中等收入陷阱提供了可能性。

可以这么说,城乡二元结构、农业的家庭经营、中国特色征地管理制度等,可能正是长期以来中国经济发展的秘密,同时又可能是未来中国顺利实现现代化的重要制度保证。

三、激进还是稳健,中国城市化道路的选择

当前政界和学界的主流观点是:

对城乡二元结构持批判观者认为,正是城乡二元结构阻碍了中国快速城市化,这一结构不仅对农民不公平,而且是中国出现户籍人口城市化远低于居住人口城市化的"半城市化"格局的罪魁祸首。这种意见认为,城乡二元结构历史上就没有合理性,现在更是严重歧视农民的政策,是对农民自由迁徙权等基本人权的侵犯,必须尽快取消。而最能体现城乡二元结构的户籍制度首先应当取消。

这种对城乡二元结构的批判既缺乏历史感,又缺少对现实的基本了解。从历史上看,中国作为一个赶超型的发展中大国,在既无外援又不可能对外殖民的背景下,离开全国人民勒紧裤带式的内向积累,中国何以能在 20 世纪 70 年代末基本完成工业化,建立起完整的国民经济体系,将中国由一个农业国变成一个工业国?中国之所以可以在新中国成立后的 30 年时间即基本完成工业化,城乡二元结构功莫大焉。

从当前来看,附着在户籍背后的福利已经越来越少,农民进城的制度限制基本上没有了。当前农民进城的主要障碍是经济收入太少,没有稳定的可以获得体面生存的工作。农民不在城市安居是因为他们很清楚自己难以在城市获得安居所必需的经济收入。相反,正是因为还可以回到农村熟人社会,他们就愿意保留返乡的退路,而不愿意落入漂泊无根的城市贫民窟。据"2010 年国家人口和计划生育委员会流动人口监测调查"数据,如果不涉及承包地等问题,"80 前"农民工愿意转变为"非农户口"的人数占 20.15%;如果要求农民交回承包地,愿意转变为非农户口的人数比例下降

到 11.04%。而"80 后"农民愿意转为非农户口的人数占 24.66%,如果要求其交回承包地,则愿意转户口的比重就降低到 12.80%。这就是说,在不涉及承包地等问题时,在"80 前"农民工中,大约有 80% 的人不愿意转为非农户口;在"80 后"农民工中,有 75% 左右的人不愿意转为非农户口。如果要交回承包地才能够转户口,则大约 90% 的农民工不愿意转为非农户口。

农民工之所以没有转为城市户籍的积极性,是因为当前城市户籍并不能为进城农民工带来在城市安居的特殊保障,他们又难以在城市获得体面安居所需的最低收入条件。反过来,当前的城乡二元结构让农民可以返回家乡,这就可能使城乡二元结构成为保护农民这一市场经济中的弱势群体的制度安排。

目前有一种流行的说法,即所谓"四化同步",即工业化、信息化、城镇化、农业现代化同步发展。地方政府理解的农业现代化几乎无一例外都是通过推动土地流转形成土地规模经营基础上的农业现代化,甚至大都将农业现代化与资本下乡结合起来,通过国家政策和资金扶持来消灭"老人农业",消灭小农,也消灭农民在自发的土地流转基础上形成的"中农"。2013 年中央"一号文件"明确规定,今后中央新增支农资金主要用于扶持"专业大户、家庭农场和农民合作社",也就是要以国家政策和资金支持来打败当前中国仍然在种自己承包地的小农经济。

当前正在全国轰轰烈烈地开展的以"四化同步"为口号的消灭家庭经营的运动可能会造成严重后果。"同步"的意思就是一次性,就是要让农民进城后不再能返回家乡,就是要让农民不仅进城,而且要将留在家乡的年老父母及年幼子女一并带到城市。但是,农民全家进城了,支出要大大地增加,收入却因为失去了务农这一块而要减少。在当前中国经济发展阶段,国家显然没有能力为庞大的进城农民提供全覆盖的高水平社会保障。若如此,进城农民势必落入城市贫民窟,国家财政也会面对越来越艰难的社会求助与紧张。

当前,中国征地制度涉及巨大的土地非农使用增值收益的分配问题。被征地的城郊农民希望分享更多的土地增值收益,这很好理解,也十分正常。最近几年,国家一直在提高城郊失地农民分享土地增值收益的比重。土地非农使用的增值收益来自经济增长和城市扩张,而与具有土地承包经营权的农民个人努力没有关系,也正是因此，土地非农使用的巨大增值收益不应当只归农民所有，更不能因此形成一个中国本来已经消灭了的土地食利阶层。当前有很多人都认为，现行征地制度损害了农民利益。其实，全国农民都在盼征地，盼拆迁，都盼望通过征地拆迁而成为百万富翁、千万富翁。这本来只是一个常识，却被有意无意地误导，以致形成了反过来的舆论共识，真是不可思议。

与征地制度相关的就是对土地财政的负面批评。土地财政本身并非没有问题，例如地方政府以土地作抵押来融资，从而形成了缺少监督的"土地金融"，由此导致地方政府高额负债，这可能带来金融风险。从这个意义上讲，加强对地方政府的土地财政和土地金融的监管是必要的。但当前很多人在批判土地财政时，却往往指向地方政府所谓的"低价征地、高价卖地"方面，即针对如何分配城郊农地非农使用的增值收益方面。城郊农地非农使用，必有巨额增值收益，地方政府不"低价征地、高价卖地"，而是让农村集体土地自由入市，建立所谓的同地同权同价的城乡统一的建设用地市场，那就是要让城郊农地非农使用的增值收益都归到城郊农民手中，从而让他们成为土地食利者，而地方政府再无可以用于城市基础设施建设的"土地财政"。

若按以上加快清除城乡二元结构、消灭家庭经营、改变征地制度的办法来推进中国城市化，就形成了一种笔者称之为激进型的城市化道路：通过推动土地流转，鼓励农民进城，使进城农民一次性地落入到城市贫民窟。如果选择这种城市化道路，那么，支撑中国城市化的农民进退自如、廉价劳动力再生产及城市良好的基础设施等所有"中国特色"都不复存在，中国因此便会走上与其他发展中国家相似的城市化道路，甚至是必然导致中国现代化落入中等收入陷阱。中国不能选择这种激进的城市化道路。

相对于当前越来越激进的城市化政策，之前的中国城市化道路可以称之为稳健的道路，这种稳健的城市化道路具有鲜明的中国特色，充分利用了新中国的制度遗产，是不同于其他发展中国家的城市化道路，这种城市化道路是中国过去30年创造经济奇迹的关键，也是未来30年中国摆脱中等收入陷阱、跻身发达国家行列的基本保障。中国决策层千万不要短视，为了解决所谓征地冲突、为了扩大所谓内需、为了所谓"保增长、保就业"，转而采用激进城市化道路。

四、中国现代化的中等收入陷阱

中等收入陷阱是一个魔咒。20世纪,真正由发展中国家进入发达国家的例子极少。就比较大的国家看,可能只有韩国,其余发达国家在19世纪就已是世界强国。有很多国家比如拉美一些国家,本来发展势头良好,但到了中等收入水平,即陷入止步不前状态,也就是落入了中等收入陷阱。中国能否走出中等收入陷阱,中国凭什么和靠什么走出,都值得认真思考。

为什么会有中等收入陷阱呢? 在全球化的国际分工体系下,一个国家的经济发展状况与本国经济在国际贸易和分工体系中所处位置息息相关。在改革开放以前,中国的发展战略是进口替代,关起门来自己发展。经过30年的工业化,到20世纪70年代末期,建立起了完整的国民经济体系,初步实现了工业化。改革开放以后,中国转而采用出口导向的发展战略,在沿海招商引资,三来一补,大力发展出口导向的加工制造业。改革开放前30年进口替代战略所积累起来的强大工业能力,所培育出来的全民素质,所形成的社会动员能力,迅速转化为强大的出口制造能力,并在短期内使中国制造无处不在,无坚不摧,最终成为"世界工厂"。

出口导向战略的前提是加入到全球化的分工体系,成为世界体系中的一员,依靠比较优势进入国际分工。改革开放前所积累的强大工业能力使中国在加入全球化的分工体系后,自然而然地主要依靠高素质廉价劳动力,在低端制造业中充分发挥优势,扩大出口,并从中获取利益。刚开始办经济特区搞出口导向的想法是两头在外,独立循环,即在沿海通过原材料在外,市场在外,而不影响国内经济的成长。不久,两头在外的格局没有改变,之前设想的经济特区模式却没有实现,即沿海出口导向的制造业不仅原料在外,而且所使用的生产线也是从先进工业国进口,这样生产出来的产品不仅出口,而且对国内同样的产品构成了巨大的竞争压力,导致国内所有制造业都引进国际生产线,之前国内完整的产业链中的重工装备行业全面塌陷,致使中国产业结构轻型化,主要集中在技术最少利润最薄的加工装配行业。一方面,中国凭借廉价劳动和廉价土地资源的优势形成了巨大的工业制造能力,成为了世界工厂;另一方面,中国产业越来越集中到低附加值的装配加工环节,研发、重装乃至品牌营销等具有较高附加值的行业则全线退出。

当"中国制造"能力越来越强,中国这个大国所生产的低端产品的市场却越来越饱和。随着越来越多的发展中国家依靠国内更为廉价的劳动力加入到全球化分工体系,"中国制造"就可能被锁定在低附加值的加工装配环节。中国要想突破锁定,就必须实现产业升级:一方面是由当前低进入壁垒的加工装配行业向高进入壁垒的重装行业升级,一方面是由价值链底端的生产环节向价值链高端的研发、品牌环节升级,从而可以在全球化的国际分工中占据竞争性比较低、定价权比较大、利润也相应比较高的产业环节,实现经济的升级腾飞。

但是,由劳动密集型产业升级到资本密集和技术密集型产业,由价值链低端上升到价值链高端,由低附加值进入到高附加值,需要有足够的研发、品牌培育的时间与资源,需要有国家战略。目前,占据国际分工优势位置的发达国家不仅具有技术、资金和管理上的优势,而且是国际分工规则的制定者,掌握话语权和规则制定权,是世界体系的中心国家,这些发达国家必定会借助各种非贸易壁垒来保持自己分工位置的优势。正是这个原因,在 20 世纪的 100 年内,除韩国这个美国人特殊关照的"小兄弟"跻身发达国家行列以外,不再有任何一个发展中大国跻身发达国家,即使如巴西等拉美国家曾在 80 年代实现了远高于中等收入的人均国内生产总值,也最终功亏一篑,落入中等收入陷阱。

中国与其他发展中国家不同。第一,中国是一个地地道道的大国,中国人口总数超过目前欧美日人口总和。中国的崛起将极大地改变国际经济政治的格局。因此,在中国崛起的过程中,老牌发达国家想方设法设置障碍是必然的。第二,中国是一个大国,这使中国具有极大的纵深,从而有可能在出口导向加入国际分工体系的同时,仍然保持自己的市场与增长,即所谓以市场换技术,以及以市场来发育自主的技术。第三,中国是一个有着自己特殊的制度安排、经历了 30 年进口替代从而形成了完整国民经济体系的国家,从而具有更为强大的自主发展能力。

因此,若要中国崛起,走出中等收入陷阱,关键就是要将当前加入到国际分工体系的"中国制造"变成"中国创造",要千方百计地推动中国产业升级,要让中国经济步入国际分工体系中利益比较大、附加值比较高、价值链比较高端的环节中去。若能做到这些,则中国经济发展就可以进入良性循环:由高能耗、高污染、高竞争、低科技、低垄断、低利润的"中国制造",发展到低能耗、低污染、低竞争、高科技、高垄断、高利润的"中国创造"。一旦"中国创造"代替了"中国制造",资源、环境等问题就迎刃而解,企业高利润,工人高工资,国家高税收,所有中国人都可以获得高福利。这样的城市化自然是又快又好、有质有量的城市化。

参与国际产业分工的发展中国家几乎都是利用廉价的资源、土地,尤其是劳动力优势加入到国际大循环中的。随着经济的增长、城市的发展,劳动力价格逐步上涨,所有人的利益期待都进一步增长。国家为了提供更好的社会保障,不能不提高税收。随着廉价劳动力的减少和投资环境变差,出口导向型的加工装配业就越来越无法存活下去,由此导致一个国家高端产业没有发展起来,低端产业却又已转移出去的产业空心化问题。产业空心化,经济形势变得紧张,而所有人的利益预期却没有下降,既得利益结构已经形成,由此导致经济下行与利益刚性的矛盾难以调和,每个阶层都充满了不满乃至愤怒,其结果就由经济下降变成社会动荡甚至政治危机。

因此,中国要走出中等收入陷阱,一方面要采取正确的战略和策略来实现产业升级,另一方面又要为实施产业升级战略提供足够的资源保障和时间缓冲。这就要求在中国仍然未能真正完成产业升级之前,在"中国创造"未能成为中国经济结构的主导力量之前,"中国制造"必须要继续保持优势,中国作为"世界工厂"的地位不能动摇,中国产业结构中的出口导向型战略仍然要保持。

五、中国现代化与城市化的战略选择

构成"中国制造"优势的因素大致有四个方面:一是廉价的劳动力。中国以代际分工为基础的半工半耕模式,使中国劳动力价格有极大的弹性空间。出现民工荒时,工资上涨,越来越多的加工制造业移出中国,从而出现劳动力剩余,工资再相对下降。工资上涨与下降都是市场经济的正常态势,也是"中国制造"国际竞争力的体现。这样一种相对灵活的劳动力配置方式,使"中国制造"可以长期保持国际竞争力。正是半工半耕结构,让中国在全球分工体系中可以长期占据初级产品制造的优势位置。二是相对廉价的土地资源。在此不予展开。三是中国作为一个大国,已经形成了极其庞大高度复杂且具有显著规模经济特征的制造业体系。中国作为世界工厂,已经形成了世界上最大、最完整的"工业生态"。较高的基础教育水平和社会组织能力使得中国的"工业生态"难以被其他一些发展中大国如印度、巴西所复制。四是良好的基础设施,包括物流、电力、信息、基础教育、城市基础设施等。良好的基础设施不仅方便了市民生活,而且为经济发展提供了保障。而良好的基础设施来自中国特有的土地制度安排。

以上四个方面,是"中国制造"在未来30年仍然可以保持国际竞争力从而可以继续"世界工厂"地位的基本条件。在未来30年,中国要实现产业升级,但并非一定要消灭"中国制造",改变出口导向战略,而是要通过保持"中国制造"的优势来获得就业,与此同时,将"中国制造"所获收益用于推动"中国创造",让中国创造逐步成长,产业逐步升级。

而这一切要以家庭经营为基础。以家庭经营为基础的中国农业的重要性表现在三个方面:一是通过以代际分工为基础的半工半耕结构为中国制造提供极具弹性的具有竞争力的劳动力供给;二是为中国人口的大多数提供可以解决温饱问题的居所,使中国农民可以避免落入城市贫民窟,从而降低国家社会保障的压力;三是为进城失败农民提供退路。其中,后两方面的含义就是:以家庭经营为基础的中国农业为中国现代化提供了稳定的根基,成为中国现代化的稳定器与蓄水池。

也就是说,农业的家庭经营实质上成为中国现代化中基础性的驱动力。这样就构造出未来30年中国现代化三轮驱动的发展格局:农业的家庭经营、中国制造业、技术创新与产业升级。前两轮是为第三轮提供保障的,中国能否避免中等收入陷阱,实现现代化,关键是产业能否升级,但若没有前面两轮保驾护航,产业升级就将是空中楼阁。

中国已进入中等收入国家行列,如何避免中等收入陷阱,顺利进入到发达国家行列,从而实现一个多世纪以来中国仁人志士为之奋斗的现代化国家,目前到了一个选择时期。当前中国也已具备一般发展中国家所不具备的制度优势。问题的关键是,中国能否在未来 30 年一心一意搞经济建设,让三个轮子一起转,从而真正实现产业升级和在国际分工体系中的优势位置。

以家庭经营为基础的中国农业与出口导向的"中国制造"还有能力为中国提供 30 年的稳定根基乃至资源条件,可以为中国产业发展、产业升级提供资源保障和时间缓冲,中国应该在未来 30 年一心一意发展自己的战略产业,通过产业升级来实现中国的现代化,最终跻身发达国家行列。

因此,保持中国城乡二元结构,将之前"剥削型"城乡二元结构创造性地转化为"保护型"城乡二元结构;保持农村基本经营制度的稳定,给农民提供在城乡之间的进退自由;保持中国土地制度的优势,将城市化与建设城市基础设施的筹资与完善土地财政结合起来,这样,就可以保持中国社会的稳定,就会为国家集中资源发展战略产业提供空间。

陈　宇　知名网络金融评论家,德弘资产管理公司创始人,仁和智本资产管理集团合伙人。著有《风吹江南之互联网金融》等。

互联网时代的投资与创业

陈　宇

一、互联网改变传统投资模式

（一）　传统的集中式投资无法解决能力认定问题

在互联网出现之前,通过金融中介把零散资金集中到一起再进行投资,是必然的逻辑和路径。为什么呢? 互联网出现之前,投资的门槛很高,单笔投资的金额较大,如果几个人合伙投资,则需要合伙人之间互信。因为资金的门槛较高,谁都不希望自己的大额投资出现问题,因此会异常谨慎。这一方面降低了项目的投资率,另外一方面也提升了专业门槛,需要集中的机构去进行专门研究和考察,再来行使投资权利。毕竟,绝大多数人都缺乏足够的时间去研究和学习。

从过去的经验来看,这种相对集中的投资,其弊病跟集中慈善的问题是一样的。由于是集中投资行为,主导权更多的是掌握在运营层手里,这导致了整个投资收益其实跟其投资能力相关,能力边界到底是多少,很难界定。而从过去的投资惯例来看,收益分配模式其实存在一个极大的问题,过去投资机构是通过直接收取管理规模的管理费来维持基本运营的,同时当产生收益的时候再收取 200% 甚至更高的绩效收益。这种模式,使得投资机构天然有扩大管理规模的冲动,而是否能匹配自己的投资能力,其实都是次要的事情了。而且在旱涝保收的情况下,加上不透明的投资决策行为,很容易产生各种不道德的行为,辜负了投资人的信任。近两年中这种情况发生比较多,这都是集中性投资的弊病。

当然,与此相伴随的还有管理团队的能力认定问题。在过去几年里,我们的传统能力认定方式相对比较单一,都带有很大的赌博成分,即只能通过过去的专业投资业绩来进行能力认定,但是实践证明这种方式很不靠谱,看看私募投资每年的业绩就会发现,过去不能代表未来,有时差距甚至极大。业内有一个冠军诅咒的说法,即每年的第一名,得了第一之后的情况基本都惨不忍睹,说明这种能力认定的方法是很有问题的。

在实践中我们也可以发现,专业机构往往会由于各种原因不断地产生分化,一方面是投资成功之后,本身不断懈怠,不思进取。其实,这是很正常的事情。经过几年的努力,大钱赚到了,名声也有了,这时就越来越失去努力的意愿和动力了,干什么还全球飞?太辛苦了。其实创业激情永远在年轻人手里。当一个年轻人逆袭成"高富帅"的时候,基本上也就是激情退却的时候,能力也就丧失了,因为贪图安逸了。这是很正常的人性使然。

另外一方面,创业团队也会不断分化,这个很现实,每个人都想自己做老大,尤其是中国人。我们可以看到很多公司的合伙人不断分裂,最终分成了很多家公司。

这些都是过去投资的一些弊端,能力的不持续,能力的不容易分辨,都成了投资过程中很大的门槛。尤其在早期创业的过程中,能力的认定更难,但是过去国内投资门槛极高,投资都是少数富人的游戏,这在很多时候限制了更多的人进入这个行业。所以,过去的这种投资模式其实是大量的投资人在给这些投资机构的五星级酒店和飞机头等舱买单。这种投资模式必然是有极大问题的。

(二) 互联网降低了投资门槛

归纳起来,平台模式最大的意义是将原先集中性的大中介逐步打散,或者是去中介，或者是形成小中介。在投资的行为命题中，对这一趋势如果要有所反应的话，可能就是将过去机构主导的管理型的集中投资方式，逐渐改变成自我投资行为，或者逐渐变成小中介主导的投资行为，即不再是将资金给单一的机构让其打理，而是改成通过互联网自我寻找、自我投资、自我承担投资风险的行为，这里面互联网的优势其实是代表更多的投资机会、更全的信息对称，以及更小的投资金额和投资风险。

互联网技术的出现，尤其是第三方支付技术的发展，导致金融的门槛下行，包括了金融专业类型门槛下行，也包括了金融金额门槛的下行。从投资角度来看，其实是在人人可成为投资人的同时一分钱也能进行投资，互联网让人群可以极大拓展，从而实现了一笔一百万元的投资可以衍生到极大的人群覆盖，从而极大降低了门槛金额，支付技术也为投资的便捷提供了可能性。

这个改变，并非只是金额层面的改变，在很大程度上，其实是改变了投资的整体性方式。它逐步引导了投资主体的分化，因为单笔金额较小，使得大家的投资压力减轻。违约成本降低之后，原先重资金的投资谨慎行为会逐步外化；投资压力的减轻，还集中表现为大量不靠谱的项目成功的概率上升，很多原先看上去无法理解的项目，在正常的投资体系里无法实现的项目，现在通过这种方式可以极大提升投资成功率。

在投资过程中，还带有大量的非理性情感因素，也会促使投资的成功。事实上，就我们的投资经验来看，很多看上去无法理解的项目，现在成功的可能性也不小，这个世界并非都是按照我们固有的逻辑在推演，无心插柳柳成荫的事情在投资领域里并不少见。更少的投资金额会引发更多的投资机会，这是必然的趋势。

这是互联网带来的一个极大的优势，将大的风险分摊成小的风险，从而增加了项目成功的概率。当然，项目数量也会因为更多地被互联网挖掘而增加，这也是现实可以看到的。

（三）　互联网能否解决投资中的信息不对称问题

互联网带来的优势，我认为，金钱只是一个部分，还有很多其实是金钱所无法涵盖的。前面提到的信息不对称问题，我认为互联网其实是加大了信息的不对称。这里有一个很重要的点是,互联网提供了解决信息不对称的可能性,但是难点在于成本很高。因为梳理真实信息的难度会增加,一方面是时间成本,一方面是能力成本。

如果一个组织可以把有时间和有专业能力的人吸纳进来,一起尽心协同运作,是否有可能实现信息的尽可能对称,从而增加投资的成功率呢? 这里面的核心其实是如何有效地进行利益分配的问题,这就需要一定程度的利益捆绑,而共同投资是最好的捆绑方式。

事实上,我们在投资过程中经常会发现,集中性投资行为中的大量管理人员其实是欠缺投资能力的,他们的研究深入度远远不如那些在行业中已经从业多年的人员,所以我们在投资过程中经常要聘请一些兼职合伙人来帮助分析和判断项目。而实践中也发现,有很多人其实都被埋没在人海之中,互联网的出现就为这些人提供了一些进入投资领域的机会。美国的 Kickstarter 有个知名博主,就是通过对项目的分析判断获得大家的认可,并成为极为著名的投资人士。现实中这样的人并不少,他们有着丰富的业务实践和认知,吸收这样的人,可以起到梳理项目风险和项目建议的作用。

互联网出现以前,大量的投资机构都只能做单一判断,成功率并不高。所以经常能看到很多投资机构会去选择一些行业内人士无法理解的不靠谱的投资项目,而且还经常承担欺诈风险。前些年某国际知名投行就在一年内犯了三次这样的错误。理论上,如果可以构建较好的体系,互联网是可以产生较好的生态来充分有效地判断项目风险的,当然,这种风险判断未必一定是准确的,因为很多时候项目的成功并非取决于项目本身,还有很多项目以外的因素。

二、互联网时代如何创业

(一) 创业有风险,投资需谨慎

投资人数的拓展,一方面带来了资金门槛的下降,另外一方面也带来资源的增加,后者意义更大。我们来看一些早期创业的项目,制约早期创业失败的原因很多,其中有一个较大的原因是创业成本过高。这个成本其实是多方面的,其中有对创业项目的认知成本过高问题，单一创业的过程中是需要指导的，一个人蒙头做事情的时候看不到太多的弊端，做到一半的时候发现做不成了，没办法做了，但是成本却付出去了，代价很大。如果有人能予以指导，或许就能降低整个成本，所谓的创业教育，其实互联网是可以给予的。我一直认为成功都是不可复制的，包括成功人士自己都无法复制。

看恐龙灭绝的纪录片，在渺茫的宇宙中，地球是多么微不足道，然而就是这个微不足道的地球，因为偶然遭遇行星碰撞，谁也无法预测的行星碰撞，使得在地球上生活了1.5亿年的恐龙灭绝了，这个星球上最强大的霸主，就这么莫名其妙消失了，而大量弱小的物种却躲过了一劫。世事无常，很难用所谓的努力和能力来论证这种偶然性的事件。活下来的并非都是有能力的人，并非都是强大的人，只能说是最有运气的人。但是我们往往刻意去忽视这种运气，而强调能力。每个人所经历的成长轨迹是不同的，所以，与其多听成功之人的话，不如多听创业失败之人的教训，教训绝对比成功的经验更值得去学习和借鉴。

所以，如果有较好的创业教育，一定程度上是可以降低创业成本的。在这个世界上，其实你的每个想法，确切地说，都同时至少有上万个人在想，而至少有上千个人在做或者曾经做过，你所要考虑的是人家为什么不做，为什么没有做起来，原因是什么？仅有创业激情是解决不了问题的。在错误的路上，走得越远，回头的成本就越高，因为时间是最大的成本。

我曾对很多人说过，珍惜你毕业后的最初5年时间，那是你唯一可以肆无忌惮过你想过生活的5年。这5年，没压力，没负担，错了可以回头，犯错的成本比较低。但是过了这5年，则不同了，你会有现实的压力，根本不可能真正去做你想做的事情。从这个角度上来看，做一件事情前，深思熟虑是必然而且必需的，这也是对自己负责。你要有足够的理由去想明白做这件事情的方方面面。做了再说，很大程度上是拿自己开玩笑，而且不负责任。怎么能指望一个不负责任的人能做好事情呢？

这里还要阐述一件很有意思的事情，其实在任何一个年代，干大事情跟干小事情所要付出的代价是差不多的，确切地说干小事可能更累、付出更多，但是收获更少。事实上，要在路边经营好一个店铺的难度，和办好一家大企业的难度可能差不多，前者可能比后者更难。如果从努力程度和辛苦程度来比较的话,那么富士康的工人,必然是比我们更辛苦更努力,但是收获却更少。这里衍生的一个问题是,青春莫虚度,选择也很重要。到底做什么事情,尤其是既然选择创业,则必然要深思熟虑,而不是做了再说。做之前必然要有一个基本的逻辑是可行的。

而想明白事情之后,就要坚定前行。我喜欢"矮穷丑",因为我自己就是"矮穷丑",我喜欢"矮穷丑"骨子里特别强烈的改变现状的企图心,创业成功的核心其实就是这种企图心。毫不掩饰地说,如果一个创业团队,谈到钱,不眼睛发光,这样的团队,你投它干什么?这是对投资的不负责任。"矮穷丑"愿意为任何一种可能性进行尝试和努力,他们最大的优点在于没什么可以失去。反正一无所有,也就更心无顾虑了。

因此,投资"矮穷丑"是合理行为,一旦"矮穷丑"成了小资,基本就不可行了,因为毫无意义了,患得患失的心态是无法创业的。他们能被雇用,靠金钱来留住他们,靠感觉让他们卖命,而"矮穷丑"靠的其实是许一个美好的未来。所以,我们只能投资"矮穷丑",而雇用小资。

当然还有一类人创业成功的可能性更高,那类人其实是真正意义上的"高富帅",这些人没有金钱的顾虑,有良好的基础,极为优越的安全边际,这些使得他们的创业成本很低,甚至都无现实的压力,而且他们都有过多次社会创业的经历,也有成功的经验,他们创业更多只是一种爱好,一种生活方式,一种理想,这种人创业成功的概率是最高的。但问题是,他们需要被投资吗?

在投资过程中,其实最不现实和不合理的投资行为是孤注一掷、破釜沉舟型的创业行为。因为创业压力极大,这些创业往往会为生存而丧失未来,绝大部分的人其实是看不到太远的未来,必须为现在放弃未来,能平衡两者的人,总归是少数的。创业成功永远是小概率事件,孤注一掷的人,往往会迷失方向,陷入为创业而创业的纠结中去。

投资行业从过去几年来看,很难说是个智力密集型行业,反倒像一个资本密集型行业,拥有更多的资本,才可能有较好的投资选择,才有更高的胜率。这其实跟赌博很相似,从某个意义上讲,只要你的筹码无限,那你的成功概率应该更高,两方博弈,比的其实是谁的资本更雄厚,能力很容易被资本给压制。

当然这里还有一个重要的点,即运气,确切地说,影响早期投资成功的因素跟赌博近乎一致,筹码无限可以赢,但是运气极好也可以赢。很多时候投资是极为个性化的,大量的资金集中在极为少数的人身上,使得少数人的非理性因素直接影响到投资的成功与否。换句话说,投资人的心情好坏,都可能决定投资的成功与否。因此投资是很个性化的,带有极大的偶然性和随机性。能解释这个关系的只有运气了。

这背后也反映了投资的成功概率其实是很小的,而且往往都是事后论为主。有一次在美国听到这样一件事,很多人当笑话听,我倒是觉得可以当成故事听,是说谷歌的投资方投资谷歌的时候,只是考虑要尽快完成投资,最后顺带着投了谷歌,而最后只有谷歌一家成功了。

我没有核实过真假,但是我还真有点信这个故事。风投的投资逻辑其实就是这样的,它不是投资你有多少成功的概率,而只是投资你会带来多少无限想像力。哪怕听上去再不靠谱的故事,但因为具备想像力,也会被纳入投资范围,这也使得风投的失败率是远高于正常企业的。所以,拿到风投并不意味着你比别人有更高的成功概率,相反是有更高的死亡概率。对于拿到风投的企业,只能说它具备更好的想像空间,但是未必代表这个想像空间一定能实现。

很多时候,当我们展望未来,会有很多的分水岭,并不是优势最强的技术就会成为我们人类的走向,正如同基因突变一样的概念,并不是最优秀的基因一定走在前面带领别的基因。这个过程中,会有无数的偶然性因素,技术变革的趋势,不是理性可推断的。所以在看未来的时候,投资一些完全属于另外一个维度的技术的时候,其实失败率是极大的,但是却不得不博一下。如同大量机构豪赌移动互联网一样,也如同现在豪赌O2O等趋势一样。这些代表了一个方向,虽然这个方向很难说一定是对的方向,但是不能错过。在这种大的博弈面前,决定性的力量其实还是资本,当然不乏个别小机构也可能博对了,脱颖而出成为一个新的富豪。投资的世界就是如此。

说上述这些,无非是想说明,投资机构看中的项目失败率都是如此之高,一般人的创业失败率只会更高。没有退路的创业,我是不认可且不支持的。

（二） 互联网的分散式投资可以降低创业成本

互联网可以降低创业成本，体现在现实的资源供给上，大量的投资人其实都是有现实的资源的，而且在投资的时候，都会尽量选择自己能有所助力的投资项目。尤其是一些相对较为成功的投资人，都握有一些特定的资源，可以给予创业者相对更多的创业支持。其实，同样是创业，在起步阶段能否被支持，差别是很大的。现在政府孵化器的本意也是希望能给予创业企业更多的支持，但是到后来发现其实支持力度是很有限的，资金和政策这两块虽有一定的作用，但都不是最重要的。

企业在创业初期，需要的是产品购买支持、品牌宣传推广等业务方面的支持，而这些恰恰是单一型的机构所无法给予的。衍生到最后，为什么资本越雄厚的投资机构越有影响力？那是因为它手里握有的资源在日益增加。例如红杉资本，它旗下公司投资了中国绝大部分电商企业，因此它就能为所投资的企业提供各种支持。在这种情况下，互联网也能提供一定程度的帮助。因为对于很多投资人而言，支持自己投资的项目同时顺手为其提供一些力所能及的服务是有利的，最不济还能成为其顾客，或成为消费者。

所以，利用互联网，可以进行公益项目的投资，也可以进行一些早期天使项目的投资，国内外都有不少成功的案例，不但可以培养独立的投资人体系，也能通过投资人的判断，改善融资方的商业模式和产品体验，有助于形成良性互动。美国的众筹网有好多项目，演变到最后成为在线产品预认同的模式，也就是所谓的 C2B，就是融资方跟投资方在线不断地对一款产品进行互动，交互开发，最后针对在线的众多投资人特定销售的模式，不但完善了产品设计，还直接实现了产品销售。这也反映出资源的供给能够加大项目成功的可能性。所以，我认为，单纯从理论上来看，众筹对于推动社会创新、资源整合都是有现实意义的。美国总统奥巴马签署的《创业公司融资法案》针对这种模式也进行了初步的法律界定，其目的也是致力于推动创新和保护这种理念和思维的。

公共管理

樊　纲　北京大学经济学教授，中国社会科学院研究员，中国经济体制改革研究会副会长，中国改革研究基金会秘书长，国民经济研究所所长。主要著作有《市场均衡与经济效益》《改革的渐进之路》《公有制宏观经济理论大纲》《现代三大经济理论体系的比较与综合》《市场机制与经济效率》等。

负面清单管理市场，正面清单监督政府

樊　纲

中国近来正在开始新一轮的改革和发展。我在这里主要谈谈政府的改革问题。

中共十八届三中全会提出"发挥市场的决定性的作用"，其实这里面包含的意思就是要使政府放弃很多管控的权力，也就是要让政府改变自身的行为。怎么才能更好地改变政府的行为？怎么能够使得政府和市场各司其职，在经济、社会中发挥正确的作用？我们注意到中共十八届三中全会公报里面先是讲了要发挥市场在资源配置当中的决定性作用，紧接着一句话是政府也要更好地履行自己的职能。这个问题是值得我们从多方面进一步研究和探讨的，只有这样，才能把这样一种精神贯彻下去。

一、正确认识"负面清单管理"

最近，通过中共十八届三中全会的文件，也通过上海自贸区已知的信息，社会上已经熟悉了一个词叫"负面清单管理"。"负面清单管理"指的是政府怎么管理市场、怎么管理企业。基本的含义就是政府只列一个单子清清楚楚地告诉你什么是不可以做的，除此之外就都是可做的。这和我们以前的很多做法相比是一个重大进步，以前是政府批准你做什么事情你才可以做什么事情。那种情况是没法创新的，因为创新不是政府做的事，创新永远是个人、企业、市场上发生的事情，如果政府都知道这件事可以做，这件事一定不是新东西了，一定是过时的，人人都知道的事情，或者是已经经过论证这件事是可做的，对社会上其他人没有伤害，这是可做的，因此，在这种情况下创新就无法发生。只有用"负面清单管理"说明什么是不可做的，除了不可做的其他都是可做的，这样人们才可以奇思怪想，智慧才能发挥正确的作用，才能想政府还不知道的事情，才能想别人还不知道的事情。这是一个重要的市场经济原则，也是一个法制的原则。

法制的原则就是凡是法律没有规定的事情都是可做的，事后当人们发现你做的创新可能对社会有坏处，可能损害了别人的利益，或者是需要在某种程度上进行约束，这时候才会制定新的法规，然后再将其列入负面清单。但是在没有列入负面清单的时候做这件事情是合法的，而且事后不能追溯我，说我违法了，只能说通过法律的那天起再做是违法的，这也是法制的精神。

中国确实需要这样的制度和精神，这样才能使千百万的企业、各种新的智慧、创新的能力充分发挥出来，这对今后的中国越来越重要。

过去我们模仿别人，因为我们离前沿还很远，我们还可以用那种模仿的办法跟着别人走，人家知道的我们就跟着追，这时候政府也会起到一些作用，起到一些好作用。比如，"两弹一星"别人已经做出来了，我们就跟着做出来，这些事情都可能起到一些好的作用。但今后，我们要跟世界上比创新了，这样一种制度就比较重要。

"负面清单管理"这种精神只体现了法制精神的一半，另一半是什么？凡是法律规定政府不可以做的，企业个人都是可以做的。后面的一半是什么？凡是没有规定政府可以做的，政府是不可以做的。这是人民对政府的监督和约束。政府的权力是人民赋予的，政府做什么事是由人民规定的，是法律规定的，不可以越位，政府不能做法律没有规定做的事情，或者不可以超出法律允许的范围做更多的事情：或者收更多的税、更多的费，或者干预价格、干预产权，等等。

二、正面清单管理的主要功能

如果现在我们要让市场经济起决定性作用，要让政府更好地发挥职能，那么就要让政府对企业和市场进行负面清单管理，然后再用正面清单监督政府，明确规定政府该做什么，并在这个范围里履行职能，而且要履行好职能。

这在中共十八届三中全会公报里面也有体现，即要让各级政府拉出它的权力清单。这个权力清单是政府可以做的事情，而且我们要监督它，政府要做的事情就要做好。关于政府在社会和市场上起的作用，基本的划分是提供公共物品和私人物品，我们有很多的东西是不容易定价的，一些公共的东西没法用市场的方式加以并购，公共机构可以履行公共职能，提供公共服务和公共产品。比如说制度、秩序、法制等等这些东西本身就是公共品，而且必须是公共品，它是每个人都要消费的，因此不能刑不上大夫，必须每个人都受这个制度约束，这样秩序才能得以巩固。再有比如基础设施、城市化以及一些公共性的社会保障机制等。总之，政府履行的职能确实有很多。

这样一个正面清单，第一个功能就是监督的作用。根据正面清单，政府已经履行了哪些职责，还有哪些没有很好地完成清单的要求，这样我们就可以拿着清单对照。

第二个功能是，有了清单，就明确了清单之外的事情政府是不可以做的，政府不能随意加职责。过去二三十年的时间里，我们在很多领域进行了很多改革，政府也放了很多权。但是后来，既得利益的作用反而慢慢让政府的权力在不断地扩大、不断地膨胀，政府原来不做的事情也变成可做了，原来说是小政府，慢慢又变成了大政府。所以这次我们要很好地思考这个问题，怎么来限定政府的职能，怎么来约束政府的行为，真正监督政府，让其不再越位、越权，进而一步一步地扩大自己对市场、企业和个人的控制权。

三、如何贯彻正面清单管理

中国几千年来一直是中央集权的政府，政府在各方面都一直是强势的态度。我们在发展的过程中确实也需要政府做很多事情。我们谈基础性作用、决定性作用的时候并不是否定政府的存在性，而是需要一个比较有能力的政府，需要一个能够很好地履行职能的政府。这样的政府如何来？既要吸取过去几千年的经验和教训，同时也要借鉴其他一些国家的经验和教训，有一点就是也要约束和监管政府，不能一味地强调监管市场、监管企业,我们也要监督政府,要有一个清单和明确的界限来监督政府。

当前最重要的正面清单就是如何贯彻现在的改革决议、改革方案。大家都一直公认这次的方案是比较详细、比较实在的。我认为现在要做的主要工作就是监督政府来践行。改革这件事情是政府要做的,因为它是制定和运行这些制度的公共机构,政府本身就是公共机构。

具体该如何贯彻?就是要拿着决议对照一下各个部门管理的各种规章制度。如果其中一些已经成为法律了(过去从法制完善的角度,逐步地使很多的政府法规都变成了法律),但却是一些体现既得利益或者是不符合市场决定性作用的法律,那么政府应该根据新的改革方式对其进行修订。只要是涉及部门的规章制度和调控行为,就要列出清单来限期改革。

而这个清单需要对决议改革的方案进行全分解,不能有哪一项没有人拿走,没有人对照,谁家的孩子谁家抱,一定得有人认这个账,这是我这个部门的,必须要全分解。有的还涉及多个部门,可以有一个改革领导小组,这是中央层次上的协调机构了,这个协调机构需要协调各部门,只可重复,不可漏掉。

以上述为前提对照这样的清单,之后就要有落实、要有监督、要有评估机制,这样才能使改革真正落到实处,而不仅仅是说一说,最后又不了了之。

改革是一种实践性很强的事情,原则提出以后需要有人运作,这是政府的职能而不是市场的职能,逃避不了。所以,我们就用正面清单来监督政府。在现实条件下,一个非常实际的、有现实意义的对政府的监督机制,可以参照当年加入 WTO 时候的模式。各部门各单位对照 WTO 的表,制定一个清理过去规章制度的改革清单。希望现在各个政府部门都能拉出这样的清单,真正把自己该做的事情做好,这是正面的清单该做的事情。只有该做的改革真正贯彻下去,才能进入新一轮改革和发展的新阶段。

陈先奎　中国人民大学马列主义学院教授,多年来从事毛泽东思想、邓小平理论和政治学的研究与教学工作,主持和参与编写的《毛泽东思想史》和《马克思主义史》等有关著作分别获得国家教委、中宣部的"五个一工程奖"和"国家图书奖"等国家级大奖。著有《共和国意识形态风云录》、《邓小平治国论》、《焦点问题》、《中国模式论》等。

为城管体制改革破题

陈先奎

自从 2011 年突尼斯一名小贩抗议自焚引发所谓"中东革命"以来,城管与城市流动摊贩博弈的热点新闻与焦点问题,就已经进入大众传媒、世界各国以及国际政治各种敏感眼光的战略视野,成为国内外某些势力图谋针对发展策划街头政治的重要手段之一;当然,也就成为我国党和政府筹谋改革发展稳定及其国计民生的重大问题。在国内,近年来尽管上海、广州等地已经开始尝试制定有关流动摊贩管理的法律法规,江苏、山东一些大中型城市也已经开始从服务帮助的角度面对城市流动摊贩,但是,总体上仍然严重不足。一方面,城市流动摊贩成为热点新闻、焦点问题一晃三四年过去了,作为主管部门的全国工商系统没见到有一个系统考虑和解决问题的重要会议和深化改革方案;另一方面,包括北上广在内的全国大中小城市,也没有哪一个考虑把城管和城市流动摊贩问题上升到农民城市化进程和城市现代化治理的整体战略高度,学术理论界也没有人真正考虑到城市流动摊贩实际上是由城市贫民和进城农民所构成的一个群体,他们是一些最渴望在改革开放进程中靠劳动创业致富的基层群众。

第一,应该仔细考察我国现行的城管体制及其作为管理对象的城市流动摊贩的主要成分。

流动摊贩的主要成分包括：

（1）农民进城销售瓜果蔬菜者；

（2）城市失业、临时失业、无力无法从事正常工作者；

（3）从事正常工作、有一份劳保收入，但由于低工资、低收入、天灾人祸而仍然存在严重困难而需要努力增加收入以养家馓口者；

（4）没有正式工作、没有劳保收入又没有从事正式商贩的资源与实力、专门以有城管风险却又不需要多少成本的流动商贩为基本经营和生活方式者，其中主要是 90 年代下岗的老职工和 90 年代以来进城的农民工；

（5）少数大学生刚毕业尚未找到合适工作者；

（6）少数有白领岗位和较高工资收入却仍然选择以闲暇时间倒腾小买小卖加快收入增长者，等等。

由此可知，除最后一种人以外，城市流动商贩的绝大多数，他们所面临的问题，不仅仅是城管部门的管理问题，而是地方主要领导从农民城市化和政府城市工作全局的高度，从救助和管理两个方面亟须考虑和解决的问题，更是共产党立党为民、各级政府执政为民、以人为本，为最底层的弱势劳动者劳动致富开辟现实道路的根本问题。这部分弱势劳动者的问题一旦得到解决，这部分劳动者一旦达到温饱走向初步小康，城市贫民、贫民窟的问题自然也就解决了。

为此，当今中国的城管绝不仅仅是城市管理一个部门的一般意义上的业务工作，而是关系到如何在城市化进程中引导和组织城市最底层劳动者脱贫温饱、劳动致富、初步小康的重大问题。任何一个大中小城市的书记与市长甚至新型乡镇的书记与镇长，都应该亲自抓流动商贩和城管部门的工作，要把城管和流动商贩的工作提高到城市主要领导主要工作的高度，要领导抓，坚持抓，不断抓，常抓不懈。

第二，要摸底查清，凡是提出流动摊贩活动要求者，凭个人有效身份证件均可进行备案登记，流动登记，来去自由，反复登记，随来随登，登记者即可到协商流动点进行相应的销售活动，城市主要领导要亲自掌握流动商贩的确定性特点与不确定性状况。

第三，按照温饱脱贫、小康致富的基本要求，逐步落实每一户流动商贩家庭的工作、摊位、收入增长、生活保障与社会救助，尤其要落实好农民进城销售农产品的绿色通道待遇。

第四，各个大中小城市的市长应以积极有为的精神，亲自协调市政、规划、工商、商业、城管等部门，按照方便市民、摊贩申请、市民同意、顺其自然、政府适当规划的原则，努力挖掘潜力，从居住小区到居委会，再到街道办事处和市辖区县，不论是常年性的早餐点，还是季节性的冰棍销售点，以及完全临时性的鞭炮销售点等，有一个是一个，积少成多，积极规划发展各种固定的流动摊贩网点，新建城市、新建城区、新建街道更要规划留好各种各样大小不一的流动摊贩位置。尽最大可能使任何一个遭遇生活困难的城市流动人员，都有机会为养家糊口找到一席之地，这才是真正中国特色社会主义的人性化城市。努力为城市最底层的弱势劳动者承担责任，为他们创造合法经营、劳动致富的机会，才是真正的以人为本、立党为公、执政为民。

第五，城市乡镇的各种摊贩网点，存在着巨大的劳动经营致富潜力，是直接涉及最广大最底层群众的公共资源，至今没有得到足够的重视和积极合理有效的利用。据报道，北上广深等一二线城市的一个比较好一点的夏季冷饮销售点从6月到9月，可以得到10万元以上的毛收入；有消息称，山东德州的流动摊贩为了保住一个较好的摊点，情愿每月拿出4 000—5 000元的保护费；北京的一个流动早餐摊贩每月可以挣1万元以上，一个位置较好的报刊亭，一个合适的小区垃圾收购点，甚至校区房附近一个很小的食品冷饮窗口，年收入都至少在10万元以上。一个精明负责任有智慧而心里又想着贫困老百姓的城市领导者，不仅要把这些资源充分地挖掘出来，而且要把这些资源搞清楚、弄明白，放在阳光下，分配安排到最困难的城市贫民手里，使之真正造福于那些最需要得到这些宝贵的公共资源的底层群众。因此，一方面，要使这些城市资源的调查、掌握和分配从某些个人的随机控制中走出来，实行公开化、正规化、制度化，对城市乡镇摊贩网点经营人员实行领导回避制度、亲友关系报告核查制度，更要严厉打击极少数坏人以黑社会手段控制这些资源；另一方面，实行资源流动分配，对占用资源者实行收入登记核实制度，一旦资源占有者稳定达到初步小康生活收入水平，就应该把资源流转出来，重新分配给最需要这些资源的又一批工作生活确实困难者。

第六，有条件的要为城镇流动商贩提供帮助服务，没有条件的创造条件也要对城镇流动小商小贩提供必要的帮助服务。在近几年"城管与商贩"热点压力的推动下，不少城市开始尝试为流动商贩提供固定摆摊设点的生意场所，试图解决流动商贩与城管秩序的和谐统一问题，问题是有些政府布点场所不符合市场自发形成的自然规律，存在有场无市或者市不好，流动商贩不愿意去，还是喜欢自己在外面跑；有些地方搞官僚主义、形式主义，盲目整顿收缩太多、收缩不合理，市民不方便、有意见；目前大多数还是僧多粥少的问题，有限的固定场所和确定的摊点，根本无法满足众多流动商贩的摆摊设点需求。为此，广州曾经主动为食品商贩立法，使其摆摊设点合法化并与食品安全工作相结合；上海不但考虑为上海流动商贩立法、规划设立固定场所，而且还考虑在交通相对宽松通畅的时段内开放某些商业繁荣马路路段给流动商贩摆摊设点，发展上海本来就闻名中外的夜色经济。

（1）全国不论南北方的一二线城市特别是南方的大中小城市完全可以参考上海的做法，在一定时段内开放一些繁荣街区街道，适当发展本地特色的夜色经济，为活跃流动商贩创造条件。

（2）根据近年来实行双休日以后，城市大量有车居民周末驾车到城市周边度假休闲从而使市内车流人流、街区街道反而比较通畅宽松的新特点，为城内流动摊贩设立更多更大一些的"双休日摊贩市场"，既方便留在城内的中老年市民就近遛街购物，又可以容纳更多的小商小贩，形成不同城市特色甚至不同街区特色的城市商贩经济。

（3）经过协商规划，在全国上百万个居民小区安排相对规范的"小区流动摊贩销售点"，既可以方便居民，又可以为流动商贩创造更多的生存发展机会。

（4）大中小城市有很多地下人防工程，面积大小不一，凡是靠近居民区有条件开放的，可以安排给流动商贩充作跳蚤市场之用。

（5）还可以考虑在双休日向暂时没有找到工作的大学生开放校园内的销售摊点，为他们提供挣钱自养的一席之地。

2013年广州城管委的有关数据显示，广州市流动商贩有40万人左右，全国即使按32个省级行政单位计算，在以往城管相对从紧的情况下，流动商贩总人数也在

1 400万人左右；一旦解放思想，按照"登记备案、服务帮助为主，规范管理为辅"的方针，规范引导帮助城市的流动商贩发展，城市流动商贩至少会增长到2 000万人以上，甚至可能达到3 000万人左右。一方面，除部分原有城市贫民，这几千万城市流动商贩，绝大部分是进城的农民、农民工及其来自农村的大学生，他们不仅能吃苦，而且有"打拼才能赢"的强烈意愿，是城市贫民中改变命运最有动力、最具活力的一群人，如何为之提供一席之地，使他们在城市体面而又有尊严地落地生根，以免他们重蹈城市贫民的覆辙，本身就是新型城市化的重大时代课题，真要把新型城镇化从口号落到实处，就要把"帮助服务"落实到他们头上。另一方面，帮助这几千万个最为底层的劳动者在城市中解决脱贫温饱、初步小康毫无疑问是全面建设小康社会的真正重中之重。如果这几千万个最为困难的城市流动商贩都能够脱贫温饱、初步小康，最后过上全面小康的幸福生活，那么，全国的全面小康当然也就没有水分了。

第七，严格规定包括城管在内的所有部门，管理费用尽可能实行财政支付和最低限度的收费原则，确有困难的流动摊贩只要个人提出书面申请，就可以在其申请期限内免交任何费用，直到其个人重新提出缴费申请和确有证据证明其生活收入达到初步小康为止，严禁任何人因为收费过高和不顾死活强行收费与小商小贩发生利益冲突。

第八，综上所述，一切大中小城市乡镇对流动小商小贩的政策方针应该是："服务帮助为主，规范管理为辅，兼顾组织劳动经营致富。"共产党过去为改变穷人的命运牺牲奋斗，是从最底层起家的；现在成为执政党，更要执政为民。小商小贩是现在典型的城市穷人，政府无论如何都不能以对立的姿态去搞管卡压，不能高高在上地去打压他们，不能忘记这些为养家糊口、脱贫温饱、初步小康奋斗的底层劳动者，而是要站到服务帮助、领导他们脱贫致富的立场上来。政府管理既要注重一般意义上的城管，又绝不能漠不关心最底层群众的命运。除了重大的对外接待，决不允许为了搞形式主义的城市形象，去驱赶流动营生的小商小贩，去剥夺这些最困难最底层城市群众的一线生机。

除极个别特殊情况外，如果城管执法与"服务帮助"流动商贩发生矛盾，应该尽心尽力兼顾服务帮助问题。一句话，城管一定要心中装着人民，装着穷人，装着在城市工作生活遇到严重困难的城市贫民，装着有困难又处于弱势地位的进城农民、农民工及其农村大学生，装着没有找到工作或者虽然找到工作，但是生活却仍然处在严重困难中的"80后"、"90后"年轻人，装着共产党和人民政府执政为民的根本宗旨，这样我们就可能帮助几千万个城市贫困劳动者找到劳动创业、经营致富的现实道路。这是共产党长期执政最不能忘记、最不能丧失、最必须争取的群众基础。

许小年　中欧国际工商学院经济学和金融学教授。曾任中国国际金融有限公司董事总经理。1991年获得美国加州大学戴维斯分校经济学博士学位,1996年荣获孙冶方经济学奖。研究领域包括:宏观经济学、金融学、金融机构与金融市场,过渡经济以及中国经济改革。

企业家要宁可踏空不可断粮

许小年

先看一下世界三大经济体的大概情况:美国已经走出谷底,正在复苏的过程中,经济不断向上。对于欧洲而言,最坏的时刻还没有到来。中国经济的调整才开始,下行的趋势会保持一段时间。

把这三大经济体放在一起比较,是为了从经济的基本面进行结构性分析。影响宏观经济的结构性因素有多个,这只是强调其中之一,这就是资产和负债的结构,从国家资产负债表失衡的角度分析全球金融危机以及中国经济增长的放缓。

大家都知道,企业负债过多有什么后果,如果负债太多,现金流一旦出现波动,资金链就可能断掉,这时即使企业的净资产大于零,还没有资不抵债,可能也要破产。欧洲、美国都是这个问题,过度借债,现金流出现问题。

美国过度借债集中在家庭部门,按揭贷款借得太多,超出了家庭日常收入和财产所能支撑的范围,还债发生困难,从2007年开始,次级按揭违约率迅速上升,拖累银行,最终引起了全球金融危机。国家资产负债表失衡,道理和企业的资产负债失衡完全相同,只不过危机的表现形式不一样,企业表现为破产,银行追债上门,而国家层面上表现为整个金融体系的震荡,几乎使美国的金融体系崩溃。

　　既然金融危机的实质是国家资产负债表失衡,经济的复苏一定以资产负债表的再平衡为前提条件,就要看资产负债表是否得到修复,过度负债在多大程度上已经得到了纠正,负债是否降到了一个健康的区间,在这个区间内,经济就可以正常地运行。

　　我们先看一下美国。这里我用按揭贷款余额除以 GDP 作为近似的资产负债比,虽不是很准确,但可以说明问题。从 2000 年初开始,美国人就在增加杠杆,负债率越来越高,上升了 30 个百分点。设想一下,一个企业负债率上升 30 个百分点,对现金流会有什么样的压力? 这还只是家庭部门的负债,而不是整个国家的全部负债,几年的时间里上升了 30 个百分点,一定会出问题的。

　　金融危机之后,美国人不得不削减债务,金融上的术语就是"去杠杆化"。美国在金融危机后,迅速去杠杆化,到目前为止,资产负债比率和危机之前差不多了,过去的坏账基本清理干净。对美国经济的看好正是建立在这个基础上的,和 QE 没有太大关系。

　　QE 就是美联储玩的一个障眼法,货币的数量宽松对实体经济没什么作用,所以现在退出,对全球经济也没什么影响,大家不必关注,真正要关注的是经济的基本面,也就是我们说的结构性问题。美国的资产负债表比较快地恢复平衡,这也是为什么在两年前我就建议增加美元资产持有的原因。

　　欧洲的结构性问题比较严重,危机前增加杠杆的趋势跟美国差不多,加到顶之后不行了,开始往下走,往下走却和美国不一样,去杠杆化非常慢。美国的市场机制比欧洲更有效,还不起债,马上把你的房子封了,银行拿去拍卖还债。资本主义以资为本,冷冰冰的。这事到欧洲干不了,欧洲版的社会主义说是以人为本,按揭贷款违约,银行不能把债务人赶出家门,法律上有规定,扫地出门太不近人情,一家老小到哪里去安身? 所以要给几个月的宽限期,还带有附加条件。这样做的结果是银行的坏账不能得到及时处理,不能核销掉,去杠杆化的过程非常缓慢。银行不能恢复健康,经济复苏就没有希望。

　　其实美国和欧洲都是以人为本,只不过以不同的人群为本。不清理坏债,就要把银行拖垮,银行的股东、出资人将遭受损失。所以美国以股东为本,以资金的提供者为本;欧洲则以资金的使用者为本,以债务人为本。

这两个大经济体主要的区别在于市场机制的有效性。按市场规律办，看上去冷酷无情，但结构调整迅速，美国经济率先恢复。欧洲各国落在后面，仍在债务的泥潭中挣扎。几个摆脱了债务重压的国家，比如爱尔兰、希腊，它们的办法其实还是卖资产，没有别的办法。政府出售国有资产，居民还不起债的，对不起，你的资产最后还是要给银行拿走，拖是拖不过去的。西班牙开始也扛着、拖着，实在扛不住了，资本市场上有压力，欧盟也给它压力，必须清理银行坏账，西班牙同样是减少政府开支，出售国有资产，偿还或核销债务。现在比较麻烦的是法国和意大利，还在那拖着，拖的结果是经济没有办法恢复。所以对欧洲，我认为最坏的时刻没有到来，去杠杆化还没有完成。

中国经济的高杠杆问题，现在刚刚显露出来。经济的短期增长明显放缓，放缓有多种原因，其中之一也是高度负债。政府和企业大量借债，搞投资拉动，投资的结果是产能的增加超过消费能力，造成各行各业的大量过剩产能。在过剩产能压力之下，企业现在不敢投资了，特别是制造业不敢投，最近房地产业也不敢投了，投资增速下降，经济增长跟着往下掉。

投资不行了，消费是不是希望所在？很遗憾，消费不是想刺激就能刺激起来的，消费要有收入作为支撑。过去十几年间，中国居民的相对收入一直在下降，绝对收入还在增长，但是增长速度落后于GDP，落后于政府收入和企业收入的增长，以至于居民收入在国民收入中的比重不断地缩小。清华大学的一项研究表明，1993年居民收入为GDP的63%，2007年降到52%，估计这个比例近几年还在下降，收入跟不上，消费对经济增长的驱动作用越来越弱。

结构失衡给经济带来风险，中短期的最大风险在房地产，房地产价格如果大幅度调整，地方政府的债务问题就水落石出，接着就会牵连到银行。经济结构出问题并不可怕，调整过来就好，在调整的过程中，增长速度不可避免地要下滑，但在调整之后，仍可以迎来另一轮增长的高潮。

结构性问题造成了短期的需求疲软，投资和消费都不乐观，经济的运行势态可以从"克强指数"中的发电量看出。请大家注意，用发电量作为GDP的近似指标，并不是要预测下几个季度的经济增长，宏观的GDP和企业没有太大关系，企业做得怎么样与能不能准确预测 GDP 几乎没有关系，做企业不是判断大势踩准点，如果眼睛盯在宏观上，盯在政府什么时候出刺激性政策上，那么企业就危险了。

有人关心现在的微刺激会不会变成强刺激，我说微刺激、强刺激跟你有啥关系啊？即使像"4 万亿"这种前所未有的刺激，也不过维持了两三个季度的繁荣，结构性问题在没有得到解决之前，政策的作用注定是短期的。从发电量这张图上看得很清楚，2009 年之后就下滑，2012 年在"4 万亿 2.0 版"的刺激下，有所反弹，2014 年一季度再掉头向下。铁路货运总量也传递了同样的信息：政府政策短期有些作用，但不可能扭转经济的长期趋势。

我认为再推出强刺激的可能性不大，原因之一是政府意识到了"4 万亿"强刺激的严重后果；之二是缺乏强刺激的资源，货币发行没有太大空间，财政政策方面，中央政府也许还有些余力，地方政府已经负债累累；之三是本届政府的思路是通过改革创造新的红利，而不是政府花钱和印钞票。政府在改革方面确实也做了一些事，尽管不到位，方向还是应该肯定的。

从宏观层面分析的结论是：需求很快好转的希望不大，要等消除了过剩产能后，投资才能恢复，消费则取决于收入结构的调整。由于阻力大、方法不得力，改革红利也不是马上就可以看到的。这对企业意味着什么？企业将在长期的低增长环境中运行，我想强调低增长的长期性，因为目前的增长放慢不是周期性的，而是结构性的，结构性问题的解决需要时间。

在这样的环境中企业怎么办？收缩战线，回收现金，宁可踩空，不要断粮。对于收缩战线，有些企业感到纠结，有一种矛盾心里，现在收缩了，刺激性政策一出台不就踩空了？我想说踩空不怕，以后还有机会，要是现在断了粮，以后就没机会了。

在收缩战线的同时，建议大家认真思考转型。说到转型，我的观察是谈得多，做得少，之所以如此，可能是因为企业还没有到生死关头。人都有惰性，一旦习惯形成，让他改很困难，不到生死存亡的关头不会改。在宏观的层面上，我们希望看到增长模式的转变，在企业层面上，希望看到经营模式的转型，而阻碍转型的，主要是认识上的问题。

我们需要认识到，首先，低成本扩张、抢占市场的时代已经结束。其次，低成本获取技术和产品的时代也已经结束。过去国内、国外有未满足的需求，也就是有现成的市场，产品做出来不愁卖，跑马圈地，看谁的速度快、产量大、成本低。现在不一样了，市场迅速饱和，房地产业就是一个突出的例子。今后再想拿市场，必须从同行中拿了，不是"占"，而是从别人手里"抢"。

过去我们生产简单的产品，现在低端市场都已饱和，高端的你仿不了，必须要通过自己的研发，才能掌握能够打入市场的技术和产品。这是一个全新的经营环境和全新的竞争环境，要想扩大市场份额必须从你的同行手中抢夺，现有的产品卖不动了，要用新的产品打入市场，必须进行研发，这是很大的挑战。

不少企业已意识到转型的重要性，但企业不知道怎么去创新，觉得转型的风险更高。有一句话很流行，"不转型创新是等死，转型创新是找死"。那么，为什么我们企业的创新能力长期处于低水平呢？

深入观察，内心世界的缺失是一个原因。按说每个人都有自己的价值观，但是仔细分析会发现，中国人的个人价值通常是用客观标准衡量的，他非常在意别人怎么看他，而不是主观的、发自内心的感受。什么叫成功？他认为成功有客观标准，企业的成功是用销售额、市场份额衡量的，企业家每天想着销售额和市场排名，他当然只求做大而不求做强。商学院的学生在一个班里，班长的企业是上百亿元的销售，几个亿元的或者几十亿元的只能做班委而当不了班长，好像个人的价值和成功都体现在企业的规模上。企业的经营也喜欢看别人是怎么做的，那家企业为什么做那么大？因为它进入了房地产，所以我也要进。攀比、模仿，而不是发自内心的冲动，没有内心的冲动和激情，怎么可能有创新呢？

乔布斯对创新的执著追求已不能用赚钱来解释了。两年前我到加州参观脸书，同行的朋友问扎克伯格，你为什么要办这样一家公司？他说，让6亿人在一个平台上交流是件很酷的事。扎克伯格没有提他和几个小伙伴当初的动机——上传女生的照片，评比谁更漂亮。不管什么动机，都是发自内心的冲动。财富当然也是创新的激励，但不是唯一的甚至不是主要的激励。钱可以给人带来幸福感，但这个幸福感衰减得很快，赚到第一个一百万元时欣喜若狂，赚第二个一百万元时笑笑而已，赚第三个一百万元恐怕就觉得很平常了，这个现象在经济学上叫做"边际效用递减"，内心的精神上的驱动就没有这个问题。

如何建立自己的内心世界？人的一生应该追求什么？其实没有统一的答案，个人价值也没有客观的标准，全凭自己的感受和感悟。

另一个与创新相关的概念是价值创造，企业存在的意义就是创造价值。有人可能会问，企业不是要赚钱吗？一点不错，企业要为股东赚钱，为了持续地赚钱，企业必须为社会创造价值。赚钱和创造价值之间的区别就在于可持续性，如果没有创造价值，你今天赚了钱，明天可能就赚不到了；如果创造了价值，今天没赚到钱，明天、后天一定可以赚到。

什么叫创造价值？我的定义有两个。第一，你为客户提供了新的产品和服务，客户可以是企业或者个人消费者。比如说智能手机，苹果公司提供了一种全新的产品，满足了人们的需求，更准确地讲，是创造了新的需求，在这个过程中，苹果当然创造了价值。腾讯推出微信服务，人们因此获得了新的交流沟通手段，丰富了他们的社交和私人生活，这个也是价值创造。第二，你可以提供现有的产品和服务，但是你的成本更低，从而价格更低，通俗点讲，为客户省钱了，你就为他们创造了价值。

搞清楚创造价值和赚钱之间的关系，有助于我们思考自己的商业模式，有助于思考转型的方向。转型一定要转向价值创造，以价值创造为基础，企业的发展才可能持续。以互联网金融为例，现在一窝蜂地上，看上去都赚钱，但大多数不可持续，因为它们没有创造价值。做信贷生意，最困难的是信用评级，准确估计每一客户的违约风险，才能决定贷款的利率和数量，这就需要收集和分析客户公司或个人的财务信息。

很多企业和个人过去在淘宝网上交易，阿里巴巴利用这些交易信息，评估它们的财务状况和违约风险，根据信用等级发放贷款。如果你搞一个网站，只是把借方和贷方拉到一起，但你没有信息，无法评估信用等级，那么你的价值创造在哪里呢？阿里金融提供了低成本的信用评级，它创造了价值，它的商业模式因此是可持续的。

很多企业家想更好地判断形势，判断政策走向，这个当然可以帮助你的企业赚钱，但是并没有创造价值。你踩点踩对了，赚到了钱，一定有企业踩错了，你赚了它们的钱，就像炒股票一样。从社会总体来看，猜宏观、猜政策并不创造价值，仅仅在企业之间重新分配价值而已，宏观分析所带来的社会价值总和等于零。所以，我建议大家不必过度关注宏观，而是要把精力和时间用在企业的价值创造上，思考自己企业的核心竞争力。

　　经济有周期波动，上上下下很正常。一个好的企业，并不是看你上升期扩张有多快，而是看下行期能不能撑得足够长。建议大家多花点时间读书和思考，思考如何转型以及如何创造价值。

裴中阳 北京大学战略研究所兼职研究员,中国管理科学研究院企业所副所长。中国社会科学院"蒋一苇企业改革与发展学术基金"获奖者,"中国杰出人文社会科学家"入选者。著有《集团公司运作机制》、《集团公司运营管控》、《百年基业——战略定位的理论与实践》等。

企业使命与愿景

裴中阳

使命(mission)说明一个组织或个人存在的目的和理由,或其存在的独特价值。愿景(share vision)则是一个组织或个人将使命付诸实践,并希望达到或创造的理想图景。

两者的联系和区别在于:

第一,对组织或个人来讲,使命与愿景都是其核心价值观念的体现和提炼,也就是说有什么样的价值观,就会有什么样的使命与愿景。而且,愿景应当建立在确认使命的基础之上,它也是将使命付诸实践的动力源泉。

第二,使命是组织或个人凭主观努力就基本可以做到的(虽然可能异常辛劳),而愿景则是组织或个人不懈追求、却可能永远也达不到的一个宏大目标。

第三,愿景之所以未必一定能实现,恰恰在于它是指服务客户和奉献社会所达到的理想状态,往往非自身努力所能控制,所谓"心有余而力不足"。

比如,"救死扶伤、治病救人"是医生的使命,而其愿景则是"疾病面前人人平等"、"使天下百姓病有所医"。愿景往往带有理想化的色彩,也正因明知其难而孜孜以求才得以感人、得以伟大。

实际上,企业长远目标、自身理想状态是一种远景,而非战略愿景。

要注意,达到这一理想状态的主体绝非组织/个人,而是你服务的客户或奉献的社会。也就是说,所谓愿景,理想的图景(vision)是你与客户或社会共同分享(share)、后者得到或享有的,绝非企业家或企业自己找乐。

要解决上述问题或避免以上错误,确定企业使命或愿景、塑造企业文化,就必须注意以下问题。

一、必须体现产业特征与客户利益

宋江上梁山,给江湖好汉们带来的最大变化,就是有了使命和追求。"大碗喝酒、大块吃肉"显然太低俗,一面"替天行道"的大旗,指明了绿林英雄们的使命,解决了为什么上梁山的问题。如果仅靠忠义的道德准则,梁山是凝聚不起千军万马的浩大队伍,吸引不了大批社会精英人士的。

也正是由于官吏出身的宋江始终没有提炼出组织愿景,没有夺取政权、改朝换代的政治主张,最终沦落到受"招安"和分崩离析的结局。

对一个企业而言,愿景概括了企业的未来总体目标、使命及核心价值观,它可以团结人、激励人,并把企业凝聚成一个共同体,支撑企业长远发展。

对沃尔玛而言,公司上市、赶超行业老大仅仅是发展目标,而真正促使、推动企业跨越式发展的却是使命与愿景:给普通百姓提供机会,使他们能买到与富人一样的东西。

这一理念看似平凡,但非常伟大——伟大的企业往往有着平凡的抱负,即为大众民生谋福利。而且,上述使命、愿景体现了沃尔玛的产业特征——零售。

要使普通百姓能买到与富人一样的东西,就必须"天天低价";而要做到"天天低价",就必须坚持"顾客是上帝"、"尊重每一位员工"和"每天追求卓越"等原则,并推行员工"持股分享计划"。

在亨利·福特之前,汽车只是极少数富有者的奢侈品。福特预见到提供廉价交通工具的潜在收益,并立志:"我要为大众生产一种汽车,它的价格如此之低,不会有人因为薪水不高而无法拥有它,人们可以和家人一起在上帝赐予的广阔无垠的大自然里陶醉于快乐时光中。当我实现它时,每个人都能买得起,每个人都将拥有它。马会从我们的马路上消失,汽车理所当然地取代了它。"

这就是福特的伟大愿景:工薪阶层都可以买得起车,以便"在上帝赐予的广袤大地上自由徜徉"。

为此,福特发明并大力推广流水线革命,使单车生产周期从 1908 年的 12 个小时,降低到 1913 年的 93 分钟,1925 年更是减少到 15 秒——这简直不是制造而是在"印刷"汽车! 同时,福特把 T 型车的售价由 1909 年的 900 美元,降低到 1914 年的 440 美元、1924 年的 290 美元!

还有,1914 年,美国非熟练工人的日工资一般为 1 美元,熟练工人日工资为 2.5 美元,而福特却付给工人 5 美元的日工资。

老福特没有高喊"振兴民族汽车产业",也没有在商业模式创新上下工夫,更没有在营销策划革命上动脑筋(不排除"忽悠"消费者),而公司汽车销量却从 1909 年的 5.8 万辆,迅速攀升到 1916 年的 73 万辆。到 1926 年 T 型车停产前,年产量已达 200 万辆。在 20 年的时间内,福特公司的 T 型车合计生产了 1 500 万辆。

福特的文化理念是渗透在企业战略、组织、文化和激励之中的,是可以并一定能够落地开花、生根发芽的。

长虹电器曾长期以"产业报国、民族昌盛"为己任,这一使命的责任感突出,但缺乏独特性。2006 年 4 月,长虹静悄悄地将企业使命更新为"快乐创造 C 生活",这体现了长虹从事的消费电子产业的特征。

"万家灯火、南网情深",表达了南方电网公司的供电业务特征。

然而,长虹、南方电网的共性问题在于,我们始终看不到它们所提炼、宣导的企业战略愿景。从我们的认识出发,"让每个人都能享受 C 生活","让光明照亮世界上的每一个家庭",应当是具有一定借鉴、参考价值的战略愿景。

二、愿景必备的四大基本特征

"愿景"理论的提出者胡佛教授,曾研究过许多公司及非营利性组织。他发现,有些企业能够依靠三个特征发挥作用并获得成功,在有些情况下甚至只依靠两个特征。但他认为一个真正伟大企业的愿景应具备四个基本特征,即清晰、持久、独特与服务。

企业愿景不仅是独特的,而且是清晰且持久的,并辅以服务精神。清晰、持久、独特和服务精神便构成了愿景的四大要素和支柱。愿景作为一种理念,要能真正存在于企业的意识之中,还需要足够的动力支持。于是,胡佛又在四大要素之外加上了"热情"。他认为,对工作的热情是保证企业愿景常在、并具有生命力的重要原因。然而,如何让企业中的每个人保持热情却是胡佛未能说明的问题。

我们认为,愿景的基本特征应当是:道德、责任、规则和追求。

(一) 道德

道德是一种基本准则,它说明哪些事情可以做,哪些事情不能做。"黑社会"之所以不长久,首先是因为其非道德性。

1933年,作为默克制药公司的创始人,乔治·默克在公司研究机构揭牌仪式上描述了企业未来前景:"我们相信研究工作必需的耐心和恒心,会为这个产业和企业带来新的生命;我们相信在这个新的实验室中,利用我们所提供的工具,科学将会发展,知识将会增长,人类生活将会因远离痛苦和疾病而更加美好。我们发誓,在这家企业中,我们的每一分努力都要为实现我们的信念做出贡献。让那些为了使这个世界更加美好而追求真理、辛勤工作的人,那些在社会和经济的黑暗时期高举科学和知识火炬的人,迸发出新的勇气,并感受到我们的支持。"

就是在上述战略愿景的鼓舞与指引下,默克公司把自己从一家化工厂打造成为世界上最杰出的药品公司之一,其科研能力可以与任何一所著名大学相媲美。

20世纪90年代,在帮助美国运通集团等企业员工发展"情商"(EQ)的过程中,道格·莱尼克等人发现,虽然情商可以使人具有高度的自制力和人际交往能力,但它在大部分情况下是价值中立的,并不能帮助人们区分"对"还是"错",以避免人们做错事。安然公司崩溃及随后接连不断的大公司财务丑闻,更说明价值判断能力的重要性。

2005年,道格·莱尼克等人的《德商:提高业绩、加强领导》一书正式提出了"德商"(MQ)这一新概念,并将其定义为:一种精神、智力上的能力,它决定我们如何将人类普遍适用的一些原则,如正直、责任感、同情心和宽恕等,运用到我们个人的价值观、目标和行动之中去。

德商(MQ)概念的意义体现在以下三个方面:

第一,它是个人和企业行动的"道德罗盘"。就像罗盘一样,德商可以帮助人们确定行为和目标的方向,使人们在茫茫商海中驾驭自己的资源、情商、智商和技术,以规避风险而获得成功。

我国台湾地区进行的"1 000家大企业用人调查"显示,企业主用人最先考虑的就是属于MQ的"德性"(占54.9%),然后才是属于EQ的"相处"(占13.2%),而属于IQ的"能力"只占2%。

第二,它有助于提升企业形象,增强企业竞争力。企业对社会责任的积极参与,有助于员工树立正确的人生观、价值观和责任意识,并增强团队合作性;其中所表现出来的人文关怀,又会渗透到企业的各个环节,成为道德建设的重要组成部分,强化员工的荣誉感、归属感和凝聚力。

第三,企业应警惕"道德性弱智"。一份研究报告显示,当美国人了解到一家企业在道德层面有负举动时,比例高达91%的人会考虑购买其他公司的产品或服务,85%的人会把这方面的消息告诉家人或朋友,83%的人拒绝投资该企业,80%的人拒绝在该企业工作。

2006年10月,美国安然公司前CEO因欺诈等罪名被法官判处24年零4个月的监禁,并须向投资者支付4 500万美元的赔偿。"道德性弱智"所引发的风险和成本,真可谓无以复加。

(二) 责任

责任是一种主动的担当,是企业长期奋斗的使命追求。使命与愿景的主要区别就在于,使命主要体现企业的社会责任,并不涉及企业的追求和长远目标。

愿景包含或作为使命，就必须体现（社会）责任，这种责任是对客户、对社会（包括自身员工）的承诺，而不是企业组织内部的理想。因此，"振兴民族产业"、"争取充分就业"及"支持环境保护"等，均是企业社会责任的体现；而"中国第一"、"世界领先"、"令人尊敬"等，都只能作为企业家的个人追求和理想，不能作为组织使命或愿景，它没有说明企业能为社会、顾客做何种事情。

以企业理想（某种精神意义、甚至是企业家的个人精神）代替使命，既不能操作执行，又不能指引方向。

美国航空界以劳资纠纷不断而著称，唯有西南航空公司从未发生过严重的劳动纠纷，而且也从未摔过一架飞机。

西南航空公司的人员配备是以淡季为标准的，坚决反对在旺季时大量招聘临时工、在淡季时则辞退员工的做法，认为这样做会使员工没有安全感和忠诚心。一旦旺季到来，所有员工都会毫无怨言地加班加点，空姐甚至飞行员帮助地勤人员打扫机舱的场面屡见不鲜。

为了保持独特的企业文化，西南航空有一套非传统的雇佣程序。当有人问是否招收工商管理硕士（MBA）时，CEO凯勒尔直率地说："只要我掌权，就不可能。我们的企业文化发端于心，并非来源于脑。"

西南航空不仅向员工提供稳定的职业，而且对内建构了一个完整的社会网络，白兰地、墨西哥菜肴和垒球应有尽有；对外推出社会服务工程，大到奖学金，小至旅行包。公司每两年举办一届"文化节"，面对外界好奇又好学的询问，凯勒尔回答：公司的秘密正在于没有秘密，除了给人真情和笑意之外没有固定的模式。

总部设立在伦敦的非营利会员组织AccountAbility只有11年历史和40名员工，但影响日隆：世界500强的CEO们要小心翼翼地阅读其发布的《年度公司责任排名》，政府首脑也将其发明的"国家责任和责任竞争力指数"作为重要决策依据。AccountAbility不鼓励企业"大肆行善"，也不以揭露公司黑幕或丑闻为荣，而是始终围绕着"企业管理层对公司行为负责"这一主题，致力于建立责任领域的"公认会计准则"，鼓励企业家将责任与业务目标结合起来，深刻认识到责任是未来竞争优势的来源，并在责任领域作出最精明的选择。

富有社会主义思想的福特,1914年开始实行利润分享计划,每年把3 000万美元分给职工。他设立了设备完善并拥有专职人员的医疗部门和福利部门,1916年在工厂中开办职业学校,1926年在职工中实行每周劳动5天、共40小时的工作制度;1936年创建了福特基金会,用于资助科学、教育和慈善事业,以扩大福特本人和福特汽车公司的社会影响。

(三) 规则

规则有两个方面的含义:一是组织内部运行规则的建立,没有秩序的组织不成其为组织,就不可能持续性发展;二是企业组织对社会秩序、商业规则的遵守,蔑视法规的企业必将受到惩罚。

不论是在任期内还是在卸任后,杰克·韦尔奇对通用电气忧心忡忡的不是营利能力、不是灵活机制,而是企业诚信,是对商业游戏规则的严格遵守。他对"诚信"问题不仅喋喋不休地挂在嘴边,而且再三重申:业绩不佳者可以给机会,但文化不兼容者必须走人。

社会主义市场经济体制建立以来,我国不少知名企业"其兴也勃、其亡也忽",曾红极一时的"沈阳飞龙"就很有代表性。

从1986年开始,依靠"地毯式"广告轰炸的营销手段,沈阳飞龙的"延生护宝液"一夜之间家喻户晓。1995年,飞龙的资本运作因多年无果而终,3年后更是因抢注"伟哥"与国家药监局发生法律纠纷,致使企业彻底崩溃。

1997年,闭门思过后的创始人自陈经营中的二十大失误:决策的浪漫化,决策的模糊性,决策的急躁化,没有一个长远的人才战略,人才机制没有市场化,单一的人才结构,人才选拔不畅,企业发展缺乏远见,企业创新不力,企业理念无连贯性,管理规章不实不细,对国家经济政策反应迟缓,忽视现代化管理,利益机制的不均衡,资金"撒胡椒面"(分散使用),市场开拓的同一模式,虚订的市场份额,没有全面的市场推进节奏,"地毯式轰炸"的无效广告,以及国际贸易理想化。

上述罗列式总结让人如坠云雾。有学者通过对沈阳飞龙、山东三株和四川托普等企业成败史的深入系统研究,一针见血地总结出其失败根源:这些企业普遍缺乏对道德感和人文关怀的尊重,普遍缺乏对规律与秩序的尊重,普遍缺乏对系统的职业精神的尊重。

这才是问题的本质所在!

让我们再审视一下默克公司的"座右铭":公司的社会责任;公司在所有方面都绝对优异;创新以科学为基础;诚实和正直;利润,但利润应来自于对人类的贡献,保护和改善人类生活。

通用电气公司(GE)对其"企业公民原则"是如此诠释的:盈利,符合道德地盈利,与众不同地盈利。

(四) 追求

责任的履行必须依靠充满热情、坚持不懈的追求。

1996年,3M公司廉价卖掉了自己的一些大型成熟产业,此举震惊了商业新闻界。3M公司的动因很简单,就是要把资源重新聚焦到其永恒的追求上:创造性地解决那些悬而未决的难题。正是这一看似过于执著的追求,常常把3M公司带入新的事业领域。

波音公司不仅仅是展望了其民用喷气机所统领的未来,还在707飞机上进行了一番努力,后来才有了747飞机。耐克人不仅仅讨论击败阿迪达斯的想法,他们还把实现这个目标作为一种事业而为之奋斗。20世纪50年代,菲利浦·默里斯公司的烟草市场占有率仅为9%,行业排名第六位,公司确立的目标是打败世界排名第一的RJR烟草公司,果然其最终在全球范围内击败了强大的竞争对手。

三、愿景的实现方法

有三个人同在一个建筑工地工作,做着完全一样的事情,有人问他们在做什么。第一个人说"我在砸石头";第二个人说"我在挣钱糊口";问到第三个人时,他说:"我在建造教堂。"

世界第一 CEO 韦尔奇曾说过："优秀的企业领导者创立愿景、传达愿景、热情拥抱愿景,并不懈推动,直至实现愿景。"

愿景必须具备道德、责任、规则和追求四大特征。在此基础之上,要成功实现战略愿景,还要满足以下条件。

（一） 愿景的制定必须"好高骛远"

愿景代表着企业为之奋斗不已的未来图景,这种图景未必一定能实现(需要努力加运气),更不可能在短期内达成。因此,制定企业愿景不应该只停留在现有经营能力和环境层面上,而需要高瞻远瞩、胸怀博大。"目标永远不可能实现"这一事实,恰恰意味着组织不可能停止变革和发展。

不难想像,如果沃尔特·迪斯尼公司把公司的宗旨确定为"制作动画片"而不是"让人们快乐幸福",我们可能就不会有米老鼠、迪士尼乐园及阿纳海姆巨鸭曲棍球队了。

对于战略愿景的制定,有人提出了 BHAG 方法。该方法代表着宏伟(big)、惊险(hairy)、大胆(audacious)和目标明确(goal)。也就是说,制定的战略愿景应该是鼓舞人心的、充满刺激的和大胆明确的。

另外,对愿景的描述应当生动形象、引人入胜。它是一个组织共同努力的目标,目标本身有着极强的吸引力,无论你对它怎么阐述,每个人都能很容易地理解它。你可以把它视为对愿景规划从文字到图画的翻译,形成一种人们可以装载到自己头脑中随处携带的形象。

"制定愿景要好高骛远"还有一层意思,即防止企业骄傲自满。

很多优秀、甚至领先企业往往会患上"我们已经成功了"的综合征,进入一种骄傲自满、排斥创新的状态。新成立的公司在有了一定知名度、或当生存已不成问题后,也可能出现这一症状。登上月球之后,下一步要做什么呢?

在成功地实现了"汽车大众化"之后,老福特开始沾沾自喜、故步自封。当人们对创造奇迹的 T 型车的黑颜色一成不变抱怨不已时,老福特如此让步:"汽车是什么颜色都可以,只要它是黑的。"当自己的儿子带人开发出 V6 发动机而要取代传统的 4 缸发动机后,老福特到现场绕了几圈,亲手抡起锤头砸个稀烂。

老对手通用汽车公司则借机崛起,在 20 世纪 30 年代一跃而成为世界第一,把福特公司甩到了身后。

(二) 愿景的执行必须持之以恒

在索尼公司创立初期,井深大阐述了公司经营理念中的两个关键成分:"我们将迎接技术难题的挑战,并关注那些对社会有重大价值的高精尖技术产品,不管投入多少;我们应该重视能力、工作绩效和个人品质,使每个个体都能发挥出最大的能力和技术水平。"

在 40 年后提出的"索尼先锋精神"中,井深大对其核心经营理念是这样阐述的:"索尼是时代的先锋,永远不追随别人。通过不断发展,索尼要为整个世界服务;索尼应该一直是未知世界的探索者,索尼的原则是尊重和鼓励个体的能力,不断发挥人的最大潜能,这是索尼的关键力量。"

40 年过去了,同样的核心价值观,不同的表达方式。进入 21 世纪,索尼公司的口号是"娱乐全人类——成为全球娱乐电子消费品的领导者"。其中"娱乐全人类"是其战略愿景,而"成为全球娱乐电子消费品的领导者"则是其战略定位。

在《财富》(中文版)发布的"2012 年度企业社会责任排行榜"中,索尼不仅是电子行业最佳企业,也是外资企业综合排名第一。

据一份调查显示,在以可口可乐、IBM、宝洁和耐克等为代表的全球 50 家大品牌中,品牌历史达到 10 年的有 13 家,达到 20 年的有 5 家,达到 25—55 年的有 16 家,达到 55—100 年之间的也有 16 家。这组数据说明一个什么问题呢?

很明显,这些在全球市场叱咤至今的强势品牌,无一不是多年一贯制地坚守对消费者作出的承诺,几乎从不轻易改弦易辙。即使他们在某个阶段犯了错误,也能立即改正,并通过具有亲和力的公关策略来挽回与消费者的关系,从而使品牌形象得以在消费者的心中经久不衰。

沃尔玛的竞争对手凯马特的老板曾如是评价:山姆可称得上 20 世纪最伟大的企业家,他所建立起来的沃尔玛企业文化是一切成功的关键,是无人可以比拟的。

(三) 愿景的达成必须全员参与

既然愿景是作为一种使服务客户及奉献社会所要达到的理想状态,自然离不开全员参与、共同努力。值得注意的是,所谓全员参与,不仅覆盖全体员工,也包括供应商、消费者,甚至包括没有直接关联性的社会大众。

也就是说,愿景的达成必须最大限度地动员一切利益相关者全面参与,才有可能实现平凡而伟大的理想目标。重在参与、乐在其中,这比实现目标本身更为重要。

从此角度上不难理解,"行业老大"、"世界 500 强"等企业自身的远大目标,所能激励、鼓舞的范围相当有限。除了投资股东和高层管理人员,普通员工未必能直接受益,遑论广大消费者了。何况,"店大欺客"并非中国独有的特色。

目前,沃尔玛在全球拥有 8 500 多家分店、200 多万名员工。以"使平民大众有机会购买富人购买的商品"为愿景的沃尔玛,"天天低价"自然成为贯穿始终的竞争策略,也理所当然地成为所有成员企业的共同目标。

为实现这一愿景,创始人山姆·沃尔顿不遗余力地到处演讲:每当我们浪费一块钱,就等于让顾客多掏出一块钱;每当我们替顾客多省一块钱,就等于在竞争中向前迈进了一步。

除了全员参与"天天低价"等活动之外,沃尔玛还非常重视女性员工的职业发展。在沃尔玛中国,女性员工占比超过 60%,管理团队中约 40% 为女性。2007 年,沃尔玛中国推出女性领导力项目,主要从"打造沃尔玛女性论坛品牌"、"组织员工向女性楷模学习",以及"营造持续学习氛围"等方面着手,旨在加速推动女性的职业发展。

自 2010 年 10 月至 2013 年 3 月,沃尔玛中国已向中国妇女发展基金会"母亲创业循环"项目累计捐赠 300 万元人民币,帮助 1 361 名妇女及其家庭实现经济自立,直接和间接带动了 13 000 余人受惠。

在 2013 年的"国际劳动妇女节"当天,沃尔玛宣布,将通过沃尔玛基金会及公司捐赠的 1 亿美元支持"全球女性经济自力"项目。

通过与全球范围内的 NGO 组织、慈善团体、学术界和其他机构的共同协作,沃尔玛要在 2016 年年底之前实现的三大目标是:提高女性创立企业的采购量,通过培训帮助近 100 万名妇女实现经济自立,促进产品供应商及专业服务供应商内部的多样化和包容性。

高山始自足下,伟大来自平凡。

要知道,企业社会责任不同于慈善捐款或传统意义上的"回馈社区"。IBM 中国将企业责任理念分为三个层面:一是社会责任与企业成长战略相融合;二是通过业务专长服务社会;三是推动协作创新公益。

和公益机构相比,商业企业最大的优势就是自身业务专长。IBM 中国始于 2009 年的"专业咨询服务捐赠"项目正是该优势的体现。目前国内很多非政府公益机构(NGO)都面临日常组织管理、人员能力提升等方面的不足,且一般采用纷繁冗杂的纸质程序。为此,IBM 专门开发了相应软件并对受助组织的财务人员进行培训,这不仅提高了财务管理效率,也便于主管部门对其进行审查监督。

2013 年 4 月雅安发生大地震,成都高新减灾研究所的地震预警系统服务器面临极大的荷载压力。IBM 在 24 小时之内与减灾研究所取得联系,向其捐赠了专家集成系统,将接受地震预警信息的人员容量从 100 万提升至 1 000 万。同时,IBM 志愿者们联合 NGO 伙伴"益云",开发了可用于智能手机的救灾地图应用软件。在一周多时间里,该应用筛选整合了近 20 万条信息,并发布了 519 条救灾指示。

2013 年 7 月,一支由六位 IBM 全球顶尖专家组成的志愿服务队来到佛山,通过访谈、实地考察等方式,向地方政府提交了"智慧佛山"报告,建议将建设"人本佛山"、"智慧佛山"的目标与产业转型和可持续发展结合起来,从食品安全、水治理、智慧交通和产业转型等领域切入,通过政企合作模式孵化培养佛山的高端服务业。鉴于在过去 3 年中的成功合作,双方决定 2014 年继续推进该项目,且不设置实施上限。

在过去 3 年中,全球五大洲共先后有 100 座城市入选了 IBM"智慧城市大挑战"项目。

IBM 第二任总裁小托马斯·沃森称:公司能否繁荣昌盛取决于其能否满足人类需求;利润只是一个评价体系,改善全民生活才是我们的最终目标。

新视野

赵龙跃 南开大学周恩来政府管理学院教授、博士生导师,中国国际发展研究中心主任,中国国际经济法学会常务理事,中国世界贸易组织研究会常务理事。主要著作有《社会主义市场经济中的政府职能》、《WTO与农业管理体制》、《国家主权与WTO》等。

新丝绸之路:从战略构想到现实规则

赵龙跃

2013年,中国周边外交工作成就显著。习近平主席出访中亚、东南亚国家时先后提出建设"丝绸之路经济带"、"海上丝绸之路"等一系列重大合作倡议,绘就了拓展我国同周边国家全面合作的宏伟蓝图。"新丝路"战略构想提出之后,相关各方参与的愿望非常强烈,不仅周边一些国家反应积极,而且国内许多地方政府也迅速行动,希望搭乘此次跨区域重大经济合作的顺风车。"新丝路"战略构想的提出恰逢其时,但必须指出,"新丝路"建设是一项长期的系统工程,必然会面临众多参与方之间利益协调难度大、外部势力竞争激烈和基础设施水平参差不齐等多方面的挑战。对于基础设施等"硬件"问题,只要投入足够的财力、物力就不难克服,但是对于利益协调、外部竞争等复杂的"软件"议题,则需要进行充分研究并投入大量外交资源。后者是基础设施和经济合作顺利推进的重要前提,需要更加重视。我们必须注意到,仅仅具有共同利益并不能必然导致合作,所以,在"新丝路"建设过程中,既要注重基础设施和经济合作等"硬件"方面的建设,又要进行观念更新和相应规则的构建,做好"软件"建设,以适应并服务于"新丝路"战略构想。实际上,"新丝路"战略构想所提出的国家政治经济环境,本身就要求"新丝路"建设不仅要注重经济合作的规模,更要注重提升合作的质量、合作的效果和维系合作的机制建设等"软件"的作用。

一、"新丝路"战略构想的提出

中国进一步深化改革开放,构建开放型经济新体制,需要适应并创造有利的周边与国际环境。周边国家是中国崛起的重要战略依托地带和发展经贸关系的重要伙伴,中国历来非常重视周边合作。2013 年,中央召开新中国成立以来的首次周边外交工作座谈会,确定了今后 5 至 10 年我国周边外交的战略目标、基本方针和总体布局。其中,"新丝路"战略构想是新时期拓展我国同周边国家全面合作的重大举措。

2013 年 9 月,习近平主席出访土库曼斯坦、哈萨克斯坦、乌兹别克斯坦、吉尔吉斯斯坦等中亚 4 国,并出席了在俄罗斯圣彼得堡举行的 20 国集团领导人第八次峰会和在吉尔吉斯斯坦比什凯克举行的上海合作组织成员国元首理事会第十三次会议。其间,他在纳扎尔巴耶夫大学发表重要演讲,全面阐述了中国对中亚地区的新政策,提出要做和谐和睦好邻居、真诚互信好朋友、互利共赢好伙伴,以及打造互利共赢利益共同体的三个关系和一个共同体的基本定位。在此基础上进一步提出共同建设"丝绸之路经济带",拓展中国与中亚地区的全面合作。"丝绸之路经济带"的总体思路是"以点带面,从线到片,逐步形成区域大合作",做到"政策沟通、道路联通、贸易畅通、货币流通、民心相通"。2013 年 11 月 29 日,李克强总理出席在塔什干召开的上海合作组织成员国总理第十二次会议时,进一步提出深化安全合作、加快道路互联互通、促进贸易和投资便利化、加强金融合作、推进生态和能源合作、扩大人文交流等发展与中亚国家关系的"六点建议"。

出访中亚之后,习近平主席于 2013 年 10 月出访印度尼西亚和马来西亚,在印度尼西亚国会发表题为《携手建设中国—东盟命运共同体》的重要演讲,全面揭示了中国对东南亚国家的新政策,提出做"好邻居、好朋友、好伙伴,携手建设更为紧密的中国—东盟命运共同体",并宣布中国愿同东盟国家加强海上合作,使用好中国政府设立的中国—东盟海上合作基金,发展好海洋合作伙伴关系,共同建设 21 世纪的"海上丝绸之路"。与此同时,李克强总理在第 16 次中国—东盟领导人会议上提出"2 + 7 合作框架",即深化战略互信、拓展睦邻友好和聚焦经济发展、扩大互利共赢的"两点共识"，再加上积极探讨签署中国—东盟国家睦邻友好合作条约、启动中国—东盟自贸区升级版谈判、加快互联互通基础设施建设、加强本地区金融合作和风险防范、稳步推进海上合作、加强安全领域交流与合作，以及密切人文、科技、环保等交流的"七点建议"。

李克强总理曾经指出，我们要在加强"硬件链接"的同时，进一步加快完善原产地规则实施机制，抓好信息、通关、质检等制度标准的"软件衔接"。笔者认为，在"软件衔接"方面，更新观念、积极参与规则制定也是其中的重要内容。因为要保证合作的稳定与质量，不仅需要技术性规则的制定，还需构建从整体上规划和引导合作的机制与规则，更新思想观念，以应对"新丝路"建设所面临的复杂局面和挑战。

二、"新丝路"战略构想面临的复杂局面与挑战

"新丝路"建设所面临的国际政治经济环境比较复杂，其中值得关注的有三个方面：一是美国积极推动 TPP、TTIP 和 TISA 等超区域贸易协定谈判，企图继续主导新一轮国际经济贸易规则的制定；二是世界主要大国在亚太地区的战略竞争不断加剧，东亚区域经济合作凝聚力下降、进展缓慢；三是俄罗斯积极推进欧亚联盟建设，意在维持和提升其在中亚地区的影响力。为了应对这些国际与周边政治经济变化的新情况，中国的"新丝路"战略构想不仅要高度关注经贸和交通等"硬件"建设，而且也要高度关注"软件"建设，转变观念，积极参与相应规则的构建。

美国积极推动"超区域"贸易协定谈判，试图继续掌控制定规则的制高点。随着新兴发展中国家经济的迅速增长，特别是发达国家金融危机以来，国际经济格局发生了较大的变化。以美国为代表的西方发达国家，为了摆脱经济危机的困扰，最大限度地维护自身利益，不顾多哈回合谈判中发展中国家所关注的发展议题和完善多边贸易体制的需要，将主要精力用于推进 TPP、TTIP 和诸边服务贸易协定（TISA）等超区域贸易协定的谈判。积极推进超区域贸易协定谈判具有双重目标：一方面是竭力圈占市场，目前 TPP 和 TTIP 成员的经济和贸易总量分别占全球总量的 63% 和 59%；另一方面是制定所谓的高标准贸易规则，试图抢占新一轮国际经贸规则制定的

主动权。

在全球价值链的时代,双边自由贸易协定、区域自由贸易协定和超区域贸易协定谈判,成为新一轮国际经贸规则制定的战略途径。美国主导的 TPP、美欧主导的 TTIP 和 TISA,不同于一般的贸易协定,它们更加关注的是所谓的高标准贸易规则,包括竞争中立、政策协调、劳工标准、环境标准、高水平的原产地规则和知识产权保护等条款。这些议题远远超出了一般贸易谈判议题的范围,开始深入到经济、社会等国内法制法规的领域。美欧发达国家试图利用自身在全球价值链上的优势地位,来引领新一代经贸规则的制定,其路径是通过超区域贸易谈判制定新的规则,然后利用其市场占有的优势将区域规则上升为全球贸易规则,从而绕开以 WTO 为核心的多边贸易规则制定平台。目前,在新一轮超区域贸易协定谈判中,美欧在一定程度上已经掌握了规则制定权的先机,其他国家若不想被边缘化,只有追随美国参与其中或者与之进行竞争。

在发达国家的压力之下,一些新兴国家也纷纷转向特惠贸易协定(PTAS)。这些因素导致了特惠贸易协定竞相发起与多边贸易体制困局既交织在一起又相互影响的复杂状况。中国作为亚太地区经济和世界经济的主要国家之一,也必须考虑通过FTA 等机制形成以自己为核心的经济合作区,并在实践中创新规则,避免成为美国主导规则的被动接受者。

大国战略竞争不断加剧,东亚区域经济合作凝聚力下降。美国在亚太地区强力推进 TPP,现在基本谈判完成了 18 轮,已经进入部长级直接谈判阶段,成员国由最初的 5 国发展到现在的 12 国,东亚地区的新加坡、文莱、越南、马来西亚和日本先后加入。2010 年,中国超越日本成为东亚区域第一大经济体之后,大国之间的战略竞争进一步加剧,东亚区域经济合作的凝聚力受到严重影响。日本安倍政府的所作所为,不断激化中日和韩日关系,直接影响了中日韩三国自由贸易区的谈判。大国战略竞争的阴影也妨碍一些东盟国家与中国合作的进一步深化。由我国主导的《区域全面经济伙伴关系协定》(RCEP)能否顺利成功,也将面临严峻的挑战。

东亚地区经济发展潜力巨大,特别是东南亚国家与中国经贸关系密切,是中国重要的对外投资对象。1997 年亚洲金融危机之后,中国一直积极推动东亚区域经济合作，东亚国家之间经济上的联系和发展成为该地区在冷战结束以后保持相对稳定的重要条件。在美国战略东移推行亚太经济方略的大背景下，如何协调中美日的战略竞争，直接影响着东亚区域经济合作的进程。其一，美日都提出了以自己为核心的区域合作设想，并积极争取东南亚国家的支持；其二，大国之间战略竞争的加剧，促使亚太区域合作的核心议题从经济发展转向安全与军事。在此情况下，原有的合作进程难以推进，建设"海上丝绸之路"无疑将有助于探索中国发展与东南亚国家关系的新路径。

俄罗斯推进欧亚联盟建设，以维持和提升其在中亚的影响力。中国与东南亚国家的经贸合作比较密切，中国—东盟自贸区是我国同其他国家建立的第一个自贸区，于2010年全面启动，2013年开始打造全面的"升级版"。与东南亚国家相比，中亚国家与中国的经济合作水平相对较低。2014年，习近平主席在会见哈萨克斯坦总统时提出"促进贸易多元化，确保实现2015年双边贸易额400亿美元的目标"，在会见乌兹别克斯坦总统时提出到2017年将双边贸易额提升到50亿美元，并早日启动中乌自贸区谈判。

中亚国家与俄罗斯的政治经济联系密切。经济上，中亚与俄罗斯在能源和劳务方面合作最密切，经济互补性强，双方互为重要贸易伙伴。俄罗斯也在努力推动建设欧亚联盟，以整合俄罗斯与东欧中亚国家之间的经济合作关系。有分析认为，俄罗斯在中亚地区最重要的经济目标是占领当地的制造业市场，而中国在该地区的主要目标是进口燃料和其他商品。中国提出建设丝绸之路经济带，不仅仅要推动能源和矿产资源的合作，而且还涉及贸易、金融和交通等领域。这不可避免地会引起俄罗斯的担忧。俄罗斯国际事务委员会发布的一份报告指出，中国在中亚大力投资管道基础设施和连接中亚各国与中国东部省份的交通基础设施建设，"已经使俄罗斯在中亚经济领域中的影响严重下降，使俄罗斯丧失了作为中亚各国优先考虑的主要经济伙伴的地位"。由此可见，妥善处理与俄罗斯在中亚地区的关系，明确丝绸之路经济带与俄罗斯在东亚地区合作机制之间的互补关系，对于中国顺利推进丝绸之路经济带建设至关重要。

此外，中国在推进"新丝路"建设的过程中还将面临一些政治与安全问题，例如东海问题和南海问题,有时候关于领土(领海)的矛盾争端还可能激化。周边一些中小国家虽然与中国经济合作关系密切,但是对中国战略上的猜疑从未消失。近几年来,日本安倍政府不顾历史事实,采取种种经济手段争取东南亚国家的支持,将与中国的冲突延伸到东南亚地区。这些都是中国需要认真应对的问题,"新丝路"建设不仅需要关注经济层面的问题,还需要考虑在安全和政治层面上的突破。

三、推进"新丝路"建设需要观念更新

"新丝路"建设是在中国成为区域经济增长中心、周边大国战略竞争加剧及地区安全问题凸显的情况下提出的重点发展与中亚和东南亚国家关系的战略构想。推动"新丝路"建设,需要根据中国国际地位的变化和外部环境复杂化等新情况,调整思路,更新观念,以适应现实要求。

从"互惠互利"到"包容惠及",树立"领导意识"和"责任意识"。党的十八大报告提出,"巩固睦邻友好,深化互利合作,努力使自身发展更好惠及周边国家"。2013 年中央周边外交工作座谈会进一步提出,"使我国发展更多惠及周边国家,实现共同发展"。"惠及"是在中国成为区域第一大经济体和与周边中小国家力量对比中具有显著优势的情况下适时提出的重大理念创新,以互惠互利为基础的"包容惠及"应该作为中国建设"新丝路"的重要原则。"惠及"理念体现了强国心态,是"强国外交"的理论和实践基础。"惠及"与"互利"并不矛盾,"惠及"是"互利"的进一步提升。对建设"新丝路"而言,道路联通和油气网络等基础设施建设,中国应该在前期投入适当的资金,吸引和带动更多的投入;对于一些落后地区的资源开发,中国也要更加注意有利于当地经济社会发展的投入和建设。这些看似是中国单方面惠及相关国家发展的举措,实际上将会取得互惠互利的效果,因为道路管网建设是中国发展与这些国家经贸互通和能源合作的基础,适当的发展援助不仅可以提升中国在周边国家的影响力,而且有利于对外直接投资相关合作项目的顺利开展。可以说,"惠及"带来的是中国与"新丝路"周边国家的共同发展,如果我们只关注自己的兴趣,对对方的利益考虑不够,那么就可能出现中国对一些国家的投资越多,越触发当地经济民族主义的情况,

最终不利于合作的展开，甚至会引发当地民众对中国合作项目的反感。因此，在"新丝路"的建设中，我们应树立以互惠互利为基础，更注重包容惠及的"领导意识"、"责任意识"和"强国外交"的理念，着眼于区域整体，关注长远利益，注重合作的有效性和持续性。

从"以经促政"到"政经兼顾"，形成处理政治关系与经济合作的新思路。改革开放以来，我国经济发展的强劲势头有力地带动了周边地区国家的发展，因而在处理与周边国家关系时，往往通过密切经济联系就可以促进政治外交关系的稳定和发展。但是随着我国经济外交等国际地位的凸显，中国在周边国家中的经济影响力与政治外交影响力开始出现一些不太一致的现象。有外国学者的研究发现，中国经济实力的提升并未能同步提高中国政治外交的影响力。有些国家虽然希望与中国保持密切的经济合作，但是在其外交政策的制定过程中却没有充分考虑中国的意愿。特别是在进入 21 世纪第二个 10 年以来，一些周边国家与我国的经济、政治和外交关系越来越复杂，经济联系密切并不意味着政治外交关系就必然稳定，有些时候不是经济关系带动政治关系，而是政治关系左右经济关系。

在"新丝路"的建设过程中，中国需要进一步地研究经济、政治和外交的关系，从"以经促政"转变为"政经兼顾"，逐步形成处理政治关系与经济合作的新思路。一方面要适当优先考虑政治关系，只有在理顺政治关系的基础上，经济合作才能得以顺利有效地推进，一个把中国视为安全威胁的国家，不可能积极参与中国推进的互联互通建设。周边中小国家由于历史和现实原因，对中国的崛起存在一些疑虑是可以理解的，这需要中国做出努力，释放善意，展现诚意，"新丝路"战略已经体现了这一点。中国在提出与中亚国家建设"丝绸之路经济带"的同时，就强调了"决不干涉中亚国家内政、不谋求地区事务主导权，不经营势力范围"的原则，而且把提升与中亚国家之间的双边政治关系放在了首位。2013 年 9 月，习近平主席访问中亚，先后签署了《中土关于建立战略伙伴关系的联合宣言》、《中哈关于进一步深化全面战略伙伴关系的联合宣言》、《中乌关于进一步发展和深化战略伙伴关系的联合宣言》和《中乌友好合作条约》以及《中吉关于建立战略伙伴关系的联合宣言》。中国在提出与东南亚国家建设"海上丝绸之路"的同时，也提出愿与东盟国家商谈缔结睦邻友好合作条约。

另一方面，还要尽量避免通过经济关系达到政治目的。在"新丝路"的建设过程中，可能会出现一些国家在经济上对中国的依赖程度比较高，如果我们由于经济上的优势而表现出政治上的强势，就会影响"新丝路"建设的深入，甚至会导致一些国家因为政治关系上的敏感而对"新丝路"建设持谨慎态度。特别是面对一些涉及主权领土等敏感议题的政治问题，通过经济施压也很难有效果。所以在"新丝路"的建设过程中，我们既要注重政治关系，也要避免政治化，更要充分发挥经济规律的作用。"新丝路"建设涉及国家多、领域广、跨度大，相关国家经济发展水平和政治状态差别较大，科学恰当地处理好政治与经济的关系至关重要。

从"对外开放"到"塑造开放"，为构建开放型经济新体制创造条件。2013 年中国首次超过美国，成为世界上最大的货物贸易国，进出口总额达到 4.16 万亿美元。随着中国成为世界第二大经济体、第一大货物贸易国，参与经济全球化和区域经济合作的深化，中国对外开放的国际环境已经发生变化。在进一步深化对外开放的过程中，中国既面临着国内转变增长方式、优化对外贸易结构、国际贸易保护主义、金融市场波动、美元风险和人民币国家化等传统问题，也面临着一些国家出于政治考虑而对中国对外开放的抵制和限制。在这种新的情况下，构建开放型经济新体制不能仅仅依靠国内层面的单方面放松限制，还必须主动为对外开放塑造良好的外部环境，使我国对外开放从"积极推进"阶段发展到"自然融入"阶段。"塑造开放"就是要理顺开放的国际环境，包括促进国际经济秩序更加公平合理，也包括打造经济合作的核心国家和地区。中央提出的"构建开放型经济新体制"、"以周边为基础加快实施自由贸易区战略"和"形成面向全球的高标准自由贸易区网络"，正是适应了塑造对外开放环境的现实需要，而"新丝路"建设正是这一战略部署的重大举措。

四、推进"新丝路"建设需要规则构建

21 世纪以来，世界贸易组织多哈回合谈判受阻、多边贸易体制面临挑战；美欧积极推进超区域贸易协定谈判，力图控制新一轮国际经贸规则制定的主导权；我国周边地区各种特惠贸易协定也在不断出现，使得区域经济关系进一步碎片化；中国在对外

开放新阶段，面临的规则、标准限制和争端越来越多。建设"新丝路"为中国推动更新国际合作机制和国际规则构建提供了机遇，研究制定有效的国际规则也为"新丝路"建设提供保证。中国作为"新丝路"建设倡议的发起国，应该在其中积极发挥领导作用，主动承担创新合作机制、构建国际规则的责任。

借倡导丝绸之路之际，提出合作的主流思想和指导原则。"新丝路"相关国家发展水平差别比较大，利益需求也各有不同，将众多国家协调在一起，必须有一个能够保证合作顺利推进以及参与各方都能接受的原则。上海合作组织形成了"互信、互利、平等、协商、尊重多样文明、谋求共同发展"的"上海精神"，而东盟在引领东亚区域合作过程中，形成了照顾各方舒适度和柔性的"东盟方式"。"新丝路"建设也需要有一个能够凝聚各方共识的主流思想，包括处理国家之间经济关系的原则、协调政治关系与经济合作的原则、达成共识的规则、解决争端的原则等。习近平主席指出，古丝绸之路留给我们的宝贵启示是"团结互信、平等互利、包容互鉴、合作共赢"，中国可以在此基础上，为"新丝路"建设研究提出更为具体的指导原则。

积极发挥领导作用，引领合作的规则制定与机制建设。在参与东亚区域合作的过程中，中国一直明确支持东盟发挥领导作用，其重要原因是避免因大国之间领导权竞争而影响区域合作的开展，也是为了避免一些中小国家对中国构建自己"势力范围"的担心。现在情况已经不同，在建设"新丝路"的过程中，中国需要积极发挥领导作用。首先是因为"新丝路"是中国发起的合作倡议，地域跨度大、情况复杂，不可能寄希望于其他国家或地区组织来帮助中国推动；其次，中国对"新丝路"有着自己的目标和预期，只有中国引领合作进程，才能保证各项主张的落实；最后，作为亚洲东部地区最大的经济体，只有中国有能力承担起"新丝路"建设的成本，也只有中国具有将"新丝路"上不同国家通过经济纽带联系在一起的实力。发挥领导作用，需要在"新丝路"的机制建设过程中，积极提出合作方案、确定行动准则、制定行业标准，也需要中国积极承担相应的成本。亚洲基础设施投资银行等的建设是根本，中国需要对投资银行的宗旨原则、成员构成模式、治理机制、投资标准、保障措施等进行深入的研究，提出可行方案，选拔优秀人才，并承担最大的出资份额。

坚持包容兼顾原则，注重处理新老机制间的复杂关系。在"新丝路"涵盖的区域，已经存在诸多政治经济合作机制。在东欧、中亚地区已经建立有"俄白哈关税同盟"，俄罗斯也在积极推动欧亚联盟的建设，还有发展比较成熟的上海合作组织。在东南亚地区，中国已经与东盟建立起自由贸易区，而且东盟内部区域经济合作机制建设相对比较完善，目前还有美国推进的 TPP 和中国推进的 RCEP 等。推进"新丝路"建设，需要处理好新机制与现有机制之间的关系，总的原则是尊重现有机制，包容兼顾、推陈出新。

五、结　语

任何大国的发展都必须兼顾国内外的资源和市场。中国崛起的过程，也是中国经济融入并走向世界的过程。现在，中国对外开放已经进入了一个新的阶段，外部的政治经济环境也发生了巨大的变化。积极参与国际政治经济规则的制定，不仅能使中国在规则和秩序层面维护和保证自己在全球的利益，而且也满足了国际社会希望中国在国际规则和秩序的重构中发挥更大作用的需要。建设"新丝路"为中国推动更新国际合作机制和国际规则构建提供了机遇，研究制定有效的国际规则也为"新丝路"建设提供了保证。"新丝路"体现了中国整合与自己经济联系密切地区的尝试，中国与"新丝路"相关国家是平等互利的合作关系，"新丝路"也不是圈占势力范围。

不同时代的大国崛起，都需要创新出一种处理自己与其他国家之间经济关系的模式，历史上英国采取殖民模式汲取财富，美国则是通过金融和贸易优势建立起了"中心—边缘"的依附模式。中国已经成为世界和地区经济的增长中心，也需要研究创新出一种新的模式，处理与周边国家之间的经济关系。显然，英国的"殖民模式"和美国的"依附模式"都不可取也不现实，而符合中国崛起需求的新模式应该是什么，需要中国在"新丝路"战略构想的建设实践中探索。

蒋希蘅 国务院发展研究中心国际合作局项目处处长、副译审。

程国强 国务院发展研究中心学术委员会秘书长、国际合作局局长、研究员。

"一带一路"研究若干观点要览

蒋希蘅　程国强

习近平主席提出的建设"丝绸之路经济带"和"21世纪海上丝绸之路"的倡议(以下简称"一带一路"),这是我国加强与周边国家往来的重大战略构想,受到广泛关注。我们在综合调研近期国内外有关舆情、学术研究报告、国际研讨会中外专家观点的基础上,综合梳理出关于"一带一路"建设的意见和建议。

一、多种角度解读"一带一路"的内涵

"一带一路"的内涵深刻丰富,专家们从不同视角作了解读,普遍赞誉"一带一路"所蕴含的开放包容、和平发展、互利共赢理念。

国内专家学者普遍认为,无论是"丝绸之路经济带",还是"21世纪海上丝绸之路",都蕴含着以经济合作为基础和主轴,以人文交流为重要支撑,开放包容的合作理念。特别是"一带一路"将中亚、南亚、东南亚、西亚等次区域连接起来,有利于各区域间互通有无、优势互补,建立和健全亚洲供应链、产业链和价值链,使泛亚和亚欧区域合作迈上新台阶。有专家表示,虽然目前"一带一路"主要内容仍在研究之中,但应优先推进政策沟通、道路联通、贸易畅通、货币流通和民心相通等方面达成共识。

上海合作组织研究中心主任陈玉荣等提出,"一带一路"应分阶段实施,近期目标

重点是道路、能源管线、电信、港口等基础设施"共建"和互联互通,提高贸易和投资便利化程度;中期目标可在条件成熟国家和地区朝自由贸易区迈进,打造中国与东盟自贸区升级版,与中亚国家建立自贸区,将非洲东海岸和拉美地区环太平洋国家纳入合作机制;远期目标是建成覆盖中亚、南亚、西亚、欧洲、非洲、拉美国家的自由贸易区群,覆盖全球100多个国家和地区。

国外智库和专家学者对"一带一路"倡议给予了高度关注,大多从中国崛起的角度解读其内涵。世界银行前副行长帕拉西奥在"丝绸之路经济带建设国际学术研讨会"上表示,古丝绸之路成为文明沟通桥梁的代名词,不冲突不对抗的独立外交政策是新丝绸之路的精华所在。开罗大学亚洲研究中心主任萨利赫认为,"一带一路"构想与"中国梦"的理念相辅相成。新加坡东亚研究所所长郑永年认为,丝绸之路既是中国古老文明的一部分,也是当代中国文明在国际政治舞台上自信和复兴的有效方法,是大国崛起所依托的时代精神。他还提出,丝绸之路的核心是贸易,中国对外关系的核心是经济贸易。缅甸资深媒体人吴温丁认为,中国领导人高瞻远瞩,提出了"一带一路"设想,这也是为了解决和平发展、共同发展的问题。

俄罗斯科学院远东研究所副所长卢贾宁认为,该构想试图重新划分太平洋到欧洲的经济版图,是遏制美国并将其赶到大西洋的有效武器,是从根本上改变世界美元架构的起始平台。这反映了部分国外学者对"一带一路"深层的地缘政治动机的质疑心态。

国内有专家认为,需要对"一带一路"的内涵作更加全面清晰的阐释。但是,也有专家认为,"一带一路"内涵博大精深,本身就是理论创新和探索,需要在实施过程中不断丰富深化,不宜过早限定其内涵边界。

二、通过人文桥梁,促进丝绸之路国家间合作的复兴

国外专家普遍强调文化交流、青年交流、学者交流和民间交流的重要性。吉尔吉斯斯坦文化、信息和旅游部原部长苏尔丹拉耶夫认为,没有人文合作的发展,很难实现经济合作的进步,希望通过人文桥梁,促进丝绸之路国家间合作的复兴。德国专家

建议与有关国家合作编写历史教科书,共同挖掘历史文化遗产,加强文化认同感。同时建议借鉴波罗的海国家民间组织推动城市间人文交流,从而推动政府间合作的经验,从软性的外交中获得持续不断的政治动力,通过软实力外交,消除硬实力的顾虑。

中外专家一致认为,旅游业是促进经济合作和民心相通的重要抓手,可作为"一带一路"建设的先导产业。复旦大学亚洲经济研究中心主任袁堂军认为,旅游合作能让双方百姓更多了解对方国家,消除偏见和误解,同时带来大量的人流、物流、信息流和资金流,有力推动经贸发展。

希腊教育部原部长季亚曼托普鲁等提议设立"丝路文化之都"项目,每年由一个沿线国家组织文化活动,涵盖文化科技展览经济合作,并进行定期评估,用标准化方式推行、市场化运作,建立人文交流长效机制,淡化"文化输出"痕迹。欧洲一些国家,如希腊、西班牙等国都表示了主办这类交流活动的浓厚兴趣,可考虑与这些国家合作举办。

三、立足产业分工大布局,促进基础设施互联互通、贸易畅通、货币流通

许多专家建议通过产业合作帮助沿线发展中国家实现产业发展和产业升级的需要,以企业为载体搭建产业合作平台,促进产业链对接整合,提高区域经济深度融合。中国社会科学院研究员叶海林认为,中越可以继续推进农业贸易和农业生产领域合作,帮助越南发展临海型初级重工业,可通过成立中越产业对接投资促进机构的方式促进合作。青岛对外友协原会长赵雪芳建议借鉴青岛橡胶谷公司在泰国、马来西亚等东盟国家建立橡胶产业集群,搭建产业平台的成功做法,与东盟国家打好"橡胶牌"。

许多专家指出,目前互联互通的主要问题是公路、铁路、港口等基础设施联而不通、通而不畅。东南亚柬缅越等国港口基础设施滞后,通关便利化程度较低,通而不畅制约经贸往来。我国多家港口企业负责人建议,应利用我国港口企业技术资金优势,"组团"投资港口建设并建设配套产业园,保证港口货源。

专家们建议,政府应大力推动与"一带一路"国家签署地区多边投资保护协定,放宽市场准入,扩大开放合作领域。为双、多边投资项目提供共同的法律保护和争议解

决依据。提升通关效率,降低商品流通成本。加快贸易和投资自由化与便利化进程,创造更加自由开放的贸易投资环境。

中国银行战略发展部研究员李建军等专家认为,"海上丝绸之路"沿线国家与我国有良好的经贸条件和合作基础,是人民币迈向区域化进而实现国际化的第一"实验田"。现在恰逢美欧金融危机引发东南亚对美元风险的警觉,我国成为全球第二大经济体、第一大货物贸易国,人民币"南下"正迎来窗口期。袁堂军等专家认为,人民币"南下"需依托实体经济,通过树立我国在亚洲产业分工中的枢纽地位,推动贸易结构平衡。

四、减少疑虑,不宜把丝绸之路的话语"战略化"

专家们认为,"一带一路"建设的障碍和不确定因素主要是来自美国、俄罗斯和沿线有关国家的疑虑。减少疑虑、建立互信至关重要。可考虑从以下方面入手:

第一,善用恰当话语体系,阐释倡议内涵。国内专家普遍认为,要突出"一带一路"和平、包容、共赢的发展理念;强调政治上相互信任尊重,经济上平等互利共赢;"一带一路"不是"中国经济扩张",也不是"中国一家独大",更不是谋求海洋霸权,不谋求地区事务主导权和势力范围。

郑永年认为,国内有些研究和话语经常把经济活动战略化,用战略甚至是军事战略的概念来描述中国的对外经贸策略,用"西南战略大通道"、"桥头堡"、"西进"等概念,给地方政府或者企业的贸易投资行为人为添上战略色彩,把本来可以成为软力量的东西转化成硬力量了。印度目前对"西南战略大通道"很警觉,担忧中国会损害印度的国家利益。东盟国家对"桥头堡"也很警觉,认为这个概念包含过多的军事因素。俄罗斯则对中国的"西进"非常担忧。从历史上看,丝绸之路的核心是经贸,其性质是和平的。他建议不要把丝绸之路的话语"战略化"。曾任驻哈萨克斯坦、吉尔吉斯斯坦等中亚国家大使的姚培生也表示,应强调中国不搞单边主义,不把自己的意志强加于人,避免使用"西进"、"崛起"等带有单边色彩的概念引起外界疑虑。

第二,兼容并蓄,对接现有区域合作机制。在丝绸之路经济带上,俄罗斯是最具影响力的大国。目前,俄罗斯主导的机制有关税同盟、欧亚经济委员会、跨西伯利亚运输委员会等。中亚地区影响较大的合作机制还有联合国教科文组织 1988 年启动的"综合研究丝绸之路——对话之路"项目;日本的"丝绸之路外交"、美国的"新丝绸之路"计划以及"北南走廊"计划。欧盟前驻华大使安博指出,俄罗斯对苏联国家持有"主权有限论",会对中国的进入保持警惕。中国若强调在"一带一路"中与俄罗斯合作共赢,应会得到俄罗斯的支持。

"海上丝绸之路"面临美国参与的 TPP(跨太平洋伙伴关系协议)以及日本、印度等地区大国主导的多、双边机制的竞争,加之南海领海主权争端,情况更为复杂。中国社会科学院研究员李向阳认为,"一带一路"具有合作方式的多元化和合作对象的开放性两大特征,其兼容并蓄的优势,可以实现与现有区域机制的对接。

第三,扩大与各方的利益汇合点。多位专家建议,我国应与沿线各国当地企业、西方企业以及相关国际机构合作开发,通过构建多方利益共同体,减少外界阻力和疑虑,降低政治风险,提高合作的可持续性。如应善用多边金融机构,联合世界银行、亚洲开发银行、国际货币基金组织等国际组织共同为大型项目提供融资。我国倡议的亚洲基础设施投资银行应采取开放式的合作模式,形成多边协作的金融平台。郑永年认为,丝绸之路的开放理念要体现在操作层面,首先要向合作国开放,让当地社会和老百姓分享发展成果;也要向其他国家开放,让有能力的外国公司都能参与到这个大构想中来,共同把这个构想做好。

五、创新合作模式,实现与发展中国家的互利共赢

推进"一带一路"建设,要实现与发展中国家合作模式的转变,创新合作模式,真正实现互利互惠。复旦大学教授赵华胜认为,中国与发展中国家合作的传统模式是输出廉价消费品,获取能源矿产资源。这种模式的潜力接近用尽,也越来越不受欢迎。"一带一路"旨在打造我国改革发展和对外开放的升级版,以推销廉价商品和获取矿产资源为目标的模式与之相悖。以新模式取代旧模式并不是停止输出消费品和放弃开发海外矿产资源,而是通过增加新的内容,改变合作的形式和内涵。新型合作

模式应以推动"一带一路"沿路发展中国家的经济现代化为要义,这是我国与这些国家共同利益的真正契合点。新型合作不仅符合对方国家的利益和需求,还将提升中国经济存在的形式,从以商品存在为主进入到实体经济,同时有助于改善我国的形象,提高我国的政治地位。"一带一路"建设只有对发展中国家的现代化诉求作出回应,才会为这些国家所真正接受。

姚培生也认为,在乌兹别克斯坦、塔吉克斯坦等中亚国家,在过去一个时期,中国商人惯用的经商模式并非互利共赢,使这些国家对"丝绸之路"的根本目标保持警惕。哈萨克斯坦也已表示,不愿仅作为中国商品倾销市场和原材料供应基地,而希望通过合作实现产业升级。

六、形成国内合力,突出企业主体作用

国内专家普遍建议,要合理界定和发挥我国政府、企业及智库等非官方组织的作用,在"一带一路"建设中形成合力。

有学者建议政府做好对外政策沟通协调,营造良好合作环境,对内强化统筹协调,如设立"一带一路"建设部际协调机制和有关省区市参加的地区发展协调机制,内外结合、统筹兼顾,既发挥各部门各地区的积极性,又要避免"一哄而上"和恶性竞争。中国社会科学院学部委员张蕴岭认为,国内地方政府"一哄而上"和企业畏难现象并存。有实力的民营企业更不积极,这就需要政府层面加大统筹和协调服务的力度。

专家们提出,要树立企业贸易投资合作主体的地位,引导企业特别是民营企业参与,降低一些国家的疑虑,但同时要引导企业按照市场规则守法诚信经营,强化企业社会责任意识和可持续发展意识。姚培生认为,过去十几年,我国企业在快速推进"走出去"过程中过于粗放,在一些国家留下负面印象。在吉尔吉斯斯坦,部分中国企业利用当地法律漏洞和混乱社会局势牟取暴利,抢占市场,频频发生与当地居民的纠纷,影响恶劣,对中国企业今后的进入带来困难。因此,在我国新一轮对外开放中,政府和行业组织有效教育引导企业和员工树立良好企业和公民形象尤为重要。

专家学者们建议,在企业境外投资过程中,要更多与社会组织合作。上海社会科

学院研究员刘阿明认为，东南亚很多国家的精英都受过西方教育，认可非政府组织，我国也可培育包括智库在内的此类组织，为企业提供投资评估咨询，尤其是如何权衡经济利益与社会公益，帮助树立良好的企业和国家形象。专家们也提出，目前，我国各类研究机构和高校在周边国家研究方面力量相对薄弱，急需增强有关研究力量，深化“一带一路”国家国别研究，与有关国家智库构建合作网络，加大援外培训、学术交流、政策研究、人才培养力度，增强“一带一路”建设的智力和人才支撑。

刘兆佳　全国港澳研究会副会长、全国政协委员。曾任香港中文大学社会学讲座教授、系主任。研究范围涵盖社会及政治发展、比较政治、政治制度、中国政治发展以及香港社会政治发展等领域。著有《过渡期香港政治》等。

国家发展给香港带来的机遇

刘兆佳

一、香港要抓住机遇,协助国家进一步走向现代化

中共十八届三中全会以来,国家改革开放力度之大前所未有。中共十八届三中全会涉及经济、政治、社会、文化、生态、军事和国家安全,改革内容十分全面。国家已经下定决心进一步深化改革开放,另外决定强化市场体系,将市场的作用上升为决定性作用。

在经济改革中,国家决定增加内需,通过内需推动中国经济的发展,而不是过分依赖投资和出口。坚持和完善公有制为主体、多种所有制经济共同发展的基本经济制度。另外,强化现代服务业在产业结构中的比重,将中国的产业结构推向现代化,从而跟国际接轨。开放更多的投资渠道,让国有和民营经济共同迎接国际化。

除了加强市场的重要性外,国家也希望社会、民间团体和非政府机构能够在国家发展过程中担当更重要的角色。

在这个过程中,香港可以做哪些事情?我想有几类事情可以讨论。一是积极参与国家的金融体系改革和建设,香港有完善的金融体系、法律制度,香港的金融人才

可以协助国家进一步走向金融现代化。

二是国家准备降低现代服务业进入的门槛,香港的现代服务业,例如建筑设计、会计、审计等,都可以进军内地市场。虽然目前香港现代服务业进入内地有很多限制,但我想这些限制和门槛会逐步减少、降低。中共十八届三中全会要求积极发展混合所有制经济,这就为国有企业对外开放以及香港投资国有企业提供了很好的机会。香港可以提供农业、金融、商贸、物流、电子商务、文化等多个领域的支持。

三是顺应内地走出去的战略,香港企业可以和内地企业一起走出去,共同建立国际性的品牌。中国是全球制造业的中心,是世界工厂,但是国际性的品牌不多。随着国力的不断提升,经济发展质量和水平的不断提高,建立国际性的品牌迫在眉睫,香港应该可以给予相应的支持。

四是现在大家谈得比较多的协助人民币国际化。加大人民币的数量,增加不同类型的人民币业务,香港可以为国家探索人民币国际化出一份力。

五是香港地区应该抓住中国与东盟 10 国组建自由贸易区的机遇。虽然香港地区还没有加入中国—东盟自由贸易区,但是国家承诺香港地区以某种成分参与区域合作。香港地区应该树立国际金融和贸易中心的地位,推动中国—东盟自由贸易区的发展。

此外,香港地区还可以加入粤港澳自由贸易,虽然这个自贸区目前尚处于研究阶段,但假如真的推出的话,香港肯定因身处自由贸易区而可以更好地进入内地和利用内地市场所给予的机会。内地金融市场的开放,使香港可以参与金融市场的管理和服务,利用专长,在国家现代化的开放过程中获得发展。

香港拥有优质的福利、教育、医疗、育婴、养老、扶贫等社会服务。香港特区政府是"小政府",很多社会服务是由特区政府直接或者通过非政府组织、民间团体和传统社团提供。在如何强化社会职能方面,香港可以为内地提供参考和借鉴。

那么,香港该如何把握以上机遇呢?国家提供了机遇,不等于香港可以自动享受这些好处,而是必须要通过自身努力将工作做好,将机遇把握好。

"十二五"规划已经过半,这是香港首次认真参与国家的规划,但很多事情还没有完全做好。特别是发展新产业方面,国家承诺支持香港发展新的产业,但目前这方面取得的成绩不多。

马上就要进入"十三五"规划时期,香港要积极地了解国家的发展和各方面的情况,积极地思考香港未来发展的方向,同时将香港的发展和国家的发展予以结合,目前这方面的工作做得不足。笔者担心的问题是,香港是否已经准备好利用中共十八届三中全会带来的机遇,并在此基础上做好"十三五"规划的工作。

二、发挥香港作为内地和海外联系桥梁的作用

香港特区政府要加强沟通,了解彼此产业发展的方向,将这一工作做得更好,就会使香港把握好国家的发展所带来的机遇。

上海自贸区对我们而言是机遇也是挑战,它意味着国家进一步走向国际化,进一步改革开放。将发展的机遇把握好,使得上海自贸区通过跟香港的合作更好地建设起来,让香港也在此过程中取得好处。

过去几年香港过分注重香港和内地之间的联系,忘记了香港的重要性在于可以将内地和海外联系起来,因此今后要强化香港和海外之间的联系,发挥香港作为内地和海外联系桥梁的作用,使香港成为海外进入内地的桥梁,或者是内地走向海外的窗口。

作为走出去的桥梁,香港要多聘请一些内地的人才。从政治的角度考虑,让内地的人到香港,多聘请一些年轻的人才,也可以减少两地融合过程中的摩擦,降低两地融合的抗拒情绪。

香港的发展特别需要年轻人才,随着近年来香港的发展,人才不足的问题逐渐地浮现出来。如何加强人才的培训,特别是推动香港成为内地和海外间桥梁的人才的培养,是当下亟待解决的重要问题。除了培训人才外,还要大力引进人才,不管是内地人才还是国际人才都要积极引进。

现如今,越来越多的香港企业和人才到内地发展,但香港特区政府对这方面的支持力度不是很大,应该进一步予以推动。我们也需要强化香港和国际金融、贸易之间的联系,强化香港的国际金融中心地位。

人才方面,我们还需积极培养能与东亚、东南亚联系的人才,大学中研究东亚和东南亚的人才非常稀缺,懂东亚和东南亚语言的人也非常稀少。这种情况下,考虑到亚洲地区、东南亚地区对香港地区的重要性越来越大,加强东亚和东南亚关系人才的培养,对香港地区的发展而言也是一种推动。

经过多年的发展,香港和内地经济不断融合,带动了香港经济的发展,也带出了不少的问题。部分人未能在合作中获得好处,另外一部分人,觉得自己的生活和工作因此受到了影响,社会上出现了一股反对香港和内地进一步合作的敌意氛围,政府和社会应该如何应对?

政府一方面应该要积极地将这种氛围扭转过来,另一方面要采取措施,使更多的人在两地合作中获得好处,让他们从反对合作变成支持合作。香港与内地深化合作还延伸出了一系列的问题,这些问题正在不断地发生,两地同胞往来也越来越密切。我们要从前瞻性的角度予以研究,化解问题,扫除两地经济合作的障碍。

程　实　经济学博士。现供职于某大型银行,任高级宏观经济分析师。主要研究领域为世界经济与国际金融。著有《多元化退潮:数据背后的经济真相》、《〈盗梦空间〉与亚当·斯密》、《刀锋上起舞:直面危机的中国经济》等。

有效市场假说的危机挑战

——《三傻大闹宝莱坞》的经济启示

程　实

　　理论是什么?高悬庙堂以供膜拜之物,还是植根历史可供采摘之实?在我看来,这要取决于是什么样的理论。社会科学与自然科学最大的区别就在于,自然科学的理论天造地设,只可能被理解错误,实际上却存在着永恒正确的基准,人类的所有努力,都是尽量去接近真理法则,例如哥白尼、布鲁诺和爱因斯坦的经典故事。社会科学的理论则并非天然存在,而是随着人类文明的发展,在历史经验的积累、浓缩、抽象和升华中得以形成。社会科学的理论面临的最大问题不是理解上的偏差,而是其自身在社会发展过程中的演化。特别是对于经济学这样新生的社会科学,没有永恒正确的理论,只有与现实不断碰撞、在校准和修正中逐渐趋于完善。

　　对于自然科学和社会科学而言,共同的一点则在于:不管理论本身是否正确,脱离实际地去理解理论,将理论悬于现实的庙堂之上,最终都只会让理论失去生命。印度电影《三傻大闹宝莱坞》就用一个非常有趣的故事给我们展现了接地气和不接地气的差别。兰乔是一个非典型的聪明学生,智商过人却不循规蹈矩,热衷于天才式的恶作剧,别人可能都知道“加盐的水更具有导电性”,兰乔却会把这样的理论用于现实;而“消音器”则是一个传统意义上的好学生,擅长死记硬背,成绩优异,与特立独行的兰乔截然相反。这两个学生约定十年后一决高下,看看哪种风格更能获得成功。结果很显然,在兰乔创造性的成功面前,"消音器"循规蹈矩换来的事业显得如此不值一提。

这部最具盛名的宝莱坞喜剧,实际上给理论与现实的碰撞提供了最直白的案例。尊重理论,最好的方式不是将其束之高阁,而是在理解、质疑、改进和应用之中赋予其生命。只有在现实的土壤里,理论之树才会常青。

对于经济学而言,2008—2013年百年难遇的金融危机给许多经典理论带来了致命挑战。这看似是经济学的不幸,实则是理论突破自我之大幸。现实与理论的背离恰恰从研究范式上带来了警醒,再经典的理论也不可能永远正确,在现实中不断完善、保持创新,理论才会与时俱进、获得新生。

在诸多经典理论中,有效市场假说受到的危机挑战最为强烈。这是因为,在一定程度上有效市场假说是金融市场理论皇冠上的明珠,是理解金融市场运行的基点。有效市场假说(EMH)在20世纪60年代最早由美国经济学家萨缪尔森首次提出,但是法玛在1970年第一次系统阐述了有效市场假说的概念:"如果某一市场中的价格完全反映了所有可用的信息,那么这个市场就是有效的。"

法玛同时给出了有效市场的三种类型:弱有效市场,当前价格完全反映了包含在价格历史记录中的信息;半强有效市场,当前的证券价格不但反映了历史记录中的价格信息,而且反映了与证券相关的所有公开信息;强有效市场,证券价格反映了所有与其有关的信息,不仅包括半强有效市场中的信息,而且包括了内幕人所知的信息。换句话说,价格没有反映的信息是与该证券无关的、无用的信息,任何人不能隐瞒任何有用的私人信息。

有效市场理论表明,在有效市场中,价格包含了所有可用信息。那么2008—2012年的国际金融市场是有效的吗?数据最有说服力:2008—2012年,全球经历了次贷危机到主权债务危机的轮番洗礼,实体经济萎靡不振,金融市场风声鹤唳,2008年年初至2012年12月18日,美国标普指数下跌1.43%,德国DAX指数下跌4.87%,法国CAC指数下跌34.96%,日经225指数下跌33.68%,中国上证指数下跌59.03%;与此同时,2008—2012年,美国、德国、法国、日本和中国的年均经济增长率分别为 0.61%、0.59%、0.15%、－0.17% 和 9.35%。以发达国家为震中的金融危机给美、德、法、日的实体经济造成了深远拖累，中国经济却在同期实现了稳健增长，但中国股市的跌幅却明显高于发达国家。如果将国际看做一个大市场，有效市场理论对其中的结构差异难以给出解释。

当然，也许有人会将国际大市场的有效性缺失归因于不同的市场成熟度，即中国股市是弱有效的，美国股市是半强有效或强有效的。那么，再单独来看一看美国股市的表现。根据笔者的测算，1927 年 12 月 30 日至 2012 年 12 月 18 日的 21 344 个交易日内，在标普指数日涨幅排名前十的日子里，有 6 个处于 2008—2012 年间，而在日跌幅排名前十的日子里，也有 5 个处于 2008—2012 年间。也就是说，2008—2012 年，美国股市的价格变化比 1927 年以来任何一个时期都要剧烈，而实际上，2008—2012 年的金融危机远没有大萧条来得摧枯拉朽。此外，根据笔者的测算，2008—2012 年，美国股市反映市场波动性的日涨跌幅标准差为 1.58，远远高于 1927—2007 年 0.7 的标准差；而 2008—2012 年，美国季度经济增长率的标准差为 3.24，低于 1947 年以来的 4.06。也就是说，2008—2012 年间，美国经济的稳定性依旧高于历史水平，但股市的波动性却大大超出历史水平。对美国股市的这两组数据对比，有效市场理论又是难以解释。

经济学理论是帮助人们理解现实经济、金融趋势变化的重要工具，但 2008—2012 年的金融危机，却让有效市场假说这一经典理论与现实出现了较大的裂痕。那么，原因何在？从理论自身出发，笔者以为，首先，有效市场理论的假设抽象掉了最重要的市场特征。有效市场假说是信息对称、参与者理性这种真空环境下的理论抽象，但值得强调的是，相比于现在，有效市场理论成形的 20 世纪六七十年代，更像是金融市场的原始时代。而今，金融创新的迅猛发展使得基于数理知识、产品复杂度和内部信息的信息不对称更加普遍，而金融市场规模的大幅扩张也使得市场参与者整体的非理性程度潜在上升，被假设抽象掉的，反而变成了新时代最鲜明的市场特征。

其次，有效市场理论对理论锚的依赖根深蒂固。当信息不对称和参与者非理性成为市场不可忽略的主要特征，那么更进一步，有效市场理论在假设前提下推演出的基准情景就不再具有基准性质。当偏离基准成为常态，基准本身的存在就意义渐失。

实际上，有效市场理论之所以经典，正因为它和一般均衡理论一样，依赖于一个虚拟的理论锚。理论上，市场变化只是现实围绕这一理论锚的运动。理论锚，就像是经济学的心灵寄托，在它万有引力的作用下，市场再怎么随机游走都逃不脱均衡回归的宿命，现实再怎么出人意料都可以置于理论的解释范围之内。但遗憾的是，金融危机对这种锚模式产生了巨大冲击，长达数年之内，市场都没有显示出均衡回归的迹象，失衡变成了常态，即便把经济锚从静态概念进化到动态概念，市场中的反转效应、动量效应、一月效应及更多不知名的非均衡效应层出不穷。不摆脱对理论锚的路径依赖，束缚就始终存在。

最后，有效市场理论的思维范式存在根本性矛盾。有效市场假说为什么依赖经济锚？很大程度上是因为经济锚的存在是可以被科学证明的。拓扑论中的不动点定理在经济学中的应用，从根本上解决了一般均衡的存在性问题，这也让经济学进入了一个更自信的科学时代。但经济学的思维范式却也由此呈现出根本性矛盾，经济学自身是基于观测和经验的社会科学，却倾向于依靠无需证伪、必然正确的数学去证明自身的科学性，并将自己和物理学这样的自然科学相提并论。这种矛盾，导致经济学理论更像是数学的衍生品，或是物理学的模仿物，愈发抽象，愈发失去现实性和社会性，进而导致理论和现实的鸿沟越拉越大。仔细读一下有效市场假说，"如果某一市场中的价格完全反映了所有可用的信息，那么这个市场就是有效的"，是不是像极了套套逻辑？至少，很难找到可以观测的现实反例去证伪这一假说。

总之，有效市场理论在金融危机中与现实的背离，无法撼动理论本身的正确性，但作为社会科学，经济学理论的存在不是为了标榜自身无意义的正确，而是为了帮助人们更好地理解现实、更理性地去作出选择。正是基于这个目的，有效市场理论需要沿着更以人为本、更注重时代特征、更注重现实解释的方向去创新和突破。

文化生态

周国平 当代著名学者、哲学家、作家,中国社会科学院哲学研究所研究员。著有《尼采:在世纪的转折点上》、《尼采与形而上学》,散文集《守望的距离》、《各自的朝圣路》、《安静》、《善良·丰富·高贵》,纪实作品《妞妞:一个父亲的札记》、《岁月与性情》、《偶尔远行》,随感集《人与永恒》、《风中的纸屑》、《碎句与短章》、《人生哲思录》等。

永远未完成(外二篇)

周国平

(一)

高鹗续《红楼梦》,金圣叹腰斩《水浒》,其功过是非,累世迄无定论。我们只知道一点:中国最伟大的两部古典小说处在永远未完成之中,没有一个版本有权自命是惟一符合作者原意的定本。

舒伯特最著名的交响曲只有两个乐章,而非如同一般交响曲那样有三至四个乐章,遂被后人命名为《未完成》。好事者一再试图续写,终告失败,从而不得不承认:它的"未完成"也许比任何"完成"更接近完美的形态。

卡夫卡的主要作品在他生前均未完成和发表,他甚至在遗嘱中吩咐把它们全部焚毁。然而,正是这些他自己不满意的未完成之作,死后一经发表,便奠定了他在世界文学史上的巨人地位。

凡大作家,哪个不是在死后留下了许多未完成的手稿?即使生前完成的作品,他们何尝不是常怀一种未完成的感觉,总觉得未尽人意,有待完善?每一个真正的作家

161

都有一个梦：写出自己最好的作品。可是，每写完一部作品。他又会觉得那似乎即将写出的最好的作品仍未写出。也许，直到生命终结，他还在为未能写出自己最好的作品而抱憾。然而，正是这种永远未完成的心态驱使着他不断超越自己，取得了那些自满之辈所不可企及的成就。在这个意义上，每一个真正的作家一辈子只是在写一部作品，他的生命之作。只要他在世一日，这部作品就不会完成。

而且，一切伟大的作品在本质上是永远未完成的，它们的诞生仅是它们生命的开始，在今后漫长的岁月中，它们仍在世世代代读者心中和在文化史上继续生长，不断被重新解释，成为人类永久的精神财富。

相反，那些平庸作家的趋时之作，不管如何畅销一时，决无持久的生命力。而且我可以断言，不必说死后，就在他们活着时，你去翻检这类作家的抽屉，也肯定找不到积压的未完成稿。不过，他们也谈不上完成了什么，而只是在制作和销售罢了。

（二）

无论在文学作品中，还是在现实生活中，最动人心魄的爱情似乎都没有圆满的结局。由于社会的干涉、天降的灾祸、机遇的错位等外在困境，或由于内心的冲突、性格的悲剧、致命的误会等内在困境，有情人终难成为眷属。然而，也许正因为未完成，我们便在心中用永久的怀念为它们罩上了一层圣洁的光辉。终成眷属的爱情则不免黯然失色，甚至因终成眷属而寿终正寝。

这么说来，爱情也是因未完成而成其完美的。

其实，一切真正的爱情都是未完成的。不过，对于这"未完成"，不能只从悲剧的意义上作狭隘的理解。真正的爱情是两颗心灵之间不断互相追求和吸引的过程，这个过程不应该因为结婚而终结。以婚姻为爱情的完成，这是一个有害的观念，在此观念支配下，结婚者自以为大功告成，已经获得了对方，不需要继续追求了。可是，求爱求爱，爱即寓于追求之中，一旦停止追求，爱必随之消亡。相反，好的婚姻则应当使爱情始终保持未完成的态势。也就是说，相爱双方之间始终保持着必要的距离和张力，各方都把对方看作独立的个人，因而是一个永远需要重新追求的对象，决不可能一劳永逸地加以占有。在此态势中，彼此才能不断重新发现和欣赏，而非互相束缚和厌倦，爱情才能获得继续生长的空间。

当然，再好的婚姻也不能担保既有的爱情永存，杜绝新的爱情发生的可能性。不过，这没有什么不好。世上没有也不该有命定的姻缘。人生魅力的前提之一恰恰是，新的爱情的可能性始终向你敞开着，哪怕你并不去实现它们。如果爱情的天空注定不再有新的云朵飘过，异性世界对你不再有任何新的诱惑，人生岂不太乏味了？靠闭关自守而得维持其专一长久的爱情未免可怜，惟有历尽诱惑而不渝的爱情才富有生机，值得自豪。

（三）

弗洛斯特在一首著名的诗中叹息：林中路分为两股，走上其中一条，把另一条留给下次，可是再也没有下次了。因为走上的这一条路又会分股，如此至于无穷，不复有可能回头来走那条未定的路了。

这的确是人生境况的真实写照。每个人的一生都包含着许多不同的可能性，而最终得到实现的仅是其中极小的一部分，绝大多数可能性被舍弃了，似乎浪费掉了。这不能不使我们感到遗憾。

但是，真的浪费掉了吗？如果人生没有众多的可能性，人生之路沿着惟一命定的轨迹伸展，我们就不遗憾了吗？不，那样我们会更受不了。正因为人生的种种可能性始终处于敞开的状态，我们才会感觉到自己是命运的主人，从而踌躇满志地走自己的人生之路。绝大多数可能性尽管未被实现，却是现实人生不可缺少的组成部分，正是它们给那极少数我们实现了的可能性罩上了一层自由选择的光彩。这就好像尽管我们未能走遍树林里纵横交错的无数条小路，然而，由于它们的存在，我们即使走在其中一条上也仍能感受到曲径通幽的微妙境界。

回首往事，多少事想做而未做。瞻望前程，还有多少事准备做。未完成是人生的常态，也是一种积极的心态。如果一个人感觉到活在世上已经无事可做，他的人生恐怕就要打上句号了。当然，如果一个人在未完成的心态中和死亡照面，他又会感到突兀和委屈,乃至于死不瞑目。但是,只要我们认识到人生中的事情是永远做不完的,无论死亡何时到来,人生永远未完成,那么,我们就会在生命的任何阶段上与死亡达成和解,在积极进取的同时也保持着超脱的心境。

失去的岁月

(一)

上大学的时候,常常当我在灯下聚精会神读书时,灯突然灭了。这是全宿舍同学针对我一致作出的决议:遵守校规,按时熄灯。我多么恨那只拉开关的手,咔嚓一声,又从我的生命线上割走了一天。怔怔地坐在黑暗里,凝望着月色朦胧的窗外,我委屈得泪眼汪汪。

年龄愈大,光阴流逝愈快,但我好像愈麻木了。一天又一天,日子无声无息地消失,就像水滴消失于大海。蓦然回首,我在世上活了一万多个昼夜,它们都已经不知去向。

"子在川上曰:逝者如斯夫,不舍昼夜。"其实,光阴何尝是这样一条河,可以让我们伫立其上,河水从身边流过的东西就是我的生命。离我而去的不是日历上的一个个日子,而是我生命中的岁月;甚至也不仅仅是我的岁月,而就是我自己。我不但找不回逝去的年华,而且,也找不回从前的我了。

当我回想很久以前的我,譬如说,回想大学宿舍里那个泪眼汪汪的我的时候,在我眼前出现的总是一个孤儿的影子,他被无情地遗弃在过去的岁月里了。他孑然一身,举目无亲,徒劳地盼望回到活人的世界上来,而事实上却不可阻挡地被过去的岁月带往更远的远方。我伸出手去,但是我无法触及他并把他领回。我大声呼唤,但是我的声音到达不了他的耳中。我不得不承认这是一种死亡,从前的我已经成为一个死者,我对他的怀念与对一个死者的怀念有着相同的性质。

(二)

自古以来,不知多少人问过;时间是什么? 它在哪里? 人们在时间中追问和苦思,得不到回答,却被时间永远地带走了。

时间在哪里? 被时间带走的人在哪里?

为了度量时间,我们的祖先发明了日历,于是人类有历史,个人有年龄。年龄代表一个人从出生到现在所拥有的时间。真的拥有吗? 它们在哪里?

总是这样:因为失去童年,我们才知道自己长大;因为失去岁月,我们才知道自己活着;因为失去,我们才知道时间。

我们把已经失去的称做过去,尚未得到的称做未来,停留在手上的称做现在。但时间何尝停留,现在转瞬成为过去,我们究竟有什么?

多少个深夜,我守在灯下,不甘心一天就此结束。然而,即使我通宵不眠,一天还是结束了。我们没有任何办法能留住时间。

我们永远不能占有时间,时间却掌握着我们的命运。在它宽大无边的手掌里,我们短暂的一生同时呈现,无所谓过去、现在、未来,我们的生和死、幸福和灾祸早已记录在案。

可是,既然过去不复存在,现在稍纵即逝,未来尚不存在,世上真有时间吗? 这个操世间一切生灵生杀之权的隐身者究竟是谁?

我想像自己是草地上的一座雕像,目睹一代又一代孩子嬉闹着从远处走来,渐渐长大,在我身旁谈情说爱,寻欢作乐,又慢慢衰老,蹒跚着向远处走去,我在他们中认出了我自己的身影,他走着和大家一样的路程。我焦急地朝他瞪眼,示意他停下来,但他毫不理会。现在他已经超过我,继续向前走去了。我悲哀地看着他无可挽救地走向衰老和死亡。

(三)

许多年以后,我回到我出生的那个城市,一位小学时的老同学陪伴我穿越面貌依旧的老街。他突然指着坐在街沿屋门口的一个丑女人悄悄告诉我,她就是我们的同班同学某某。我赶紧转过脸去,不敢相信我昔日心目中的偶像竟是这般模样。我的心中保存着许多美丽的面影,然而一旦邂逅重逢,没有不立即破灭的。

　　我们总是觉得儿时尝过的某样点心最香甜,儿时听过的某支曲子最美妙,儿时见过的某片风景最秀丽。"幸福的岁月是那失去的岁月。"

　　当我坐在电影院里看电影时,我明明知道,人类的彩色摄影技术已经有了非凡的长进,但我还是找不回像幼时看的幻灯片那么鲜亮的色彩了。失去的岁月便如同那些幻灯片一样,在记忆中闪烁着永远不可企及的幸福的光华。

　　每次回母校,我都要久久徘徊在我过去住的那间宿舍的窗外。窗前仍是那株木槿,隔了这么些年居然没有死去,也没有长大。我很想进屋去,看看从前那个我是否还在那里。从那时到现在,我到过许多地方,有过许多遭遇,可是这一切会不会是幻觉呢?也许,我仍然是那个我,只不过走了一会儿神?也许,根本没有时间,只有许多个我同时存在,说不定会在哪里突然相遇?但我终于没有进屋,因为我知道我的宿舍已被陌生人占据,他们会把我看做入侵者,尽管在我眼中,他们才是我的神圣的青春岁月的入侵者。

　　在回忆的引导下,我们寻访旧友,重游故地,企图找回当年的感觉,然而徒劳。我们终于怅然发现,与时光一起消逝的不仅是我们的童年和青春,而且是由当年的人、树木、房屋、街道、天空组成的一个完整的世界,其中也包括我们当年的爱和忧愁,感觉和心情,我们当年的整个心灵世界。

(四)

　　可是,我仍然不相信时间带走了一切。逝去的年华,我们最珍贵的童年和青春岁月,我们必定以某种方式把它们保存在一个安全的地方了。我们遗忘了藏宝的地点,但必定有这么一个地方,否则我们不会这样苦苦地追寻。或者说,有一间心灵的密室,其中藏着我们过去的全部珍宝,只是我们竭尽全力也回想不起开锁的密码了。然而,可能会有一次纯属偶然,我们漫不经心的碰对了这密码,于是密室开启,我们重新置身于从前的岁月。

　　当普鲁斯特的主人公口含一块泡过茶水的玛德莱娜小点心,突然感觉到一种奇特的快感和震颤的时候,便是碰对了密码。一种当下的感觉,也许是一种滋味,一阵气息,一个旋律,石板上的一片阳光,与早已遗忘的那个感觉巧合,因而混合进了和这感觉联结在一起的昔日的心境,于是昔日的生活情景便在这心中涌现出来。

其实,每个人的生活中都不乏这种普鲁斯特式幸福的机缘,在此机缘解发下,我们产生一种对某样东西似曾相识又若有所失的感觉。但是,很少有人像普鲁斯特那样抓住这种机缘,促使韶光重现。我们总是生活在眼前,忙碌着外在的事务。我们的日子是断裂的,缺乏内在的连续性。逝去的岁月如同一张未经显影的底片,杂乱堆积在暗室里。它们在那里,但和我们永远失去了它们又有什么区别?

(五)

诗人之为诗人,就在于他对时光的流逝比一般人更加敏感,诗便是他为逃脱这流逝自筑的避难所。摆脱时间有多种方式,其中一种就是活在回忆中,把过去永恒化。然而,想像中的永恒并不能阻止事实上的时光流逝。所以,回忆是忧伤的,期待是迷惘的,当下的激情混合着狂喜和绝望。难怪一个最乐观的诗人也如此喊道:"时针指示着瞬息,但什么能指示永恒呢?"

诗人承担着悲壮的使命:把瞬间变成永恒,在时间之中摆脱时间。谁能生活在时间之外,真正拥有永恒。可是,孩子会长大,我们终将失去童年。我们的童年是在我们明白自己必将死去的那一天结束的。自从失去了童年,我们也就失去了永恒。

从那以后,我所知道的唯一的永恒便是我死后时间的无限绵延,我的永恒的不存在。

还有上帝呢? 我多么愿意和和圣奥古斯丁一起歌颂上帝:"你的岁月无往无来,永是现在,我们的昨天和明天都在你的今天之中过去和到来。"我多么希望世上真有一面永恒的镜子,其中映照着被时间劫走的我的一切珍宝,包括我的生命。可是,我知道,上帝也只是诗人的一个避难所! 在很小的时候,我就自己偷偷写起了日记。一开始的日记极幼稚,只是写些今天吃了什么好东西之类。我仿佛本能地意识到那好滋味容易消逝,于是想用文字把它留住。年岁渐大,我用文字留住了许多好滋味;爱,友谊,孤独,欢乐,痛苦……在青年时代的一次劫难中,我烧掉了全部日记。后来我才知道此举的严重性,为我的过去岁月的真正死亡痛哭不止。但是,写作的习惯延续下来了。我不断把自己最好的部分转移到我的文字中去，到最后，罗马不在罗马了，我藉此逃脱了时光的流逝。

仍是想像中的？可是，在一个已经失去童年而又不相信上帝的人，此外还能怎样呢？

谈　　钱

（一）　钱对穷人最重要

金钱是衡量生活质量的指标之一。一个起码的道理是，在这个货币社会里，没有钱就无法生存，钱太少就要为生存操心。贫穷肯定是不幸，而金钱可以使人免于贫穷。

不要对我说钱不重要。试试看，让你没有钱，成为中国广大贫困农民中的一员，你还说不说这种话。对于他们来说，钱意味着活命，意味着过最基本的人的生活。因为没有钱，多少人有病不能治，被本来可以治好的病夺去了生命。因为没有钱，多少孩子上不起学，早早辍学，考上大学也只好放弃，有的父母甚至被逼用自杀来逃避学费的难题。因为没有钱，有的地方天天在上演着有声或无声的悲剧。

让我们记住，对于穷人来说，钱是第一重要的。让我们记住，对于我们的社会来说，让穷人至少有活命的钱是第一重要的。

（二）　钱的重要性递减

对于不是穷人的人，即基本生活已有保障的人，钱仍有其重要性。道理很简单：有更多的钱，可以买更多的物资和更好的服务，改善衣食住行及医疗、教育、文化、旅游等各方面的条件。但是，钱与生活质量之间的这种正比例关系是有一个限度的。超出了这个限度，钱对于生活质量的作用就呈递减的趋势。原因就在于，一个人的身体构造决定了他真正需要和能够享用的物质生活资料终归是有限的，多出来的部分只是奢华和摆设。

我认为,基本上可以用小康的概念来标示上面所说的限度。从贫困到小康是物质生活的飞跃,从小康再往上,金钱带来的物质生活的满足就逐渐减弱了,直至趋于零。单就个人物质生活来说,一个亿万富翁与一个千万富翁之间不会有什么重要的差别,钱超过了一定数量,便只成了抽象的数字。

至于在提供积极的享受方面,钱的作用就更为有限了。人生最美好的享受都依赖于心灵能力,是钱买不来的。钱能买来名画,买不来欣赏;能买来色情服务,买不来爱情;能买来豪华旅游,买不来旅程中的精神收获。金钱最多只是我们获得幸福的条件之一,但永远不是充分条件,永远不能直接成为幸福。

(三) 快乐与钱关系不大

以为钱越多快乐就越多,实在是天大的误会。钱太少,不能维持生存,这当然不行。排除了这种情况,我可以断定,钱与快乐之间并无多少联系,更不存在正比例关系。

一对夫妇在法国生活,他们有别墅和花园,最近又搬进了更大的别墅和更大的花园。可是,他们告诉我,新居带来的快乐,最强烈的一次是二十年前在国内时候,住了多年集体宿舍之后,单位终于分给一套一居室,后来住房再大再气派,也没有这样的快乐了。其实,许多人有类似的体验。问那些穷苦过的大款,他们现在经常吃山珍海味,可有过去吃到一顿普通的红烧肉快乐,回答必是否定的。

快乐与花钱多少无关。有时候,花掉很多钱,结果并不快乐。有时候,花很少的钱,买到情人喜欢的一件小礼物、孩子喜欢的一个小玩具、自己喜欢的一本书,就可以很快乐。得到也是如此。我收到的第一笔稿费只有几元钱,但当时快乐的心情远超过现在收到几千元的稿费。

伊壁鸠鲁早就说过,快乐较多依赖于心理,较少依赖于物质;更多的钱财不会使快乐超过有限钱财已经达到的水平。其实,物质所能带来的快乐终归是有限的,只有精神的快乐才有可能是无限的。

金钱只能带来有限的快乐,却可能带来无限的烦恼。一个看重钱的人,挣钱和花钱都是烦恼,他的心被钱占据,没有给快乐留下多少余地了。天下真正快乐的人,不管他钱多钱少,都必是超脱金钱的人。

（四）　可怕的不是钱，是贪欲

人们常把金钱称作万恶之源,照我看,这是错怪了金钱。钱本身在道德上是中性的,谈不上善恶。毛病不是出在钱上,而是出在对钱的态度上。可怕的不是钱,而是贪欲,即一种对钱贪得无厌的占有态度。当然,钱可能会刺激起贪欲,但也可能不会。无论在钱多钱少的人中,都有贪者,也都有不贪者。所以,关键还在人的素质。

贪与不贪的界限在哪里?我这么看:一个人如果以金钱本身或者它带来的奢侈生活为人生主要目的,他就是一个被贪欲控制了的人;相反,不贪之人只把金钱当作保证基本生活质量的手段,或者,在这个要求满足以后,把金钱当作实现更高人生理想的手段。

贪欲首先是痛苦之源。正如爱比克泰特所说:"导致痛苦的不是贫穷,而是贪欲。"苦乐取决于所求与所得的比例,与所得大小无关。以钱和奢侈为目的,钱多了终归可以更多,生活奢侈了终归可以更奢侈,争逐和烦恼永无宁日。

其次,贪欲不折不扣是万恶之源。在贪欲的驱使下,为官必贪,有权在手就拼命纳贿敛财,为商必不仁,为牟取暴利可以不顾他人死活。贪欲可以使人目中无法纪,心中无良知。今日社会上腐败滋生,不义横行,皆源于贪欲膨胀,当然也迫使人们叩问导致贪欲膨胀的体制之弊病。

贪欲使人堕落,不但表现在攫取金钱时的不仁不义,而且表现在攫得金钱后的纵欲无度。对金钱贪得无厌的人,除了少数守财奴,大多是为了享乐,而他们对享乐的惟一理解是放纵肉欲。基本的肉欲是容易满足的,太多的金钱就用来在放纵上玩花样、找刺激,必然的结果是生活糜烂,禽兽不如。有灵魂的人第一讲道德,第二讲品位,贪欲使人二者都不讲,成为没有灵魂的行尸走肉。

（五） 做钱的主人，不做钱的奴隶

有的人是金钱的主人，无论钱多钱少都拥有人的尊严。有的人是金钱的奴隶，一辈子为钱所役，甚至被钱所毁。

判断一个人是金钱的奴隶还是金钱的主人，不能看他有没有钱，而要看他对金钱的态度。正是当一个人很有钱的时候，我们能够更清楚地看出这一点来。一个穷人必须为生存而操心，我们无权评判他对钱的态度。

做金钱的主人，关键是戒除对金钱的占有欲，抱一种不占有的态度。也就是真正把钱看作身外之物，不管是已到手的还是将到手的，都与之拉开距离，随时可以放弃。只有这样，才能在金钱面前保持自由的心态，做一个自由人。凡是对钱抱占有态度的人，他同时也就被钱占有，成了钱的奴隶，如同古希腊哲学家彼翁在谈到一个富有的守财奴时所说："他并没有得到财富，而是财富得到了他。"

如何才算是做金钱的主人，哲学家的例子可供参考。苏格拉底说：一无所需最像神。第欧根尼说：一无所需是神的特权，所需甚少是类神之人的特权。这可以说是哲学家的共同信念。多数哲学家安贫乐道，不追求也不积聚钱财。有一些哲学家出身富贵，为了精神的自由而主动放弃财产，比如古代的阿那克萨戈拉和现代的维特根斯坦。古罗马哲学家塞内卡是另一种情况，身为宫廷重臣，他不但不拒绝而且享尽荣华富贵。不过，在享受的同时，他内心十分清醒，用他的话来说便是："我把命运女神赐予我的一切——金钱，官位，权势——都搁置在一个地方，我同它们保持很宽的距离，使她可以随时把它们取走，而不必从我身上强行剥走。"他说到做到，后来官场失意，权财尽失，乃至性命不保，始终泰然自若。

（六） 钱考验人的素质

财富既可促进幸福，也可导致灾祸，取决于人的精神素质。金钱是对人的精神素质的一个考验。拥有的财富越多，考验就越严峻。大财富要求大智慧，素质差者往往

被大财富所毁。

看一个人素质的优劣,我们可以看他:获取财富的手段是否正当,能否对不义之财不动心;对已得之财能否保持超脱的心情,看作身外之物;富裕之后是否仍乐于过相对简朴的生活。

后面这一点很重要。奢华不但不能提高生活质量,往往还会降低生活质量,使人耽于物质享受,远离精神生活。只有在那些精神素质极好的人身上,才不会发生这种情况,而这又只因为他们其实并不在乎物质享受,始终把精神生活看得更珍贵。一个人在巨富之后仍乐于过简朴生活,正证明了灵魂的高贵,能够从精神生活中获得更大的快乐。

(七) 钱尤其考验企业家的素质

"财富"是我们时代最响亮的一个词,上至政治领袖,下至平民百姓,包括知识分子,都在理直气壮地说这个词了。过去不是这样,传统的宗教、哲学和道德都是谴责财富的,一般俗人即使喜欢财富,也羞于声张。公开讴歌财富,是资本主义造就的新观念。我承认这是财富观的一种进步。

不过,我们应当仔细分辨,这一新的财富观究竟新在哪里。按照韦伯的解释,资本主义精神的特点就在于,一方面把获取财富作为人生的重要成就予以鼓励,另一方面又要求节制物质享受的欲望。这里的关键是把财富的获取和使用加以分离了,获取不再是为了自己使用,在获取时要敬业,在使用时则要节制。很显然,新就新在肯定了财富的获取,只要手段正当,发财是光荣的。在财富的使用上,则继承了历史上宗教、哲学、道德崇尚节俭的传统,不管多么富裕,奢侈和挥霍仍是可耻的。

那么,怎样使用财富才是光荣的呢?既然不应该用于自己包括子孙的消费,当然就只能是回报社会了,民间公益事业因之而发达。事实上,在西方尤其美国的富豪中,前半生聚财、后半生散财已成惯例。在获取财富时,一个个都是精明的资本家,在使用财富时,一个个仿佛又都成了宗教家、哲学家和道德家。当老卡耐基说出"拥巨资而死者以耻辱终"这句箴言时,你不能不承认他的确有一种哲人风范。

　　就中国目前的情况而言,发展民间公益事业的条件也许还不很成熟。但是,有一个问题是成功的企业家所共同面临的:钱多了以后怎么办? 是仍以赚钱乃至奢侈的生活为唯一目标,还是使企业的长远目标、管理方式、投资方向等更多地体现崇高的精神追求和社会使命感,由此最能见出一个企业家素质的优劣。如果说能否赚钱主要靠头脑的聪明,那么,如何花钱主要靠灵魂的高贵。也许企业家没有不爱钱的,但是,一个好的企业家肯定还有远胜于钱的所爱,那就是有意义的人生和有理想的事业。

颜廷君　上海交通大学公共管理创新研究所所长、教授、作家。清华、北大、复旦、浙大等多所大学 EMBA 主讲教授。主讲课程有《国学智慧与人生哲学》、《法德管理》、《新文化生态》等。著有长篇小说《彼岸》、中短篇小说《鸟的天空》、《红颜》、《萍聚》、《玫瑰情结》等。管理学作品有《关于现代企业管理哲学的思考》、《是非圈外看分配》、《人性假设的误区》等。

新文化生态

颜廷君

第四章　化火焰为红莲

"化火焰为红莲"源于佛学。火焰的形状与红莲神似,意象很美。"火焰"是"贪嗔痴慢疑"五毒等负面情绪;"红莲"静美,比喻和谐的人生观,平静、愉悦等正面情绪。"化"是转化、修炼的艺术。这里我们借用"化火焰为红莲"的意象,代指"情商修炼",情商修炼就是情绪管理。

一、情商层次

情商是对自己情绪的认识能力和调控能力。我把情商划分为四个阶段:对应、克制、自在和无我。

（一） 对应

"刺激—反应"直接对应,就像是金属的热胀冷缩。像孩子似的,毫不掩饰自己的情绪,喜怒哀乐都表现在脸上。情绪上受制于自然环境、社会环境和人际环境的变化,情绪大起大落;行为上怎么想就怎么做,跟着感觉走,放任或放纵自己的情绪,不计后果。现实生活中,动辄发脾气的"大炮"、急性子,号称"没有仇人——有仇立马就报了"的人,皆处对应阶段。这种人往往有一个自我评价:"我这个人,直!"直什么直? ——情商太低!

在上海交通大学继续教育学院举办的党政干部培训班上,来自某省的几十名财政局局长,当我讲到这里,发出笑声,目光聚焦到财政局培训中心的郝主任身上。郝主任每次讲话,最后总是要来这么一句:"我这个人直!"后来听说,从此以后,谁说他直,他跟谁急。次年,该省财政厅邀我去讲学,接待我的便是郝主任。晚宴间,郝主任的部下向我赞美郝主任:"颜老师你知道吗,我们郝主任为人很直!"郝主任斜了他一眼,骂道:"你他妈才直!"如郝主任般的情商,便是对应。

（二） 克制

刺激与反应在心理层面上依旧对应,内心情绪依旧会大起大落,但是能够有意识地对情绪加以调控,而非放任与放纵,学会了"忍"。佛教上说:忍是船、是桥、人生的许多"坎"非忍不能过也。

《唐书》记载,张公艺九世同居,唐高宗问他睦族之道。公艺提笔写了一百个忍字递给皇帝。从那之后,姓张的多自命为"百忍家声"。

祖先造字,"忍"字"心"上一把"刀"。一个忍字了得!

一日,一位佛家弟子在街上,看到一个酒鬼在撒酒疯,把一位无辜的小贩打得鲜血淋漓。这位佛家弟子愤怒了,本想出手制止——凭他的武功可以轻而易举地制止酒鬼的撒泼行为,但是想到师父说过的话"凡事以忍让为主",于是咬了咬牙,忍住了。

酒鬼看到小和尚一脸愤怒,骂道:"小秃驴,找死!"随后劈面一拳,打得小和尚眼前星光灿烂。小和尚想还击、教训酒鬼一顿,但想到师父的教诲:"忍字心头一把刀,难忍能忍",于是撒腿便跑,比兔子还快。回到寺庙,师父见弟子鼻青眼肿,问出了什么事。弟子如实相告。师父说:"你虽能忍,但却不知忍字的真义。忍的目的是以忍息怨,息事宁人,是光棍不吃眼前亏,而非以忍造孽。"

能忍,不等于事事都忍。鸡毛蒜皮无关大局的事,可一忍了之;"小不忍则乱大谋"是当忍则忍;但是大是大非原则面前,该出手时即出手。一味地忍,是迂腐、懦弱、窝囊,与真正的忍是背道而驰的。

(三) 自在

情绪有起有落,但如起风徐来微波荡漾,宠辱不惊,无需克制,自然从容,喜怒哀乐恩怨情仇不形于色,不再情绪用事,理性主导行为。

淮阴侯韩信受胯下之辱,是国人耳熟能详的故事。一个屠夫的儿子,见韩信既不务农也不经商,整天挎着剑游荡,很不顺眼,当众挡住他的去路说:"有种砍我一剑,没种从我的裤裆下面拱过去。"韩信选择了拱裤裆。像韩信这样情商就是自在阶段的情商。或许有人想:原来情商是这么修炼出来的!果真如此,已经结过婚的先生们,跟老婆商量一下,别说拱一次,来回拱个十次、八次条件也具备。纵然拱一百次,也达不到自在层次。

古人有"南方之勇与北方之勇"一说。北方人与南方人的个性特征是有差异的,尽管近两千多年过去,这种个性差异依旧存在。一次,笔者在梁山英雄好汉故里山东某市委礼堂讲学,提问:"诸位,如果你遭遇到韩信的境况将如何?""砍!""砍"声在礼堂回荡,余音绕梁。长江以南情形与之就大不相同。一次我在东南某沿海城市宣传部举办的"大讲堂"上,问及这一问题,会场一片寂静。沉默许久,听到了一声怒吼:"砍!"后来一了解,此人是黑龙江的。前排的一位先生忖度良久说:"拱吧。"我说:"你就是拱,情商也没有自在。"先生问:"为什么韩信拱情商就自在,我拱就不是自在? 难道拱裤裆还有什么技巧吗?"我说:"这不是方法技巧问题,关键是拱裤裆时的心情。

请问你拱过去之后心里怎么想？"答："君子报仇，十年不晚！早晚要收拾他。"我说："韩信拱过之后，有一个小动作：掸掸膝盖上的尘土，昂然而去。给人感觉有几分潇洒。由此可见，韩信情绪很平静，这是自在。你呢，压抑住一腔怒火，怀着强烈的报复心理，只是克制。同样是拱，境界不同。"

不妨再说一例。武则天时代有一个丞相叫娄师德。据史书记载，娄师德为人"宽厚清慎，犯而不较"——宽容、厚道、清廉、自律，你冲撞了他，他也不跟你计较。一次，他的弟弟要到代州去做官。娄师德准备交待他几句，没容娄师德开口，他弟弟就说："兄长心思我明白。我到代州之后，就是有人往我脸上吐口唾沫，我把它擦下去就是。你尽管放心。"娄师德听后脸色骤变："兄弟啊，兄弟！这正是为兄担心的事。人家往你脸上吐唾沫，那是人家生气啦。你把它擦下去，那不是顶撞人家吗？不能擦呀，要让它慢慢地干。"——这便是成语唾面不拭的出处。

一次，课堂上有位女生听了这个故事，跟我开玩笑："老师，要是我往你脸上吐口唾沫，你怎么做？"我没想过会发生这种事，一时也不知如何回答，反问："你猜猜看。"女生想了想说："你再往我脸上吐一口。"我说："我的情商会那么低吗？"女生说："那你就不擦。"我说："你认为我的情商会有那么高吗？"女生问："那你到底怎样？"我说："在你想吐而又没吐唾沫之前，我就奉劝你千万别吐，吐了说明你情商太低。"

（四） 无我

何谓无我？心如明镜，来者即照，去者不留。无"贪嗔痴慢疑"五毒，眼耳鼻舌身意"六根清净"，喜怒哀乐恩怨情仇"八风"不生。无论发生了什么事，心如止水。感受与刺激、与环境没有直接关系。这种情况现实生活中难以找到，佛教上有这样一个公案：

释迦牟尼成佛之前，曾修炼"忍辱法门"。一次他在山中修炼，歌利王带着一群妃子到山中游玩。看见释迦牟尼摩顶放踵，众人围观看稀奇。歌利王问："你在干什么？"释迦牟尼说："修炼忍辱法门。""什么是忍辱法门？""就是无论发生什么事我都不生气。"歌利王说："这绝不可能！"释迦牟尼说："信不信由你。"歌利王抽出剑，把释迦牟尼的耳朵割下来一个,问:"生不生气?"释迦牟尼说:"不生气。"歌利王又割下另一个耳朵,问:"生不生气?""不生气。"释加牟尼不生气,歌利王生气了,接着,把释迦牟尼的两只胳膊两条腿都砍了下来,问:"生不生气?"释迦牟尼道:"你这个人可真无聊,我又没得罪你,你怎么能这样? 等我修炼成佛之后,我第一个渡的就是你。"释迦牟尼修炼成佛之后,第一个渡的就是歌利王,歌利王是五"比丘"之一。

像释迦牟尼的表现,是"无我"境界,这是佛的境界。这不是我们修炼情商,要达到的境界。平凡人生,达到"自在"阶段,就算高情商了。如果想知道自己的情商处在哪个层面,请看下面这个虚拟的实验。

假设,某日你在户外,站在蓝天和白云之下,忽然感觉脑门发酸,于是你展开双臂面向蓝天,张开嘴巴,准备打一个富有阳刚之气或者阴柔之美的喷嚏的时候,一件奇妙的事情发生了:有一只美丽的小鸟从空中飞过,飞到正上方时留了一点"纪念","纪念品"恰好落到嘴里,你有何反应? ——反应因人而异,回答五花八门,摘录几条,略作分析:

"用枪把这该死的鸟打下来!""倒霉!""真是千年等一回! 从天上掉下来的鸟粪叫天粪(天分),天粪(天分)落到了我的嘴里,好兆头! 马上就去买体育彩票!""从天上掉下来的鸟屎叫天屎(天使),天屎(天使)落到我的嘴里,预兆有个美丽的小姑娘爱上了我!""不吉利。努力不去想它。"

你可以对照一下,看自己的心理活动接近其中的那一种情况。如果类似于前四种,情感尚处于"对应"层面,前两种情绪是低落,表现消极悲观心态,后两种情绪高涨,表现了乐观心态。情绪大起大落是处于对应阶段情商的主要特征。若是第五种,处于"克制"层面。这上面的五种情形,尚没有"自在"和"无我"的层次,可见大多数人的情商需要修炼。倘情商处在"自在"阶段,会是怎样的反应? 假如纪念品落到嘴里,你一点都不大惊小怪,你是这样想的:

新陈代谢的宇宙间不可抗拒的规律——小鸟在天空中方便,正常;鸟粪以自由落体的形式向下运动,符合牛顿定律;鸟粪落到我的嘴里,还是其他人的嘴里,或者别的什么地方,符合马克思关于必然和偶然的辩证关系。至于是把它吐出来,还是把它吃掉,完全取决于个人的口感。如此,便是"自在"阶段。

如果达到了"无我"境界会怎样？情绪没有任何变化，没感觉。至于那泡鸟粪，是随着大喷嚏喷出去了，还是吃下去了，顺其自然。"无我"是成佛的境界，红尘中人，无须追求这样的境界。

二、化火焰为红莲

为什么要管理情绪？为什么要修炼情商？

心理学认为人有九类基本情绪：兴趣、愉快（快乐）、惊奇、悲伤、恐惧、愤怒、羞愧、轻蔑、厌恶。兴趣和愉快是正面的，惊奇是中性的，其余六类都是负面的。在这九类基本情绪中，人的负面情绪占绝对多数，因此人不知不觉就会进入不良情绪状态。人要想摆脱不良情绪，需要修炼情商，对情绪进行管理。美国《纽约时报》专栏作家丹尼尔·戈尔曼在《情感智商》一书中指出：成功等于百分之二十的智商加百分之八十的情商。心理学与中医理论研究表明，人的情绪会对人的身体健康有直接影响。中医学研究发现"怒害肝，忧虑伤肾，多疑伤脾"。日本医学界出了本叫《脑内革命》的书，认为每个人都能够活到 125 岁，之所以很少有人活到这个年龄原因在于情绪失衡。概括起来说，情商与人生成败有关，与健康与寿命有关，与幸福感有关，所以我们有必要修炼情商。

如何修炼情商？如果我们不谈佛家修炼的终极目的，把佛教当作学问来研究，我们发现佛教上情绪管理——修炼情商的方法，所达到的高度令人叹为观止。数以千万的高僧大德，历时千年，潜心研习，千锤百炼，形成的一套方法可以说是"空前的"大智慧。所以不说是"空前绝后"的大智慧，因为"绝后"意味着不再发展，那样说太武断。下面我们借用佛家修炼的框架，用现代案例来谈情商修炼。我们从六个方面展开：一是自我觉察；二是善观因缘；三是想得开；四是拿得起；五是放得下；六是禅修。

（一）自我觉察

所谓自我觉察，就是在人际交往时，对方说什么做什么，"立即反应"，会因对情绪缺乏必要的调节，沦为意气用事；所以应该"慢半拍，二思而后行"。"慢半拍"，为的是给思考留下必要的时间，进行"情绪认知"——我是不是有些情绪化？情绪化容易说错话做错事，需加倍小心；"二思而后行"是权衡利弊，作出选择。曾任国务院总理的温家宝回答记者提问时，都明显慢半拍。你不要以为他反应迟钝，那是有意识的。

　　"三思而后行"这句话可谓妇孺皆知，乍看"二思而后行"，你或许以为是笔误，或打错字了，其实不然，这么说是刻意为之，但绝非故弄玄虚。"三思而后行"这一说法有问题，孔子早就发现了。《论语·公冶长第五》：季文子三思而后行。子闻之曰："再，斯可矣。"这里，"三思"指多次思考，"再"指两次。孔子认为思考两次就够了，为什么？因为人的决策、行为有利弊得失，无论是先从正面思考还是从反面思考，都只有两面，一次思考正面，一次思考反面，两面思考完毕，权衡利弊，就该采取行动。事物往往一体两面，好比钱币，看完正面看反面，两面看完就知道钱币是怎样子了。如果正反两面都看完了，再翻来覆去地看，那不是有病？重大决策，为慎重起见做深度思考而后行动非常必要，这样失误的概率就小一些，成功的概率就大一些。"深度思考"的本质仍是"二"，都是围绕着利弊两个方面进行。过度思考，"三思而后行"就演变成了瞻前顾后、畏首畏尾。季羡林先生也认为"三思而后行"不足取。他说："思过来想过去，导致头脑发昏，越思越想糊涂，就是不付之于行动，不敢行动，有时会贻误大事。"譬如过马路，一辆车向某人疾驶而来，这样生死攸关的大事，需要慎重考虑，是前进还是后退？如果思考一遍又一遍又又一遍，结果可想而知，此时需要当机立断。越是重大的问题，往往越是要当机立断，过于慎重的人，最终会沦为思考的巨人、行动的侏儒。

　　自我觉察，不仅适用于情绪管理，也适用于决策。

　　下面依旧以形象说法，我利用"自我觉察"理论管理情绪的一个案例。

　　感冒了，到某医院看医生。医院离我家近，抬腿就到。医生问道："你是做什么工作的？在哪个小区？两室一厅、三室两厅还是复合式别墅？骑车来的还是开车来的？车是什么牌子？"我以为这些与病情有关，一一如实相答。医生听后说："感冒，虽说不是什么大毛病，但是如果不及时治愈，会带来一系列的毛病，所以只要条件许可，宁可让钱吃点亏，也不要让人受罪。赚钱干什么？不就是为了让人活得滋润些么？"我点头说:"有道理。"医生埋头开处方,其态度认真刻苦,让人感动。我拿着医生开的处方到一个小窗口排队付款。漂亮的白衣天使,在电脑的键盘上敲击了好半天,说:"一千二。"这个价格出乎我的意料:以前看感冒从来没花过一千二!继而静下心细想,医生说得对:感冒虽说不是什么大病,但不及时治愈会带来一系列的大毛病,所以只要条件许可,宁可让钱吃点亏,也不能让人受罪。赚钱不就是为了让人活得滋润一点么?一千二就一千二!医生双管齐下,除了打点滴,还要吃药。那一大包药够一家人感冒一年用的。

一月后,我感觉到头痛,又到医院看医生。为我看病的还是那位医生——这充分说明我们有缘。这一次医生没有问我家庭状况,说明他的记忆力很好。医生诊断速度很快,两分钟后拿起笔开处方,唰唰唰唰,宛如文思泉涌,诗兴大发。我感觉血压直线上升。我冷冷地看着医生,心想:我就不叫停,看你能把它写成诗集不成!医生总算停下笔,撕下厚厚的一打处方,递给我。我接过处方盯着他。医生问我:"你还有事吗?"我问:"我这头为什么痛?"医生说:"大概是工作压力比较大。"我想反问:"你开的这些'玩艺'医治工作压力吗?!"……好在咱三天两头讲情绪管理,其中第一步就是讲自我觉察:"慢半拍,二思而后行"。先是"情绪认知"——我是不是有些情绪化?明显是情绪化;立即反应——把这句话说出来会如何?我们会争论、争吵起来,彼此都会发怒。中医学理论研究表明"怒伤肝"。人就一个肝,不是菜市场的猪肝,岂可随便伤害?然后权衡利弊,觉得反问弊大于利,不问利大于弊。于是我把医生开的药方统统扔到垃圾桶里。当然,这个行为不能让医生看见,否则医生会发怒,怒伤肝,医生也是一个肝。我的做法,使得我的肝和医生的肝都得到了很好的保养。

"慢半拍,二思而后行",这里的"行"——反应,可以是沉默,沉默也是一种反应,一种"行"。

(二) 高雅的沉默

对于禅机,禅者"不立文字,教外别传,明心见性,直指人心"。日本禅师林木大拙说:"以树林为笔,以大海为墨,以蓝天为纸,写不出禅机之万一。"禅机不可说,说不到位,无法用语言表达,于是"不说"——这其实并非真正的沉默,是没法说。

"对有见解的人而言,沉默是最愚蠢的表现;对笨蛋而言,沉默是最聪明的表现。"——在某种情境下,该说且能说却不说,是愚蠢的;该说不会说硬说,也是愚蠢的。这里,不说也不是真正的沉默,是藏拙。

真正的沉默是:不是无话可说,也不是说不明白,是能说不说,想说不说。现实生活中,许多时候,我们根据自身的经验、判断、或基于某种理由,认为不说比说出来好,沉默利大于弊,于人于己都有益,这才是真正的沉默。

譬如你了解他人的隐私,说出来有损他人的名誉,让他蒙羞,那就沉默;不仅如此,哪怕只有你们两个人,是两人之间的密谈,依旧对自己所知的有关他人的隐私守口如瓶,否则就会伤害他人的自尊,影响到彼此之间的感情,不如沉默。

再譬如,你面对一个自我感觉良好的人,其实他不像自己自我感觉那么良好,就算你清楚——他良好的自我感觉是建立在缺乏自知之明基础上的,说破不如沉默。除非你确信说出来他能听得进去,对他有益。自我感觉良好的积极意义在于:它像一个美丽的肥皂泡,尽管注定破灭,多维持几秒就多几秒美丽,迟一点比早一点好,你何必早早把它戳破? 这里,沉默是一种仁慈,一种高雅。

关于沉默,本想写一篇大文章。又想,写的是沉默,沉默的智慧在于不说,说多了岂不是悖论?

(三)　善观因缘

情绪管理与医生看病同理:善观因缘,才能对症下药,从而药到病除。何谓善观因缘? 我接着上面的案例往下讲。

从医院回到家,只见老婆头坐在沙发上,白毛巾扎着头,像日本武士,一副杞人忧天的模样。我关切地问:"怎么啦?"老婆说:"头痛。"我说:"真是怪事! 我也头痛!"这时女儿放学回来,见我和她妈妈同病相怜惺惺相惜的样子,吃惊地问:"爸妈怎么啦?"我们一起大声回答:"头疼!"女儿嗅了嗅鼻子说:"我知道你们为什么头痛。"我不屑一顾地乜了女儿一眼说:"我实话告诉你罢:老爸头疼的根源是很深奥的,医生都搞不懂!"女儿说:"我一进门闻到蚊香味,就头痛。"莫非真是蚊香熏的? 连续两天不点蚊香,我和老婆的头痛病都不痛了。这个事件可以从侧面印证这一品牌蚊香的功效不容置疑:你想,连人都快熏死了,何况蚊子?

医生诊断我头痛的原因是"工作压力大",是把蚊香导致的生理反应当作了心理原因,当然也有把心理原因误认为是生理原因的。

一次从上海虹桥机场乘飞机飞往郑州新郑机场,为河南省"某某大学总裁班"讲学,到机场接我的除了司机,还有一位姓徐的女士。我与徐女司机通过几次电话,但是第一次见面。途中,徐女士问我:"老师,我看到你主讲的课中有一章是情绪管理。我最近很郁闷,可能是更年期到了,你说怎么调节更年期的郁闷?"我听后吃了一惊,凝神徐女士良久。现代女性的年龄你根本没办法估计,四五十岁的做做美容,像三十来岁;五六十岁的做个"拉皮",一家伙能拉到二十岁! 我说:"如果你不说更年期到了,我估计你顶多三十四五岁!"徐女士问我:"你看三十四五岁?!"我说:"绝对不是恭维你,怎么看都不像四十四五岁!"徐女士说:"我今年二十四岁。"我们彼此都有些尴尬,问:"你二十四岁哪来的更年期?"徐小姐说:"我今年刚毕业,从大学走向社会,这不是更年期?"——这叫什么更年期?! 徐小姐把心理原因当作了生理原因,就不叫善观因缘。善观因缘,才能找出离苦之道。

影响情绪的有生理因素和心理因素。由生理的原因导致的情绪不佳,属于医学范畴,这里不予讨论。我们要讨论的是心理的问题。影响情绪原因又可以分为两个方面:一是外部刺激;二是自寻烦恼。

1. 外部刺激

譬如,工作压力,家庭压力,或受到了不公正的对待,或者是受到语言上的侮辱或行为的攻击,而引起的情绪反应,是外界的原因。

某人只要与人交往,就会发生争吵,天天生气。他认为人真不是东西,他不愿与人类为伍,独自躲进人迹罕至的深山隐居。一日,他从山腰提陶罐到山下打水,打水归来,半道上脚下一滑,罐中的水洒了。他只好返回山下打水,打水归来同样的故事又发生了。他一气之下,把陶罐使劲地往石头上摔去,陶罐摔得粉碎。他豁然开朗:以前总认为生气、发怒都是别人引起的,现在就一个人,还不是照样发怒? 可见,怒气是从自己心中生出来的。

岂止是怒从心出,喜怒哀乐爱恨情仇都是心中生出来的,没有心就没有这些情感情绪。有一个源于佛家的哲学命题叫"心外无物",如果我们把"物"换成"情",谓"心外无情"则无可争议。老子的《道德经》里有一句话:"宠辱若惊,贵大患若身,及吾无身,何患之有?"

2. 内心冲突

一个人思维可以把天堂折腾成地狱,也可以把地狱创造成天堂。

宋先生经常到全国各地讲学。他出差不喜欢乘飞机,喜欢坐火车,他认为坐火车比乘飞机安全。火车出事故大不了就是晚点,飞机在天上,要么不出事故,一旦出事故飞机从天上掉下来,活的可能性等于零。这一次,因为路途遥远时间紧迫,他不得不乘飞机。飞机票已经买好,次日早晨出发。宋先生心中忐忑,有一种不祥的预感,他认为自己的预感一向很灵,甚至于怀疑自己有特异功能。他预感到这次出门凶多吉少,回来的可能性不大。

夜晚,宋先生躺在床上,枕着双手,望着天花板,开始回顾他的人生历程,突然,他甜蜜地笑了。老婆问:"无缘无故傻笑什么?"宋先生说:"还记得我们谈恋爱的情景吗?"老婆问:"谈恋爱的情景多着呢! 你说的是那件事?"宋先生说:"就是我向你求爱的那次。啪! 你撸了我一个大耳光。我羞愧难当,正要逃跑,你又像老鹰捉小鸡一样把我给捉回来了,答应我了。既然答应嫁给我,为什么还要撸我耳光? 到现在都没想明白。"老婆说:"觉得嫁给你吃亏了!"宋先生脸上露出得意的神情:既然老婆嫁吃亏了,说明自己讨便宜了。"记得第二次打我耳光的情景吗?"老婆说:"打你耳光多了,哪里记得住?"宋先生说:"就是我第一次对你动手动脚的那次。"老婆说:"记得。"宋先生问:"记得第三次打我耳光的情景吗?"老婆说:"哎! 你今天是什么毛病? 尽谈打耳光的事,想报复吗?!"宋先生忙说:"不不! 打是疼骂是爱,你打死我,我也爱你!"——

人之将死,其言也善。老婆听了很受感动,说:"其实……我也爱你。"

宋先生握住老婆的手,两个人共同回顾他们那激情燃烧的岁月。最后,老婆终于吃不消了,睡着了。宋先生睡不着,这次出门回来的可能性不大,要是不留下个只言片语,那是对家庭的不负责任,他悄悄爬起来,溜进书房写遗书。他写了一夜遗书,第二天早晨,他哪里吃得下饭,临出门前,他深情地拥抱了老婆,拥抱完老婆拥抱儿子,接着又拥抱老婆,然后再拥抱儿子,拥抱了一遍又一遍。老婆终于吃不消了,啪! 一个耳光,骂道:"去你妈的,太夸张了!"

宋先生拖着旅行箱进入候机大厅,在大厅里徘徊,他觉得有个夙愿没了结。突然,他眼前一亮,他看到有一个窗口在卖航空保险。他走到小窗口前,问卖航空保险的女生:"买一份保险多少钱?"答:"20 元。"问:"万一飞机掉下来赔偿金是多少?"答:"40 万元。"问:"可以买两份吗?"答:"可以。"问:"最多可以买多少份?"答:"五份。"宋先生合计道:"五份 100 元,飞机一出事就是 200 万元! 没想到死还是赚大钱的一条门路!"女生笑说:"你这位先生真幽默!"宋先生说:"幽默? 都什么时候了,还有心思幽默!"

宋先生的座位靠舷窗,登机后,他从窗口向外看,他看到了一只小鸟从窗前飞过,他突然想到了"鸟弹"。稍有点航空知识的人都知道,高速飞翔的飞机与一只飞翔的小鸟相撞,相对运动形成的强大撞击力会造成机毁人亡的重大事故,这只鸟就成了"鸟弹"。宋先生想:这只鸟想干什么? 森林被砍伐,生态环境越来越恶劣,鸟类渐渐都失去了家园,鸟类对人类的仇恨无以复加,鸟类报复人类最理想、最无奈、最悲壮的作假就是做鸟弹。"9·11"恐怖事件那些"人弹",不知是不是受了鸟弹的启发。他想,即便排除鸟弹,不能;排除恐怖分子,即使能排除恐怖分子,不能排除机械故障,这个世界上百分之百保险的事不存在……

飞机起飞了,宋先生闭上眼界,一副听天由命的样子。当飞机进入平飞状态,他睁开眼界,看了看其他的乘客,一个个都像蒙在鼓里的样子。突然,飞机抖动起来,好像散了架一样。他浑身都麻木了:我的预感一向很灵,果然应验了! 他感到悲哀无助,欲哭无泪。略感欣慰的是:死得并不孤单,飞机上有一百多个垫背的倒霉蛋! 他紧闭双眼,大脑的屏幕上,飞机中弹似的呼啸着从天空俯冲向地面,尾部拖着长长的黑烟、爆炸、起火,刚死就烧成了灰,火葬场都不用进。

老婆会哭,老婆的哭声,听起来像笑声。终于,宋先生想到了那 200 万元,一个子都不能少! 他想到老婆是个财迷,见到大面值钞票脸上不由自主就会绽开笑容,笑容可掬,老婆用手指头蘸着口水全心全意数钞票的样子显得有些笨拙,但很是可爱。老婆数大钞票的时候眼里会发出绿光,数二百万元的时候,眼睛里能发出激光……最后,他想到了一个严重的问题:死后老婆会改嫁吗? ……老婆体壮如牛,不改嫁是不可能的。当想到自己的老婆成了别人的老婆的时候,他愤怒了:潘金莲和西门庆! 这时,飞机上响起一个女播音员的声音:"女士们,先生们,飞机受气流影响有些颠簸,请各位旅客把安全带系好,不要来回走动……谢谢配合。"原来是受气流影响! 幸亏心脏好,要是有心脏病,后果不堪设想!

飞机平稳地降落在机场。宋先生的整个内衣都被汗水湿透了。他走出飞机舱门时,略微停顿了一下,看了看天地,有种恍如隔世的感觉。他第一时间打开手机,给老婆打电话:"老婆,飞机从天上掉下来了!"打罢电话,他又感到茫然:我的预感一向很灵,这次怎么不灵了? 他开始思考……渐渐,他额头上渗出虚汗,脸色焦黄,他想到:讲完课还要回去,回去还要坐飞机! 小老鼠钻竹筒——不是死在上一节,就是死在下一节!

我们乘飞机,或许没这么多的忧虑。但是,我们是否在为前途的事在忧虑? 为美女、帅哥的事在忧虑? 为婚姻问题在忧虑? 为房子、车子忧虑? 为父母、为儿女的事在忧虑? 就像飞机从天上掉下来的概率很小一样,人们所忧虑的事情,绝大多数都不会发生,我们许多人的烦恼都是"自找的"。或许有人会说,就算百分之八十不会发生,还有百分之二十的事情会发生。即便如此,我们也不应该把未来的烦恼"预支出来",败坏我们人生当下的胃口。

(四) 想得开

何谓想得开? 佛教上有个概念叫"无常",所谓"无常"就是没有永恒的存在。生理上的生老病死,人是这个世界上的匆匆过客——不是归人;心理上的生成异灭——

无论是快乐和烦恼,任何情绪都有一个形成、持续、变化、消失的过程;物理上的成败坏空——万事万物都有一个产生发展和灭亡的过程。看破无常叫想得开。

1. 换一个想法

中国著名画家俞仲林擅长画牡丹,他的朋友王先生向他求一幅牡丹图悬挂于客厅。王先生的朋友见画直摇头:"画虽好,但是不吉利:牡丹代表富贵,画上有一朵牡丹没画全,岂不是富贵不全了?"王先生以为有理,看见牡丹图就郁闷。一日,他摘下牡丹图去找俞仲林,请他重画一幅。俞仲林说:"牡丹代表富贵,一朵牡丹没画全的寓意是'富贵无边',你若是喜欢'富贵有边',我就给你重画一幅。"王先生忙说:"不用不用! 我这幅画最好!"回家后依旧把牡丹图悬挂于客厅,每当看到这幅牡丹图,就感觉特别爽。

一般人认为,要得到幸福快乐,必须拥有什么、改变什么,譬如拥有美女帅哥车子房子金钱权力等,也就是外部发生改变。这里,外部(画)没有改变,改变的是内心的看法,看法改变了,心情也随之改变。重塑人生观的价值与意义正在于此。所谓"求诸外不如求诸内",要获得幸福与快乐,向外(对物质的)追求,不如向内(精神的)追求。欲壑难填,外在的永远无法满足人的欲望;心灵的满足靠的是精神。当然,我们不能从一个极端跳到另一个极端,幸福人生需要"内外双修",既注重物质,也注重精神,如何达成这一微妙的平衡? 惟有学习和思考。读书从《新文化生态》开始。

现代人幸福指数不高,不是因为物质贫乏,而是因为精神贫乏。现代大多数中国人的享受——尤其是"物质文明"上的享受,比中世纪的帝王还要好。中世纪皇帝没看过电影电视,没玩过电脑游戏,没坐过轿车,更没乘过飞机,连空调都没享受过。我们看到影视剧中的皇帝,热的时候,靠的是美女"打扇",无论怎么扇也比不上空调凉快。一次在上海交通大学 EMBA 班讲课,讲到这里,有位企业家提出异议:"我觉得美女用扇子扇比空调凉爽";另一位企业家说:"越扇越热。"这从反面证明,人的享受不完全取决于生活的本身,而在于对生活的感觉、看法。现代人生活品质比中世纪的皇帝丰富多彩,但幸福感能比中世纪的皇帝高吗? 为什么这样? 从大的方面说是人类的文明出现了问题,就个体而言,是人生观出现了问题,重塑人生观的意义不言而喻。

2. 祸福辩证法

司马迁在《太史公自序》中说:"昔西伯拘里,演《周易》;孔子困陈蔡,作《春秋》;屈原放逐,著《离骚》;左丘失明,厥有《国语》;孙子膑脚,而论兵法;不韦迁蜀,世传《吕览》;韩非囚秦,《说难》、《孤愤》;《诗》三百篇大抵贤圣发愤之所为作也。"司马迁本人也是被阉割之后才著《史记》。司马迁之后,这种状况依旧没有改变。季羡林总结汉以后所有的文学大家,都是在倒霉之后,才写出来震古烁今的杰作。像韩愈、苏轼、李清照、李后主等,莫不皆然。从来没有过哪位状元宰相成为大文学家的。到现代的文化大革命,别说是文学大家,整个知识分子——假如把他们比作鱼的话,别说是大鱼,小鱼小虾,在劫难逃,被一网打尽。从历史到现在,中国知识分子有一个"特色",这在西方国家是找不到的。中国历代的诗人、文学家,不倒霉则走不了运。了解这一史实有什么意义呢? 它能够让我们头脑清醒,理解祸福的辩证法:走运时,要想到倒霉,不要得意忘形;倒霉时,要想到走运,不必垂头丧气。心态始终保持平衡,情绪始终保持稳定,此是长寿之道。

进一步思考,为了造就如司马迁一样的大文学家,不阉割不行吗?

3. 噩梦醒来

N多年前的一个深夜,我走在大街上,有一个黑衣人拿石头砸我,我头一偏,石头落地。我拣起地上的石头向他砸去,失手把他砸死了。接着我开始逃跑,一辆警车在后面追,我被抓住了,警察的枪口对准了我,我感到绝望,欲哭无泪,我想起了孩子、妻子、家人……我请求:"让我回家看看……"警察扣动扳机,枪响了……我从噩梦中醒来,躺在异乡宾馆的床上,心嗵嗵直跳,泪流满面,我深感侥幸,谢天谢地! 在梦里犯罪,不用承担刑事责任。我像重获新生,心里久久不能平静,开亮灯,穿上衣服走出了宾馆,走在马路上。夜很静,空气清新,湛蓝的夜空,晶亮的星星,橘黄色的路灯,路旁生机盎然的冬青,居民楼上的窗口或明或暗,每一扇窗口都是那么温馨。那天晚上,我特别特别想家,想回家!

没有比较,就看不到落差;没有经历过生活的磨难,就不知道平凡生活的美好;难道我们非要经受磨难、遭遇不幸,才能懂得平凡生活的美好吗?

只要活着,有什么想不开? 契诃夫有一段名言:"假如遇到不走运的事,只要想想:事情原本可能比现在更糟! 假如有穷亲戚到家中来找你,不要脸色发白,应该喜气洋洋:幸亏来的是穷亲戚,不是警察和强盗;要是手指头扎了一根刺,应该高兴:幸亏这根刺不是扎在眼睛里;要是你的妻子或小姨子练钢琴,不要不耐烦、发脾气,而要感激你有这份福气:要知道,你是在听音乐,不是在听狼嗥或驴叫;要是你有一颗牙痛,那你应该高兴:幸亏是一颗牙,而不是满口的牙都痛;要是火柴在衣袋里燃了起来,应该高兴:幸亏我的衣袋不是火药库;要是老婆背叛了你,应该欢呼雀跃:幸亏她背叛的是我,而不是我们的国家和民族!"

(五) 拿得起

一个秀才到集市上买了四筐藕,一筐藕九个铜板。秀才给了小贩共三十六个铜板。小贩说少一个铜板,四筐藕应该是三十七个铜板。为此争吵起来。好在县衙门就在附近,于是两个人进了县衙门。县官问明原因,问小贩:"现在你还坚持四筐藕是三十七个铜板吗?"小贩说:"坚持! 这个秀才硬说是三十六个铜板,真是可恶之极!"县官继而问秀才:"现在你还坚持四九三十六吗?"秀才说:"坚持!"县官衙役道:"拉出去打三十六大板!"打完,问秀才:"服不服?"秀才依旧说:"不服!"县官说:"本老爷岂不知四九三十六? 可这个小贩坚持'四九三十七',说明他是个糊涂、愚蠢的人,而愚蠢不是错! 一个秀才和一个愚蠢的人为一个铜板争争吵吵,丢读书人的脸! 不打你打谁?!"秀才听罢说:"服了!"

争论要看对手,如果发现对手属于藕小贩一类人物,立马打住,不跟他一般见识,是"拿得起"。或许有人想:不跟糊涂人一般见识,需多给他一个铜板,凭什么?

大灰熊吃东西的时候,狼都不敢熊口夺食,但是有一种小动物——臭鼬,俗名黄鼠狼,却能熊口夺食。按理说大灰熊一掌就可以把它拍昏、拍死,为什么不拍? 动物学家对此百思不得其解,研究来研究去最后终于搞明白了:原来是因为黄鼠狼放的屁太臭。大灰熊要是一掌把它拍昏、拍死,黄鼠狼放出的臭屁,能恶心得狗熊三天吃不下东西。

难道人还不及大灰熊有智慧? 有时候不吃小亏就会吃大亏,宁肯吃大亏也不吃小亏,能称得上有智慧吗?

某电视台播过一条新闻:美国一位家庭主妇,一天正在喂猪,听到有人和她打招呼:"哈啰!"她到处看,没发现人。"哈啰! 哈啰……"最后,她发现,跟她招呼的是她喂养的猪。

一头猪说了句人话就成了新闻,成了另类,成了怪物,都是聪明惹的祸。假设存在这么一种可能性:猪进化的速度加快,一天相当于一千年,三个月大的猪智商高于人类,智商高达一千,十年内有望统治地球,人和猪的地位发生逆转:猪养人,以人为肉食品,将会发生什么事? 人类会迅速把猪斩草除根。猪因为笨才能生存。笨人比聪明人可爱,对笨人理应多些关照和容忍。多付一个铜板是吃亏,假如比卖藕的小贩还笨,那就是不幸。不跟糊涂人一般见识,是"拿得起"。

倘若对手不是糊涂人,他不讲理,奈何?

《儒林外史》中有个情节,陈和甫的儿子赊屠户的猪头肉吃,没钱还,找老丈人要钱还账。丈人说:"你赊猪头肉的钱不还,来问我要,终日里吵闹这事,哪来的晦气!"陈和甫儿子道:"假如这猪头肉是你老人家吃的,你要不要还钱?"丈人道:"如果是我吃的,自然要还。可猪头肉是你吃的。"陈和甫儿子说:"假如这钱我还给你老人家了,你把它用了,如今你应不应该把钱还给我?"丈人道:"放屁! 你欠别人的钱,怎么是我用你的钱?"陈和甫儿子道:"万一猪不生这个头,难道他也来问我要钱?"

不幸遭遇陈和甫儿子这类人怎么办? 跟他讲理会像"丈人"一样惹一肚子气。怎么办? 揍他! 前提是能揍得过他,这是常见的一种处理方法,但技术含量太低,后患、隐患很大,是下策;如果他没有欠你的猪头肉钱,能避开就避开;如果欠你猪头肉钱数额不大,不妨从大灰熊身上汲取智慧,自认倒霉,谁让你当初赊给他;如果欠你的钱数额巨大,走法律程序;总之不跟他讲理。这是中策。上策是什么? ……没有上策。

如果遭遇小人怎么办？换句话说如何跟小人打交道？跟小人过不去，小人会暗算你；跟小人打成一片，自己就成了小人；利用小人必为小人所害。对待小人要像对待鬼神一样，敬鬼神而远之，对小人也可以套用。

所谓拿得起，就是不跟糊涂人一般见识，不跟不讲理的人讲理，不给小人成为对手的机会。任何理论都有其适用范围，夫妻之间的"人间烟火"是磨合，夫妻磨合，要慎用"拿得起"理论，否则"冷战"就开始了。

（六） 放得下

守端向禅师方会学习参禅，多年没有开悟。一天禅师方会问守端："你原来的师父是怎么开悟的？"守端说："我原来的师父，是摔了一跤之后开悟的。"方会听后，轻蔑地看一眼守端，鼻孔"哼"一声，拂袖而去。守端傻了：我说错什么了？我原来的师父确确实实是摔了一跤之后开悟的。守端一连五天不吃饭，睡不好觉，第六天，他实在受不了了，找到师父方会。"师父，徒弟到底错在哪儿，请师父明示。"方会说："我哼了一声，斜了你一眼，你五六天吃不下饭睡不好觉。一个如此在乎别人的脸色、看法，一辈子都会寝不安席。"守端听后顿悟。

——这是放不下别人的看法。

人际交往中，我们理应顾及他人的感受，但是，你的人生处境，成败穷达，不用太在乎别人的看法，否则天天寝食不安。

人生有许多放不下。

林先生，苏北人，到上海打拼，有了车子房子，成为当下所谓的成功人士。买的第一辆轿车是POLO，第二辆轿车是宝马。买宝马的第一周，决定开车回故乡看望父老乡亲。轿车后备厢里带了一箱好酒、一条软中华，他准备请昔日的同学、亲朋好友喝一顿，找找衣锦还乡荣归故里的感觉，接受父老乡亲们的祝贺。宝马车驶近村头，村头路旁几个村民倚在墙根晒太阳。宝马车缓缓地停下，停在晒太阳的乡亲们的面前，贴着黑膜的车窗缓缓降下，林先生面带微笑。因为他戴着黑色的墨镜，没人认出来。林先生打开车门下车，西装革履，大奔发型，他摘下墨镜。众人笑了。"我操！"他的一个姓周的小学同学感叹:"人模狗样的!不知底细的人,还以为是什么大人物。"林先生拿出软中华给姓周的同学递烟。姓周的同学抱着胸脯说:"递烟不要一支一支递,一人一支我也递得起,要递得一人一条烟。"林先生以为他在开玩笑,但无论递给谁,都无人接烟,大家像看小丑一样看着他。林先生感到很尴尬,回到车上,车门刚关,玻璃窗尚未升起,就听到姓周的同学,迫不及待地说:"这狗日的,不知怎么发的财!"林先生感到心都冷了,掉转车头,绝尘而去,心中暗暗发誓,这辈子不回老家了!

我在党政干部培训课堂讲到这件事,广东省某市财政局局长忍俊不禁,课后对我说:"老师,我的一次遭遇,与你讲的故事如出一辙。我新任局长后,开车回到家乡的小山村,想找找感觉。我下车给乡党们递烟,没人不接,但当我回到车上,车窗还没升起来的时候,就听到一个人说了这么一句话:'贪官回来喽!'我这辈子也不会再回老家了。"

俗话说"富贵不还乡,好比是衣锦夜行",那是什么时代?儒家文化浸润千年的中华民族,善良、纯朴、深沉、博大,在漫长的封建社会,乡里有人出息了,大家都感到荣耀,好像他是家庭的一员。现在的父老乡亲不是过去的父老乡亲,"红眼病"流行,仇富仇官现象严重。毋庸讳言,我们的父老乡亲变俗了,躬身自问:自己俗吗?为什么会这样?怎么办?这是另一个课题。

每个人都有许多放不下,《儒林外史》中有个严监生,我认为他是一个古今中外空前绝后放不下的人。

晚间,挤了一屋的人,桌上点着一盏灯。严监生喉咙里的痰一进一出,一声不倒一声的,还把手从被单里拿出来,伸着两个指头。大侄子走上前问道:"二叔,你莫不是还有两个亲人不曾见面?"他就把头摇了两三摇。二侄子走上前来,问道:"二叔,莫不是有两笔银子在那里,不曾分付明白?"他把两眼睁得溜圆,把头又狠狠地摇了几摇,越发指得紧了。奶妈抱着哥子,插口道:"老爷想是因两位舅爷不在跟前,故此记念?"他听了这话把眼睛闭上摇头,那手只是指着不动。赵氏慌忙揩揩眼泪走近上前,道:"爷,别人都说一些不相干的事,只有我晓得你的意思!你是为那盏灯里点的两茎灯草不放心,恐费了油。我如今挑掉一茎就是了。"说罢忙走去挑掉一茎。众人看严监生时,点一点头,把手垂下,登时就没了气。

眼看就要死了,为两茎灯草这样的事还操什么心? 死亡是一件沉重的事情,严监生伸出的两个手指,使本来死亡的沉重带上了滑稽的喜剧色彩。

假如严监生伸出的两个手指头,像他的两个侄儿猜测的那样,是两个人放心不下或两笔银子不曾交待清楚,我们也许觉得没有什么可笑之处。可是,对于一个行将就木的人来说,两茎灯草费油之类的小事固然不值得操心,两个人、两笔金钱就值得操心吗? 这两者之间到底有多少本质上的区别呢? 充其量是五十步笑百步。也许有人说,临死的时候为人与事操心可笑,而我们来日方长! 其实也长不到哪里去——即便是一百年又如何? 一百年,在时间的长河中也只是一朵转瞬即逝的浪花,我们每天都"伸着两个指头"生活,难道就不带有滑稽的喜剧色彩吗?

由此看来,从严监生到他周围的人,从他周围的人到我们,大多数都是些"放不下"的人。当我们一旦达到这样的认识层面,喜剧又变为悲剧:我们嘲笑严监生,变成了严监生对我们的嘲笑。我仿佛看见棺材里的严监生坐了起来,一脸笑容,他那两个指头又竖起来。假如严监生问我们:"嘲笑我为两茎灯草操心,你们哪一个不在为银联卡上的几个阿拉伯数字操心?!"该如何回答?

可是,如果大家都想通了、"放下了",人生还有什么乐趣? 那样的人生会是什么样子? 女的都去当尼姑,男的都去当和尚,然后对着山头唱山歌? 当然不是。"放下"的人生境界,像一名表演艺术大师,明知是一场戏,无论扮演的是王侯将相,还是贩夫走卒,都全身心地投入,满怀激情地扮演好自己的角色,并享受表演的过程。事实上,人生就是一个大舞台,做一名生活的艺术家,像艺术家一样生活,人生就会充满乐趣!

(七) 佛学大义

佛学与学佛不同,学佛是把佛教作为信仰,修炼;佛学是把佛教当作理论来研究;佛学大义,是佛教理论最根本的要义,核心是因果轮回和因缘。

对于佛教,对于大多数的国人来说,就像对待"上帝"一样,持怀疑与否定态度,认为是迷信。如果以这种"先入为主"的否定态度面对"佛学大义",你根本阅读不下去。由此,首先我们要解决的是面对佛教(面对上帝也是同样的道理)的态度问题。

　　检验"科学",用的是真与伪;面对宗教,是信与不信。用真伪衡量宗教,或用信与不信衡量科学,就像用天平来衡量长度,用尺子衡量重量。我们究竟该以什么样的态度面对佛教(或上帝)? 解决这个问题有什么意义?

　　为什么人们会对佛学(包括上帝)持怀疑或否定态度? 因为它不能被"证实"。可以被"证实"的想法或信念对人生有影响是常识,不能被"证实"同时也不能被"证伪"的信念对人生就没有意义?

　　"证实"的意思是证明某事物真实(存在),对"证实"相对应的一个概念叫"证伪","证伪"的意思是证明某事物不真实(不存在)。20世纪英国犹太裔哲学家卡尔·波普认为:如果在任何情况下都不能证明某个命题(观点)不对,也就是某个命题"永远有理",它就是不科学的命题。这就是"证伪"原则。

　　不少宗教哲学家用"证伪"原则来否定宗教命题。

　　一位哲学家提出本质相同的一个命题:一个信仰基督教的人横穿马路,差一点被车撞着,他说:"上帝保佑,让我免遭一劫!"一次他被车撞伤了,他说:"上帝保佑,让我大难不死!"最后一次横穿马路,他被车撞死了。他的朋友说:"上帝保佑他,让他脱离此苦难世界!"这种"永远有理"的说法,由于无法"证伪",就与相反的说法——上帝不保佑他没有区别,因而没有意义。

　　但这种观点,遭到了英国哲学家赫尔的反驳。赫尔用一则寓言来辩论:

　　某大学有一个怪人,不愿与任何人接触,他认为所有的同事都想谋杀他。他的朋友为打消他的这个念头,不断地邀约一些同事与他一起喝茶,让他了解这些人对他毫无恶意。每次喝完茶,同事走后,朋友对他就说:"看到了吧? 他们多么诚恳,多么善良啊! 怎么可能害你呢?"怪人每次都说:"全是假的! 他们都一样狡猾,表面假装友善,内心谋划着怎样害死我,我心如明镜!"

　　无论同事们怎么做,怪人都坚持这样的想法。如果以卡尔·波普的"证伪"原则为标准来衡量,怪人的想法既无法"证实",也无法"证伪",就与相反的想法——同事们不想害我没有区别,因而毫无意义了。

　　赫尔认为这一观念很荒唐,因为一种无法证实也无法证伪的想法(或信念)同样具有重要意义,它会对人的生活产生重大影响。譬如,怪人的生活受到了他想法的影响。由此观之，不可"证实也不可证伪"的信念同样很有意义。

信念有正向与反向之分，其影响因之有积极与消极之别。因果因缘的信念（信仰）是正向的，它的影响也是积极的。对"佛学大义"持这样的态度，阅读就有了重要的意义。

1. 因果报应

因果是宗教信条，也是哲学观点、客观规律。人的任何行为，都会产生相应的后果，现在的处境都有相应的前因后果。

哲学上的因果律不涉及前生与来世，佛教的因果不局限于今生，它包括"无量数"（无穷无尽）的前身与无量数的来世。佛教上的因果关系，主要指因果报应——"善有善报，恶有恶报；不是不报，时辰未到。"这可以用来"解释"，好人为什么会有恶报，恶人为什么会有好报。好人之所以会有恶报，是因为前世或前前世作孽，但现世做好事可"将功折罪"，或来世得到好报；坏人有好报，是因为前世或前前世积德，现世作恶，如果不是现世现报，来世会有恶报等着他。具体表现为"六道轮回"，其六道分别是：天道、人道、阿修罗、畜生道、饿鬼道、地狱道。如果内心真正接受这一信念，有两个方面的积极意义：

第一，可以起到自我心理调节的作用。

从因果报应的信条出发，现在遭受灾难，受到不公正对待的时候，想到这是自己现世或前世作恶的后果，是咎由自取罪有应得，那么面对灾难或不公正也能泰然处之，从容面对，接受现实，获得心理上的安慰与平衡，而不会怨天尤人了。

第二，满足了人们潜在的报复心理。

从因果报应的信条出发，人们自然会想到使自己遭受灾难、欺压自己、不公正地对待自己的人，必然会在现世或来世遭到应有惩罚。这种惩罚力度，你可以根据自己所受灾难、欺压的程度，作任意的想像，这时你就是法官，想怎么审判就怎么审判，即使轻罪重判也没关系，从中获得另一种心理安慰。

在浩如烟海的佛教书籍中，有无数的轮回故事，其中不乏无法"证伪"的轮回故事,譬如能够记得前世的"二世人",因无法找到"科学依据"——或许是超出了现代人的认知能力,是故被认为是迷信。我们不妨搁置对轮回之说真伪所持的态度,进而思考不同态度(本质是有无信仰)对人的影响。

因为不相信前生来世因果轮回,所以恶人才敢肆无忌惮暗中做坏事;假如相信作恶就一定会受到惩罚,今生逃脱了法律的制裁,死后或沦为畜生、饿鬼或下地狱,就不会心怀侥幸、大胆妄为,那么这个世界会变得更为美好。

如果你认为轮回之说纯属"迷信",是自我麻醉,说明你有一定的科学素养,但在痛苦无助的时候,在受到不公正待遇的时候,你的心灵就不会得到这份安慰、就不会得到解脱,你可能会堕落、会迷茫、会痛苦,你就没有佛教徒那样从容坦然、平静。一个理智的人生活在烦恼、迷茫痛苦中,而被认为"迷信"拥有宗教信仰的人,超越了烦恼、痛苦的困扰,内心平静,生活幸福,请问到底是谁更理智? 所以佛说:信即得救!

2. 因缘的观念

所谓"万法因缘生,万法因缘灭",一切现象、存在或任何事情的结果,都是由于不同要素相互作用而产生的,都有其原因。一切现象或存在的消失同样也都有其原因。这种"缘"——要素往往不是一种,譬如,苹果树的枝头果实累累,这固然有园丁的功劳,同时还受到阳光、土壤、天气等要素影响。既然如此,我们就该从容面对成败。成功之时,不需要那么兴奋,也不要盛气凌人,因为这种成功绝不仅是出于个人的力量,它是天时地利人和诸多因缘共同作用的结果,所以我们应常怀一种感恩之心。如果遇到逆境、遭遇灾难之时,也用不着太难过,既然任何现象的出现或消失都是因缘而生因缘而灭,哪里用得着去为之难过呢?

3. 生死轮回

缺乏宗教信仰的人,有一种对生命深层的悲哀,一种心照不宣的难言之隐:

苦心经营一辈子,意义何在? 对失意者而言,难道人生就是为了受罪? 对于成功者而言意义又在哪里？功成名就之后是风烛残年，头痛、颈椎痛、腰椎间盘突出、高血压、高血脂、高血糖、哮喘、消化不良、肥胖……最让人难以接受的当然是死亡，死把人生所有的努力统统归零，忙碌几十年竟然以这种形式收场：躯体被送进火葬场，顺着某个大烟筒向上飘逸——成为天空中的一朵袅袅的白云，这怎么能不让人泄气？

如果我们相信有前生来世，善有善报，这将给人生带来多么大的安慰和激励！"永生"是人类最大的理想和愿景，人类对永生的追求从来就没有停止过！

这是一种信念，对于这一信念，有人相信，有人置疑，有人认为是迷信予以彻底否定。它不能被"证实"，同时也无法"证伪"，就像"上帝"一样，很多宗教命题就像"上帝"一样。六道轮回，不能被"证实"，是否就没有意义？

我愿意相信轮回，希望得到永生；但我更希望"善有善报，恶有恶报"不要等到来世，不完全依赖佛的愿力，我们的道德与法律能够做到现世现报；我更希望来世不是在六道中轮回，而是通过讲课、出版书籍和音像制品把我学习感悟形成的思想精华传播出去、传承下去，成为中华民族优秀文化的组成部分，成为民族精神的组成部分，并以这一方式得到永生。

李惊涛　中国计量学院中国文化研究中心主任,人文社科学院教授。曾任江苏省连云港市文联秘书长、连云港电视台台长等职。中国作家协会会员、中国电视艺术家协会会员。学术方向:现当代文学、新闻传播学。著有长篇小说《兄弟故事》、中短篇小说集《城市的背影》、文艺论文集《作为文学表象的爱与生》等。

年夜饭(外二篇)

李惊涛

在童年的印象里,母亲慈爱、宽厚而又大气,父亲则是个智慧、幽默而又达观的人。但是,父亲平日里并不常见。母亲说,你爸在县里上班,星期天回家。于是我们就盼星期天。但有的时候,父亲星期天也不回家;因此,他回家的星期天就变得格外珍贵。只要星期天快到了,母亲也会显得快乐,说:"明天,你爸就要回来了。"母亲说话的时候,脸上会有红晕,声音也轻快起来。

父亲回家,不仅母亲高兴,我们兄弟姊妹更兴奋,因为伙食会改善。父亲一回家,母亲平时舍不得吃的鸡蛋、不常买的豆腐,我们都能够吃到。这且不算,父亲每次回家,还会从自行车梁悬挂的帆布包里拿出一些好吃的。那种帆布包,现在已经绝迹,其形状如同上个世纪二十年代行商肩上常见的"褡裢";那里面装着我们儿时的憧憬。只要自行车铃铛在村口一响,我们的心就会激跳起来,跑去迎接父亲。而他爽朗的笑声和与本地人不一样的口音,却在街口延宕着。我们拉他回家,从他自行车梁的帆布包里往外掏好吃的,有时是瓜果,有时是糖块,更多的时候,是一些小鱼小虾。你一定猜得出来,我们的父亲,还是个好吃而又会做的人。

好吃和会做,原因和结果被父亲兼于一身。他星期天回家,总是能够带回新鲜的

198

小鱼小虾;最不济,也会带回一些小蛤蜊,做成一锅汤,上面撒些芫荽(我们叫它芫菜,即通称的香菜),有时也会撒些韭菜叶。我们喝着,觉得特别鲜美。"这是天下第一鲜汤",二哥说。我们听了,纷纷点头。母亲对此却不以为然,用不屑的口吻说:"要吃吃大鱼大肉;腥鱼烂虾,有什么吃处!"我们的父亲就不说话了。大鱼大肉,父亲何尝不想买,我们又何尝不想吃。但是,在上个世纪60—80年代,父亲平日里无法做出那笔预算。47元的月薪,他领了将近30年,没见涨过。

要吃大鱼大肉,只有等过年。

我14岁那年除夕,父亲年夜饭准备得特别早,似乎是过了腊月就动手,因此也提前启动了我们的期待。那些天里,父亲不时往家带来母亲平素里念叨的大鱼大肉。最早进家门的是马鲛鱼。父亲意外地决定用油先把鱼炸一下,以便除夕那天再红烧。家里平素烧鱼的时候,母亲似乎总是退避三舍,主动请父亲出山。无论河鱼还是海鱼,父亲烹制时总是香飘满街,让我们觉得特别鲜美。印象里,除了海州湾盛产的黄脐鱼父亲喜欢用油煎了吃,其他的鱼类,父亲均不过油,总是先以油、葱、姜、辣椒、花椒烹炸了汤汁,再将鱼氽进去,甚至带鱼也不例外。我成家立业后,有一次朋友徐习军的夫人李薇出差南京,他伺机请张文宝和我到家里小酌,我曾露过一手"非油炸红烧带鱼",大受好评,即是传承了父亲的方法。而那年备年货时,父亲之所以先用油炸马鲛鱼,主要是为了延长存放时间,因为碰上了暖冬。

油炸马鲛鱼的香味,在我们家锅屋里升起,随即飘到了街上。我和15岁的二哥为了验证香味飘出的距离,追着鱼香来到了大街上。很快,我们发现有些邻居探头探脑地走过来。

"真香啊,"他们问:"你们家来亲戚了?"

不是来了亲戚,我说:"我们家炸鱼自己吃。"

邻居们诧异之余,投过来的眼神——用现在的话说——有些"羡慕嫉妒恨"。离过年还早着哩,他们说:"现在就吃上油炸鱼了?"

不是现在吃的,二哥解释说:"是备年货的,我们家。"

隔街的东院邻居张庆考,胳肢窝夹着煎饼,越过我们兄弟俩,直接走进了我们家。我们跟着他,见他进了锅屋,看我们的父亲用筷子往滚沸的油锅里一块块送鱼。看了一会儿，张庆考将煎饼朝我们父亲的面前一摊，说："来几块，解解馋！"

我们的父亲显现了罕见的大方。他朝张庆考的煎饼里放了四五块炸鱼。张庆考捧着煎饼的手，依然坚持不换姿势，直到我们的父亲朝他煎饼里放了七八块鱼，才连连说好，然后包起煎饼，大口大口地咬食起来。我们兄弟俩站在他身后咽着唾沫，觉得也许是刚才上街验证香飘距离的不明智行为，才引来了张庆考，心里别提有多懊悔了。张庆考吃着油炸马鲛鱼，察觉身后有异动，转脸对着我们兄弟俩，用赞许的口吻说："十年一过，都行了！"

我们听得懂他的话。我们知道他吃了我们家一年才吃得上一次的油炸马鲛鱼，不得不送上几句赞美。而赞美的对象，最好是主人家的孩子。事实上张庆考的话，我们从所在移民村的邻居嘴里，经常听到，唯独张庆考很少说。因为他家里也有七八个孩子，年龄和我们相仿。我们知道张庆考很少那样赞许我们，是因为他宁愿自己孩子成长得更快。但是，那一天他吃了我们的父亲慷慨送给他的油炸马鲛鱼，再不说几句好话，实在说不过去了。十年一过，都行了！对我们的这种赞许，二哥当时做了简单分析，认为张庆考并没吃亏，因为那样的期许里肯定也包括了他家的孩子，等于一起赞美了。所以，当时他一呱嗒嘴，我们就明白他是什么意思了。

随着年关临近，我们对父亲回家的期盼程度也水涨船高。这期间，张庆考经常揣着煎饼到我们家里来。但是我们已经无暇对他给予更多关注了，因为父亲时不时带着年货从县城回来，而且每次都有新的惊喜。

"今年过年，肥了！"我们的父亲说着，从自行车大梁的帆布包里，拎出一挂"猪下水"。"猪下水"是通行概念，在我们儿时的方言记忆里，似乎叫"联肝（音 gang）肺"。只见他拎出猪的"联肝肺"后，又拎出半爿猪头，然后，又是几只猪蹄子。他自豪地告诉我们，这是他从谁谁那里特批来的。这且不算，父亲还宣布了一个令我们难以置信的决定。

"我打算花一百块钱，"父亲说，"像模像样做顿年夜饭。"

我们兴奋得嗷嗷直叫。平时多烧一只三分钱煤球都会对母亲不满的父亲，为什么愿意花巨款做去年夜饭？当时我们并不完全理解。而他接下来的一句话，直接将我们的期望值推向顶峰。"今年过年，"父亲说，"全家好好解解馋！"

除夕就要来了,父亲大显身手的时候也到了。天寒地冻时分,我们牢牢地围在父亲身边,看他用嘴认真地吹着猪肺管,将它吹得十分胖大;又用一只专用的镊子,细心剔除猪头和猪蹄上残余的毛茬儿。我们知道,年夜饭时,我们又能吃上卤猪肝肺、猪头糕或猪蹄糕了。

菜肴分系。老家郯城,在鲁菜系里。父亲一边摆弄手里的副食品,一边对我们说,鲁菜宴席上,荤菜分"上八珍"和"下八珍"。

"那卤猪肝肺是'上八珍'么?"我们问父亲。

"卤猪肝肺不是'上八珍'。"父亲说,"'上八珍'是燕窝、鱼翅……"

我们心有不甘,又问:"那猪头糕和猪蹄糕,该算'下八珍'了吧?"

"也不算。"父亲说,"'下八珍'是海参扒肘子……"

我们听着父亲讲述着鲁菜的美味佳肴,感觉十分受用。虽然没吃过鲁菜的上下"八珍",但我们对它的各种配置和序列早已了如指掌。因为父亲每年准备年夜饭时,都要向我们复述;已经问过 N 遍的问题,我们每年都会再问一遍。尽管问的时候,我们早就知道答案;但是,我们依然爱问。因为我们知道,哪怕是过年,家里也永远吃不到燕窝和鱼翅,甚至海参扒肘子了;我们从记事以来,似乎也只是从父亲嘴里听说过。而眼前的"联肝肺"、猪头或者猪蹄子,伴着父亲的述说,却很快就要成为我们口中的"八珍"。父亲清理它们的时候,我们看得见、摸得着;做好之后,色香形味也同样实实在在。对于我们来说,它们的诱惑力就是想像中的各种"八珍"。

那年除夕的年夜饭,我们的向往先是按天、后来是按小时计算,并且用减法扣除。二十多年以后,我们才知道那种方法叫做"倒计时"。除夕,在父亲于煤炉前不停的煎炒煮炸中,在母亲和大姐烙煎饼、蒸馒头、做豆腐的紧张忙碌中,在两个妹妹用报纸糊墙后主要是张贴样板戏剧照还是年画的争议声中,在我和二哥到村后河里抬沙子回家铺院子的喘息声中,总之,在我们充满憧憬的"倒计时"里,来了。

连续几天的忙碌,该做的都做了;到了大年三十的下午,我和二哥忽然无事可做。这是我们真正幸福的时刻。我背着手,心满意足地围着堂屋里的长桌转来转去。我在等待年夜饭。这时候,二哥提议我们到街上去玩。我认为他的提议很好:用延宕吃年夜饭的时间来延长幸福感的想法与做法,与我当时的心理如出一辙。

我们走到了街上，迎面碰上了张作顺。他是我们所在移民村的党支部成员，也就是说，在母亲做支部书记的班子里。咦，他嗅着鼻子，眼睛盯住我们问："这么香！谁家的？"

"我们家的，作顺大爷。"我抢着说，同时脸上溢满了喜悦和骄傲。

"那我得去看看。"他吸着鼻子说，径直走进我们的家。

为了加大等待的幸福指数，二哥提议我们俩继续忍饥挨冻，在街上玩耍，以便最后回家大吃大喝一场。但我心里却生出不祥的预感，放心不下张作顺，打算尾随他回家。二哥对我的意志薄弱表示了鄙夷之后，继续在街上溜达。我回到家里，看见我们的父母正与作顺热情谦让着。张作顺在堂屋东看西看一番，最后把视线投向我们摆放年夜饭的长桌，并且发出惊叹。

"这么多菜啊，老周！"他说，"真叫人不想走啦。"

"不想走就在这里吃好了，"母亲说，"吃完再回家过年。"

张作顺想了一下，似乎想谢绝。我站在他身边，十分想听到他嘴里说出那样的意思。但是，他说出了与我们母亲的建议相同的声音。

"吃完再回家过年，也一样。"他说，"哪里过年还不是过。"

张作顺在我忧心忡忡的眼神中，一屁股坐下来了，抽出腰间的旱烟袋，往里摁了一袋茄烟。我忧心如焚地看着他。他丝毫不以为意，开始抽烟了。母亲从堂屋走了出来。我跟在她身后，想出来劝她收回对张作顺的邀请。但母亲走向了正在锅屋做菜的父亲，与他商量，大意是张作顺要在我们家吃年夜饭；既然支部班子里他来了，不请其他人不好，索性都请来，一起吃吧。父亲沉吟了一下，对母亲说："我前几天炸的马鲛鱼，你放哪里了？"

母亲说："你不是放在厨上小簸箕里面的么？"

"是啊，"父亲说："可那里面就剩几块了，不够做一盘菜的。"

母亲恍然想起什么来，对父亲说："哎呀，庆考常拿煎饼来卷了吃，是不是叫他吃完了！"

"这事儿，他能办。"父亲说："你刚才说什么？"

母亲将请支部班子人来家里吃年夜饭的想法，又说了一遍。父亲再次朝堂屋看了看,最后表示同意。就这样,母亲离开家门,开始请支部班子里的人来家里吃年夜饭。很快,家里的堂屋便来了新客人,有张明喜,有傅永信,还有隔壁的邻居张明岗,加上张作顺,把我们家吃饭的长桌基本坐满。由于桌子不大,我们兄弟姐妹上桌一同吃年夜饭的可能性,已经没有了。大姐被安排在锅屋烧火办菜。二哥被从街上叫回来承担开酒和倒酒的任务,因此也就有了陪客的资格;只有两个妹妹和我,被大人要求在里屋等着,待大人们吃过后再出去吃饭。

我和两个妹妹挤在里屋,看见桌上的菜肴渐渐摆满——那正是我们期盼了很长时间的美味,由父亲一手烹制的佳肴;看见父母陪村支部成员和邻居们围在桌前坐下来。这时候,父亲说:"要不要来点'猴子药'?"

我知道父亲所说的"猴子药",指的是白酒。因为乡间走街串巷的耍猴人,为了让猴子进入兴奋的表演状态,常常会给它们灌点白酒。但父亲的话里还有另外的成分,即很多人喝了酒以后,脸色发红,他常嘲笑为猴屁股,因为猴屁股的颜色也是红的。我们的父亲,一生不喝酒;唯一嗜爱的食物是水饺。过节时,家里十有八九会包水饺。拌饺馅儿的工序出现时,母亲会郑重地请出父亲,由他亲自调味。因为父亲,我们从小就知道了味精;并且注意到,父亲往馅里添加味精时,十分豪放。大包装的,他要放大半包;小包装的,甚至全被抖进盛饺馅的盆里。你不难设想,在温饱还是问题的上个世纪六七十年代,八口之家包水饺的工程量,有多浩大:全家人一齐动手,要扎扎实实忙碌半天。那样的情景,妹妹李雪冰有专文回忆,这里不再赘述,还是回到那年除夕年夜饭的桌前。当客人听见父亲有关"猴子药"的提议后,都哄笑起来,对父亲的揶揄并不在意。我的二哥积极地打开了酒瓶,然后,在我们父母的谦让声中,客人们迫不及待地拿起筷子,端起酒盅,开始吃喝起来。

我心里十分悲愤。我不能出去。两个妹妹也不能出去。大姐在厨房里忙碌,也不能到桌前去。但浓郁的菜香混着甜丝丝的酒味,不停地朝我们鼻子里钻。我们盼了将近一个月的年夜饭,近在咫尺,享受的却不是我们,甚至也不是我们的父亲、母亲和二哥:父亲不善饮酒,表示自己做菜累了,吃不下去;母亲为了照顾好家里的客人,不停地在厨房和堂屋间穿梭,与大姐一起端菜上饭,也没能很好地坐下来;二哥身负"酒司令"的使命,不停地起身斟酒,为了表示知书达理,在客人面前也不怎么动筷子。

我和两个妹妹在里屋,眼睛窥视着外面大人们的吃喝,嘴里时不时发出低声的抗议。但外面堂屋里的客人,用坚韧不拔的态度,推杯换盏,觥筹交错,将母亲和大姐轮番端上来的菜,在赞美声中一盘一盘吃了下去。每见一只空盘被端出去,我的心都要揪一下。在我揪心的疼痛中,他们声音嘈杂,将那顿年夜饭一直吃到了晚上十时多。之后,他们打着饱嗝或酒嗝,称赞了父亲的手艺和那顿年夜饭的质量,感谢了我们母亲的热诚邀请和款待,在父母的送行声中,离开了我们的家。

大姐走进里屋,来喊我和两个妹妹出去吃饭。在她进来之前,我对两个妹妹发表了拒绝出去吃饭的倡议,以表明对大人无视小孩权益的抗议。因为我透过里外屋之间秫秸篱笆的缝隙看见,桌上已经杯盘狼藉,大多数盘子都见了底,已经没有一道完整的菜了。两个妹妹都表示赞成和支持我的想法。可当大姐的招呼声一传过来,她们的腿业已违背了她们口中对三哥的承诺,出了里屋,走到桌前。

我对着妹妹们不争气的背影咬牙切齿地说:"别出去吃,太气人啦!"

两个妹妹已经听不到她们三哥的话,原因是她们早已饿坏了,端起碗来就吃。吃了一会儿,她们发现三哥还呆在里屋不出去,叫了我几声。我依旧悲伤地呆在里屋,拒绝出去。父母送罢客人,看见他们的小儿子没有坐在桌前吃饭,喊了我几声。我坚定地闭紧了嘴唇,不让它发出一点声响。母亲走进了里屋,看见了床边缩着的一团,那是她靠紧了抽屉桌吭着头的小儿子。

"叫你出去吃饭呢,"母亲说,"你不饿啊?"

"不吃了!"我用很大的声音说。

母亲顿了一下,很快明白了小儿子闹情绪的根源,说:"瞧你那点出息!"

听见母亲的批评,14岁的少年忽然哇地一声,大哭起来。

青 红 丝 月 饼

月饼是提前几天准备好了的,我们一点都不知道。我们兄弟姊妹只知道到了八月十五,一定能够吃上月饼。我们盼啊,盼啊,盼来了我们母亲的母亲,也就是我们的舅奶奶,迈着她的"三寸金莲",到我们家来了。父亲难得在家,要等到星期天——父亲称作礼拜天——才会回家一趟。自行车铃铛从村口响过来了，招呼声和说笑伴着一位操外地口音的中年男人来到院门前，那是我们的父亲。但那是要等七天或半个月才会出现一次的情景。所以，那年八月十四舅奶奶来到我们家时，父亲并不在家；我们的母亲，那一天也不在家。她正在村外，忙着组织公社的电工，给我们所在的移民村——大朱洲村建电灌站。

舅奶奶来了。她长长的脸儿，慈眉善目，穿着已经洗得发白的海昌蓝斜襟褂子、藏青色裤子，扎着裤脚，看上去，是个很利索的老太太。对舅奶奶穿戴的印象，是我多年后综合回忆的结果。当时，我们注意的主要是她臂弯里挎着的"小斗箥"（一种用去皮柳条编织的圆形小篮）。我们围上去，让舅奶奶用骨节粗大的手抚摸我们，然后，探头探脑，往"小斗箥"里看。舅奶奶自然明白眼前这些外孙和外孙女的心思。但她并不揭开盖在小"小斗箥"上面的布帕，却对我们说："恁妈妈呢？"

舅奶奶是赣榆县城头公社前庙子村人，方言里的"你"或"你们"，一律发"恁"字音。我们很自豪地说："妈妈在河北堰那里，建电灌站去了。我们庄通上电了！"

"好啊，好啊。"舅奶奶用这样的话夸奖她的女儿。她将"小斗箥"放到我们家的橱顶上，那是我们需要踩着凳子才能达到的高度。舅奶奶在我们家最宽的一只板凳上坐下来，轻轻地喘息着。那一年，她已经六十多岁。我们围着橱子转来转去，闻着"小斗箥"里发出的丝丝缕缕的、似有若无的甜香味儿，迟迟不肯走开。

我们的母亲永远是那样忙碌。到了晚上，天黑以后很长时间，我们都饿坏了，她才回到家里。虽然已经十分疲惫，但看见我们的舅奶奶，依然十分高兴，到锅屋忙着准备饭菜。上个世纪六十年代末，一个大队书记能够用来招待自己母亲的，和自己五个孩子日常所吃的饭菜并无两样，是青菜煮地瓜，撒进一把盐，当地老百姓叫做"咸地瓜水"。舅奶奶并没显出不悦。她看见自己的女儿在忙着重要的工作，看见自己的外孙、外孙女长得十分健康，高兴得眼睛眯成一条缝儿，说："好啊，亲戚来到家，涮锅煮地瓜。"

八月十五，说到，第二天就到了。傍晚，我们的父亲一路响着自行车铃铛，从城里回来了。就像我们想像的那样，他带回来一只大西瓜。除了在远方当兵的大哥，我们全家人又聚在了一起；特别是，家里还来了我们的舅奶奶。当天晚上，天气凉爽，白莲花似的云朵,在天上轻轻飘着,月亮出奇得圆。这时候,我们的父亲以一种举行仪式般的口吻说:"切西瓜!"

在我的记忆里,切西瓜,在我们家有一种不同寻常的郑重氛围。你只有看见父亲接过我们的母亲递来的菜刀,先将西瓜根蒂部分切下一小片,再用它细细地擦拭菜刀的正反两面,最后才慎重地从西瓜中部一刀切下,你才能理解我所说的"不寻常的郑重氛围"是什么意思。那只西瓜,随着我们的父亲手起刀落,瞬间便露出了两爿羞红的脸来。"好瓜!"我们的父亲说。然后,在我们的喜悦和期待里,他将西瓜切成片,整齐而又均匀地排在桌子上,心满意足地看着自己的家人和岳母说:"吃!"兄弟姊妹立即出手,每人嘴里瞬间便溢满了西瓜丰盈甜美的汁水。

吃西瓜时,七岁的我,会让西瓜籽儿从刚掉的一颗门牙留下的缝隙里挤出来,并且不停地表演给家里人看。母亲将父亲切好的西瓜拿出几片,送给东院邻居明岗家的孩子吃。我知道,在我们家切西瓜的欢声笑语里,邻居家的三个小妹妹,已经在隔着篱笆翘首以待了。望着送西瓜的母亲,我想告诉你,为什么一只西瓜,会被我们的母亲、父亲那样看重。在农村,我们的邻居很少吃西瓜。他们的菜园子里,偶尔也会种植可以直接吃的黄瓜、梢瓜,有的甚至还栽种香瓜或面瓜,但是,很少有人种植西瓜。原因在于西瓜个儿大,不好看顾;种植成本也比其他瓜类大得多。而花钱买西瓜吃,或许只有像我们的父亲那样每月能领到工资的"公家人",才有力量。送罢西瓜,母亲回到家里。我们的父亲对我们说:"西瓜皮再啃啃,别留太厚";又对我们的母亲说:"把月饼拿出来吧。今年买的是什么馅儿的?"

这时候,我发现,我们的母亲忽然面露赧色,说:"哎呀,忙忘了!"

她这句话,让我们的喜悦和期待,一下子变得上不去,下不来。就是说,那年八月十五,我们的母亲,因为忙着为村里建电灌站,根本没为过节准备月饼。我们本来以为,月饼已经在家里橱子的某个角落,静悄悄地等着我们吃呢。我们的神情,有点儿悻悻的,也有点儿讪讪的。我们的父亲,并没有责怪我们的母亲。这时候,不难想像,我们的舅奶奶笑盈盈地从家里橱顶上拿下"小斗篼",拎出一只扎着十字形红线的草纸包儿,说:"月饼,俺给恁买好啦!"

在我们的眼睛放出的光芒里,我们的舅奶奶,小心地用指尖挑开红线,拉开一角,让我们看月饼。我们看到月饼很安静地躺在纸包里,好像有点不好意思似的,露出几只脸儿来,就等着我们吃了。没想到,舅奶奶却拿起一片西瓜,拎着"小斗篓",径直走向我们家的院子。我跟在她后面,见她从纸包里取出两只月饼,在桌子上摆好,然后跪在地上,嘴里念念有词,说:"八月十五月亮圆,西瓜月饼敬老天……"我们的母亲和父亲也跟出来,却并没有跟着下跪。他们都是新中国成立前参加革命的,按组织规定和要求,不敬天地鬼神;但是,他们也没阻止我们的舅奶奶祭拜。在我大半生的记忆里,看见自己的长辈、亲人敬天拜月,那是唯一的一次。舅奶奶磕了三个头,慢慢从地上爬起来,开始分发月饼。她带来的一斤月饼,一共十只,形状如同一只只压扁的小土豆。我们兄弟姊妹五人,每人领到了一只。这时候,我们的母亲,拿出纸包里仅剩的三只,对我们的大姐说,给明岗叔家送去。我们的舅奶奶,平时节俭到一分钱掰成两半花,却在八月十五晚上,不仅让自己的外孙、外孙女的期待得到落实,化解了女儿的尴尬,还让她邻居家的三个孩子,吃上了月饼。

那是我第一次吃到来自母亲的北乡出产的青红丝月饼。我咬了一口,感到馅里有甜甜的冰糖粒儿;仔细打量,见月饼里还有几根若隐若现的青红丝。我问我们的父亲那是什么,父亲说,其实就是冬瓜和萝卜,切成丝,再用糖和蜂蜜腌制成的。我们兄弟姊妹吃着月饼,细细品着里面的青红丝,想像着糖和蜂蜜的甜味儿,心里充满了幸福感。就在这时,我发现,我们的母亲走到院子里,把敬天拜月的两只月饼取回来,一只递给她的丈夫,一只递给我们的舅奶奶。我们的父亲惬意地咬了一口,说:"要说好月饼,北京有果脯的,有枣泥的,还有豆沙的;上海的呢,有五仁的,有火腿的,还有蛋黄的……"就在他大谈特谈北方和南方的月饼特色时,我看见我们的舅奶奶,将手里的月饼掰成两半,递了一块给我们的母亲说:"吃吧。"我们的母亲接过半只月饼,忽然转过身去,擦拭眼睛;再转过身来,对着她的母亲说:"妈,今年八月十五,亏了您。"

面 疙 瘩 汤

面疙瘩汤里的葱油香味,总能让我很快醒来;但我知道,我必须躺着不动,甚至不能够睁开眼睛。我要让母亲觉察不到我已经醒过来了。母亲在堂屋里静悄悄地走动,把盛好面疙瘩汤的两只碗,轻轻放到桌子上。我就知道,我的大姐和二哥,虽然还带着睡意,已经理直气壮地坐到桌子边上,开始呼噜呼噜地喝面疙瘩汤了。然后,在太阳没出来之前,他们要背上书包,在青灰色的晨光里,走上通往青口镇的河堤。他们是到县城上中学去的。

想到他们已经在上中学,我很无助和无奈。我知道太阳出来后,我会起床,却喝不到漂着葱花的面疙瘩汤;因为我还在本村小学上三年级,而且是和双胞胎的两个妹妹,在同一个教室,上"复式教学班"。

你无法理解 1973 年一个 13 岁少年内心深处的悲哀和不平。那种在年龄上永远也追不上姐姐和哥哥,因此也永远享受不到他们在家庭中所受的重视的郁闷,让正在生长发育期的我,终日心事重重。我起床后,两个小妹妹也跟着起来。我们会被母亲叫到饭桌前,喝大麦或玉米面做的粥,就着腌胡萝卜,灌个"水饱",而后去本村小学上学。妹妹们只要一觉醒来,便叽叽喳喳说个不停;她们并不注意面前的三哥为什么会无缘无故地手脚很重,摆筷子放碗,弄出很大的响动。我当时的想法只能闷在心里:待我上中学时,看母亲早晨会不会做漂着葱花的面疙瘩汤给我喝;如果不做,那就是偏心!

小小少年清晨的怨气往往在夜里化为乌有。因为在我爬上床后,总能够感受到母亲来为我披被子;母亲的动作是那样轻柔,让我在逐渐朦胧的意识里,依然感到温暖,知道母亲不是偏心,只是家里困难——父亲每月 47 元工资,只给母亲 20 元养家,她实在无力让五个孩子早晨都喝上香喷喷的面疙瘩汤;同时,在入睡之前,我还生出某种自信:喝上面疙瘩汤,只是个时间问题……

1974 年,我终于摆脱了与两个妹妹共读"复式教学班"的尴尬,到邻村的申城小学读四年级。由于路远,必须早起。我起床后,虽然只能看见大姐与二哥离家的背影,但饭桌上的面疙瘩汤碗,余温犹在。那一天,母亲无声地盛出另一碗面疙瘩汤给我。我接过汤碗的一刹那,心里忽然洋溢出一种强于妹妹、弱于大姐和二哥的优越感。喝完香喷喷的面疙瘩汤,在一种与母亲心照不宣的神秘感里,我悄无声息地走出家门,到邻村上学。一路走着,我一路想,我已经接近并且快要加入大姐和二哥的行列了。听说他们在赣榆县中学学习都不错,二哥还创造了六门课考 598 分(百分制)

的成绩。我也要像他们那样学习好，才能对得起与他们一样的待遇——早晨上学前，喝漂着葱花的、香喷喷的面疙瘩汤……

1977年，我实现了赶超大姐、二哥的愿望，以所在公社城南片区第一名的成绩，考上了赣榆县中学，读高中。开学发新书时，我意外发现自己的考试作文《雷锋精神鼓舞着我》，就收在下发的《中学语文参考资料·作文》里，并且与鲁迅、冰心们的文章排在一起。我带回家给母亲看。母亲欣慰地微笑着，眼睛里似有泪光。高中两年，我延续了母亲的欣慰：两次捧回全县语文竞赛第一名、一次徐州地区（八个县）语文竞赛第一名的奖状回家，成为赣榆县中学的"语文尖子"。其时我和两个妹妹早晨上学前，都喝上了面疙瘩汤。那是我们的母亲，以终年举债的方式，竭力撑起一个困窘的家，让孩子们都走上知识改变命运的路。高考前夕，母亲甚至没有考虑我能否考上大学，便提前准备起我远行的蚊帐和被褥。事实上，除去大哥14岁入伍做了文艺兵外，1977年至1981年，我们兄弟姐妹都没有让母亲失望：二哥考入徐州师范大学中文系，大姐考入铜山师范专科学校中文科，我考入北京师范大学中文系；两个双胞胎妹妹，一个考入江苏警官学院治安系，一个考入徐州师范大学外语系。在高考升学率只有4%到8%的上个世纪七十年代末、八十年代初，一家考出五个大学生，在赣榆当地，一时传为佳话。

多年以后的现在，我早已成家立业，年过半百，但对漂着葱花的、香喷喷的面疙瘩汤，依然有一种近乎执着的偏好。无论天南地北，只要有面疙瘩汤，我都会在他们困惑不解的眼神里，急切地端起碗来，喝得津津有味，呼噜作响，直至大汗淋漓，意犹未尽。

因为，我知道在天国的母亲，会充满幸福感地望着正在喝面疙瘩汤的小儿子……

王洪震 画说汉朝博物馆馆长,作家,北京大学客座教授,著名收藏家,汉文化研究学者。著有《汉画像石》、《汉代往事》等。凤凰卫视《解密帝王陵》主讲刘邦。

宿州长歌

王洪震

一、颜 子 发 愿

老同学颜廷君从宿州打来电话,说在该地给党政干部授课之余,慕名访古,亲睹闵子墓闵子祠荒凉破败,心生感慨,发愿游说化缘,亲自策划,以期重修重整;并要我放下手头一切写作,立马沪行宿游,赞襄其事。

作为同学,作为兄弟,称他颜子,调侃之外,不乏敬重。十年以来,廷君的履迹如天马行空:一会儿六月飞雪,东海孝妇;一会儿五月渡泸,深入不毛;一会儿西登太行、秦岭、莽苍昆仑;一会儿又白山黑水,冰城盛京。峰会讲台,嬉笑怒骂,指点江山,品藻古今,臧否人物。布道政要,宣教财酋,出入公门,指点迷津。翩翩一只云中鹤,飞来飞去尽州衙。

著书立说,成名成家。正如他小说里的人物"颜子义",其意志之坚韧,敬业之执着,事迹之特异卓荦,出之以黑冷幽默,令人掩卷扼腕,过目难忘,余音绕梁,足可成为保险业经典教材。

著述渐入佳境,事业风生水起,去年还被评为上海交大先进工作者,荣获突出贡献奖,天天忙碌异常,咋有闲心趟这浑水惹这滚滚红尘?

但我知道，天下之大，人海滔滔，也只有我知道，物伤其类了。

作为孔门高足颜回颜渊的后人，七十八代孝子贤孙，从他记事起的数十年间，家中伟岸的老父亲每年所写的春联都是："忠厚传家远，诗书继世长。"

有着浓厚圣贤家族情结的颜廷君，眼看闵子墓祠沦落萧条，我仿佛看到他的心火的蓝光。

颜回与闵子骞有着同门之谊，在德行方面同为七十二贤之首。衡量一个人，古时自有标准。人生追求的最高标准，即为德行，所谓三不朽："太上立德，其次立功，其次立言。"

同在儒林，又各有卓荦之处。

在颜回，孔子最得意弟子。《雍也》说他安贫乐道："一箪食，一瓢饮，在陋巷，人不堪其忧，回也不改其乐。"为人谦逊好学，"不迁怒，不贰过"。他异常尊重老师，对孔子无事不从无言不悦。以德行著称，孔子称赞他"贤哉回也"。他穷且益坚，"天赐颜回一锭金，外财不发命穷人"。乃敢言仰不愧天俯不怍人。高风亮节，千古传颂。

在闵子，与颜回同窗，德行伯仲之间。慈悲为怀，以德报怨，"鞭打芦花"，设身处地，为人着想，可谓先生之风，山高水长。闵子骞被誉为中华第一孝。

再忙也得去，一周之内，完成沪行宿游。

谁叫咱欠他的，而且是青春债，当年在徐州教院，时在春收夏种时节，我正值丧子之恸，他身为班长，置校规校纪于不顾，不辞而别，去了我微山湖畔的老家，割麦拔蒜，一个赶俩，黄瓜豆芽，斤把老酒话桑麻。整整一周，生生的班长给撸了。

五十岁以上的中国人，没有谁不知道鞭打芦花。一个凄凉凄婉又不乏温馨的动人故事。

幼时的我不止一次地听祖母听父亲讲过鞭打芦花的故事。只是版本略有不同。

祖母说十层单不如一层棉，又强调是新棉花。现在我知道汉时根本没棉花，棉花是后世的舶来品。

祖母讲这故事时，母亲总是阴沉着脸一言不发。而父亲讲到"母在一子寒，母去三子单"，母亲就按不住一脸的不耐烦。

后来我才理解祖母何以不断言说，不厌其详讲这故事，而且多是当着我母亲面讲。我的母亲是父亲的续弦，我与大姐大哥是同父异母。

我的母亲是个好母亲、好继母，直到如今，八十六岁了，白发如瀑，全村人交口相赞，没人道一个不字。我的大姐对母亲奉养一如亲娘。

现在我理解了祖母的话里话。

二、闵子行状

闵子骞是中国古代著名思想家教育家政治家，儒家学说创始人之一。

对闵子骞故里的介绍，最早源于《史记》之《仲尼弟子传》。闵子（公元前536—前487年），名损，字子骞，春秋鲁国人也。比孔子小15岁。

闵子骞的先祖是鲁国的第四代国君鲁闵公，其父闵马夫为八世祖。周制八世祖别于公族，亦即不再承祖荫食俸禄，成为有着光辉历史的平民。适逢鲁国"三桓弄权"，国政日非，遂举家迁居"宋国相邑之东"，也就是今天的宿州市曹村镇的闵贤村。

关于闵子骞的出生年月，《闵子世家》说他生于鲁悼公五年春正月（公元前537年）。《闵氏家乘》则记周景王八年（公元前536年）春正月。《辞海》、《中国名人大辞典》和《孔子弟子研究》均记于公元前536年。

《闵子世家》和《闵氏家乘》记载闵子骞寿年89岁。一说49岁。

《闵氏家乘》记：闵子骞于周景王八年（公元前536年）正月出生。出生地为安徽省宿州市曹村镇闵子村。他的父亲闵世恭夜梦文魁星身着五彩斑斓的服饰，手持玉符宝玺，与福禄寿星一起站在床前。当父亲醒来时，屋内兰香绕室内飘浮，达三个时辰，接着子骞便出生了。此婴英俊而秀灵，仪表非凡。因生其"表相乃奇赢二气盈成，夫日中则移，月满则亏也，故名'损'。譬如濯污而曰污，治乱而曰乱"，名损有由亏损转盈余之意。

公元前530年，闵子骞6岁时生母姜氏病逝。

公元前529年，闵子骞7岁时为生母唱"送丧歌"："亲人去兮，不复返兮；木叶落兮，我心枯兮；鸟失群兮，雁落单兮；黄土深兮，我心苦兮……"

公元前528年，闵子骞父闵世恭娶后母李秀英，同年生一子，取名闵革。

公元前 526 年,闵子骞后母李秀英,生一子,取名闵蒙。

公元前 522 年,闵子骞 14 岁,闵革 6 岁,闵蒙 4 岁,"鞭打芦花"传说故事发生。后母不慈,偏爱亲子而虐待闵子骞。闵子骞隐忍事亲。闵父禁不住枕风频吹,时常迁怒子骞。一日子骞赶车,载一家人出门应酬。子骞身穿厚厚袄子,却冻得瑟瑟发抖,鞭子失手,几至翻车,闵父看看两个幼子,小袄单薄却精精神神,不由大怒,拾起鞭子就打,袄子破处,芦花乱飞。闵父恍然,愤然叱妻休妻。子骞跪地谏父:"母在,一子寒;母去,三子单。"其父默然,而后母亦悔之,深受感召,自此待子骞如亲生。

当时孔子正在广收门徒,闵子骞就投师孔门。家贫交不起充学费的束脩(干肉条),他就为老师奉上一缸精心酿造的佳酿。同学中有人嗤笑说:"曹溪之水,怎能抵得上束脩?"孔子凛然道:"闵子骞千里求学,精神可嘉,虽是曹溪一滴,远胜束脩百条。"

在《辞源·汶上》条目里,有闵子骞拒绝季氏聘他做费宰的记叙。"季氏使闵子骞为费宰。闵子骞曰:'善为我辞焉,如有复我者,则吾必汶上矣。'对柄国权要,表现出决绝的不合作态度。"

闵子治学极为严谨。孟尝君希望向闵子学习,于是派人驾着车子前去迎接闵先生。闵子说:"按照礼节,只有学生前来向老师学习,没有老师到学生那里去教导的。如请老师来向他学习,是无法学好的。因此,要我到你那儿去教导,就没法子把你教好。你正是一般人所说的不善于求学的人,而我正是一般人所说的不善于教导的人。"孟尝君听了这番话,说:"我很恭敬地听取你的教诲。"第二天,孟尝君亲自到闵先生家里,恭敬地提起衣服的前裳,请求闵先生教导他。

孔子在《论语》中曾多次褒奖闵子。

子曰:"德行:颜渊,闵子骞,冉伯牛,仲弓。言语:宰我,子贡。政事:冉有,季路。文学:子游,子夏。"

鲁人为长府。闵子骞曰:"仍旧贯,如之何,何必改作?"子曰:"夫人不言,言必有中。"

鲁国要扩建国库,闵子敏感到这是由于政府推行新的赋税制度,搜刮民财太多,国库不够使用,他主张维持旧的税制减轻农民负担,坚决反对扩建国库。

子曰:"孝哉闵子骞! 人不间与其父母昆弟之言。"

公元前 488 年至公元前 487 年,闵子跟随孔子周游列国,病死在去蔡国的路上,葬于安徽省宿州市曹村镇闵子祠村。

全国有五个地方：宿州市的闵祠村、山东费县的闵子庄、山东省鱼台县的大闵村、济南市的历城区、河南省的范县。后四者各有各的说词，各有各的传说，争相把闵子骞的出生地和墓冢地作为属地，荣宗耀祖，开发旅游。

具有较为完整的历史资料和实证的，同时也是保护和开发力度最差的就是安徽省宿州市埇桥区曹村镇闵祠村闵子祠、墓。

至今芦花湖、车牛返村（在今宿州市萧县境内）的遗迹还历历在目，闵子骞的佳句"母在一子寒，母去三子单"，家喻户晓。明朝嘉靖十六年（1537 年）版《宿州志》对闵子骞是宿州人，有明确的记载。当时宿州设有闵子乡，辖符离集、褚庄集、夹沟集、新丰集、闵子集，宿州还设有闵孝乡、孝义乡、仁义乡。

清末名臣李鸿章在北京修建安徽会馆，主体三院五进，共有房舍 165 间。第三进为神楼，楼上奉祀文昌，关圣神像。楼下正厅高悬李鸿章手书"斯文在兹"匾额，奉祀孝圣闵子骞，记载闵子骞为宿州闵子乡人，以闵子孝贤之遗风，砥节砺行，以展鸿业。

如今这里胜迹犹存。

骞山：闵子墓东 200 米，206 公路国道 738 公里东侧，兀立着一座小山，海拔 187米，山上奇花异草，树木茂密，风景如画，是闵子骞游玩和晨读的地方。山因人而得名，人称骞山。

芦花湖：闵子祠西北约 500 米处，一望无际的湖水碧波荡漾，岸边芦苇丛生。每当秋末季节，白茫茫的芦花，如晨霜，如白雪，微风乍起，如粉蝶飞舞一般，名曰：芦花湖。使人悠然忆起"鞭打芦花"的孝贤故事。

车牛返村：位于安徽省萧县县城西南 20 公里，背靠象山，面临岱河，村名全称：鞭打芦花车牛返村，这是全国名字最长的村庄。安徽省人民政府 2006 年公布了第一批省级非物质文化遗产名录，"鞭打芦花"名列其中。

闵子祠后有闵子之墓，俨如山丘，高 6 米，直径 40 米，近旁有两座中型墓，即两个弟弟闵革、闵蒙墓，墓高 2 米，直径 24 米，总占地面积为 6 400 平方米，整个墓地松柏藏密，素有"闵墓松风"之称，为宿州八景之一。

闵子祠始建于汉，兴盛于唐、宋，元初毁于兵火，明成化年间，提学御史司马公垔命知州万君本巨资重修,建屋十间,石门一座;明嘉靖丙申年间,巡按御史苏公佑命知州应君照撤而新之,建正堂三间,东西两序各三间,前堂三间,门三间,左右耳房各一间,门内东为宰牲所,西为庖厨所,各三间,门外碑亭二座,东西对列,石门一座,匾曰:"闵子祠"。清道光年间,民国元年均按此规模重修过。

清雍正八年(1730年)赐"躬行志孝"匾额,清道光年间赐建下马牌坊一座,上联为:却聘全真,德性列四科之首;下联为:悦亲有道,孝哉慕二字之褒。横批为:先贤闵子故里。当地百姓对牌坊有文官下轿,武官下马之说。

闵子祠现存三道庭院,前有影壁墙,殿宇19间。正堂中塑有一坐北朝南的闵子像,须生文面,一派大儒风度,祠外有两座碑亭,原存碑100余座。年份最早的是宋理宗赵昀的颂闵子骞,诗曰:"子骞达者,闾阎成性。德高四科,学行百行。天经地义,孝哉闵子骞。父母昆弟,莫间其言。"现存在大殿内容的清朝康熙二十五年宿州知州高其佩手书碑一座,诗文曰:"内外言无间,诗歌谁无论。独能传圣道,一德共乾坤。墓树朝常静,冢山夜不昏。匪徒瞻拜起,相与励贤孙。"现宿州市曹村镇有闵祠村、闵贤村,居住着闵子骞的后人,达5 000人。

公元前196年,汉代开国皇帝刘邦平叛归来,专程绕道曲阜,首祭孔子,开历代皇帝祭孔之先河。

今日曲阜,入孔庙大成门,从杏坛北望,在双层石栏的台基上一座金黄色的大殿突兀凌空,双重飞檐中海蓝色的竖匾上,木刻贴金的群龙聚紧团护着三个金色大字:"大成殿"。字直径一米,是清雍正皇帝的手书。

"大成",是孟子对孔子的评价。孟子说:"孔子之谓集大成。"意思是说,孔子达到了集先贤之大成的至高境界。而"大成殿"内容,有17尊塑像,孔子置于正中,左右有"匹配"、两侧有"十二哲",更象征着孔子及弟子思想集古圣先贤之大成。

孔庙主祭孔子,并以"先贤先儒"从祀。汉永平十五年(72年),明帝刘庄至曲阜祭祀孔子,并祭孔子七十二弟子,闵子的名字列在其中,也是孔子弟子从祀的开始。唐贞观二十一年(647年),唐太宗李世民诏告天下,以左丘明、公羊高等22人配享,是先儒从祀的开始。唐开元八年(720年),唐玄宗李隆基命国学以七十二弟子从祀,闵子排东首第一名。

《闵氏家谱》记载：自东汉汉章帝刘炟章和二年三月（88 年）起，祭祀闵子并建祠，唐玄宗李隆基开元八年（720 年），闵子神位配于曲阜文庙，开元二十七年（739 年）追称闵子为"笃圣"，宋真宗大中祥符元年（1008 年）晋封为"琅琊公"，南宋度宗咸淳三年（1267 年）又称"费公"。南宋度宗咸淳三年（1267 年）又称"费公"。南宋嘉熙九年（1245 年）改称"先贤闵子"，清圣组康熙四十四年（1705 年）赐"德行之科"匾额，命江南学士张廷枢颁悬祠内，又命其裔孙世袭五经博士，以守奉祠墓。清雍正八年（1730 年）赐"躬行志孝"匾额。

三、诗　思　怀　远

祠内诗碑杂陈，诗文记述着闵子孝行的真实故事，颂扬闵子的善良、宽容、亲情和仁爱，闪耀着闵子充满人性的光辉。

对联有明代凤阳府通判董伉所撰："先生之纯孝弥彰万古犹青天白日；君子之清风不泯一匊共流水高山。"

明代李化龙《闵祠》颇有意趣："闵子祠堂官道西，芦花满地草萋萋。阶前几棵长青树，不是慈乌不敢栖。"

李化龙在宿州看过"鞭打芦花"故事后还写下了一首小令："道貌独千秋，俎豆遥瞻古木稠；无间孝思谁得似，芦花高于白云浮。"

还有明末清初诗人孙玫《闵墓》诗二首也是脍炙人口，现在的闵祠大门仍然用它当作对联："几个慈乌噪墓林，苔封残碣飞白云。芦花莫漫轻题句，恐拂当年孝子心。""林树岗风信可游，如何郴步意悠悠？祇缘当日辞官去，留得芦花一片秋。"

乌鸦反哺，被称为孝乌、慈乌。

另有高其佩的一首："内外语无间，诗歌谁足论？独能传圣道，一德共乾坤。墓树朝常静，冢山夜不昏。匪徒瞻拜起，相与励贤孙。"

高其佩（1672—1734 年），字韦之，号且园，辽宁铁岭人。指头画的创立者。康熙二十五年宿州知州。高其佩艺术才华出众，能诗，工画，笔墨精细，设色艳丽，精妙绝伦，大胆地创造出了别具情趣的"含笔而求之手"的表现技法。秀水张浦山著《国朝画征录》中记载："高且园善指画,画人、山水花鸟、鱼虫、鸟兽,天资超越,情奇逸趣,信手可得,四方重之。"其画有"叱石之羊"之妙,均信手一挥而就。著有《且园诗钞》全卷本。卒年 63 岁。

高其佩的这块《记事篇》碑,现保存得完美无缺,存至闵子祠后大殿中。是闵子祠碑林中,一块唯一难得的诗碑。

旧时的中国州县,文人们喜欢凑成八景。宿州也不能免俗。清光绪年间宿州训导李心锐,字颖卿,曾对"宿州八景"著诗立说,其中《闵墓松风》一首更是传世之作:"墓门风扫地,松老作龙吟。节夺权臣气,声传孝子心。芦花空洒泪,汶水自流音。德行齐颜氏,千秋俎豆歆。"

四、高 树 悲 风

此次瞻仰闵子墓闵子祠,心境苍凉,当我看到闵子墓顶的那棵蓊蓊郁郁的棠棣,心底油然升起一种感佩和敬畏的情绪。特别是闵子祠院内有一株古柏,树龄约在 2500 年前,高 16 米,胸径 1.56 米,相传为闵子骞新手所植,称之为"闵柏"。后院银杏一棵,树龄也在 2500 年左右,树高 13 米,胸径 1.01 米,也为闵子手植,称之为"闵公孙"。

由此想起了此生见过的几棵古树。

1980 年 8 月 1 日,那时我是一个虔诚的文学青年,和一些志同道合的师友,壮游曲阜泰山。大家仰首高歌,要学那泰山顶上一青松,挺然屹立傲苍穹。八千里风暴吹不倒,九千个雷霆也难轰烈日喷炎晒不死,严寒冰雪郁郁葱葱。那青松逢灾受难,经磨历劫,伤痕累累,瘢迹重重,更显得枝如铁,干如铜,蓬勃旺盛,倔强峥嵘。在泰山岱庙我见过汉武帝刘彻封禅时所植汉柏,河南省郑州市登封市嵩阳书院的将军柏,是中国最古老的柏树,在国内外享有盛誉。树高 18 米,围粗 13 米,专家鉴定为原始柏,树龄在 4 500 年以上;据传汉武帝于元封年(公元前 110 年)游嵩山时,见二株柏树非常高大,一时高兴,将其封为"将军"。

按照常理推断,与孔林子贡手植楷孔庙汉柏唐槐以及上所说的那些身居要冲古树名木相比，偏安一隅闵墓堂林、银杏、汉柏应该是幸运的。

但是，一样在劫难逃，被杀戮被砍伐。闵子骞墓最先进入我眼帘的就是墓边堆放得杂乱无章的松段。现在的人们为了一点蝇头小利都敢冒天下之大不韪，甚至敢在自己的祖坟上动土敢拿自己的祖宗卖钱。

高树如智者长者如神灵庇佑着我们。当西方社会在现代化的道路上突飞猛进时尚知警醒反思到东方儒学寻求治世良药，而我们身在宝山却任其瓦砾般失落沉埋在视线之外。

毛泽东时时将曾国藩著作置于案，蒋介石则言必称曾。律己极高的曾国藩有一座右铭："不为圣贤，即为禽兽。"

让我想起了家乡两句俗谚：从善如登，从恶如崩；养子不教，如养乳虎。

五、孝 在 中 华

欲求森之茂者，必先固其本；欲求流之长者，必先浚其源。振兴中华，复兴文明，必先在本源外求得汇通。中国孝文化与人俱生。

《诗经》中有"率见昭考，以孝以享"之句，充分说明了孝贤的原始意义与人们在生产生活中形成的尊祖敬宗的祭祀活动有关。到了西周时期，孝贤的意义渐趋彰显。孝，生儿育女，传宗接代。"一夫百亩"授田制基础上的家庭形态的确立，使得赡养父母成为家庭血亲关系间最基本的义务，善事父母成为当时孝贤文化最核心的内容。

中国儒家文化的开山鼻祖是孔子，紧紧围绕善事父母这一核心内涵，强调仁者爱人，丰富和发展了孝贤文化，完成了孝贤从宗教到道德、从宗族伦理向家庭伦理的转化。后经曾子、孟子等历代儒家大师的不断完善，中国孝贤文化从此得以全方位展开。到了汉代"以孝治天下"，孝开始走上政治舞台，成为了中国封建家长专制统治的思想基础。

儒家强调忠孝，居家孝敬父母长亲，处世忠于君王朋友。《论语·学而篇》中说："弟子入则孝，出则悌。……其为人也孝悌，而好犯上者，鲜矣，不好犯上而好作乱者，未之有也。"《子路篇》："子贡问曰，何如斯。可谓之士矣？子曰，行己有耻，使于四方，不辱君命可谓士矣。曰,敢问其次。曰,宗族称孝焉,乡党称悌焉。"在这里孔子把忠孝作为称士的重要标准。孟子说:"尧舜之道,孝悌而已矣。"

中国孝风在东周时期已悄然兴起,到汉代已然春风化雨深入世道人心,成为统治阶级统治思想、治国方略的重要组成和社会大众的行事圭臬。汉代初年,陆贾、贾谊、晁错等思想家总结亡秦的教训,强调忠孝。陆贾在《新语·至德》中说:"老者息于堂,丁壮者耕于田,在朝者忠于君,在家者孝于亲,于是赏善罚恶而润色之。"贾谊在《新书·礼》中指出:"君惠臣忠父慈子孝兄爱弟敬夫和妻柔姑慈妇听,礼之至也。"在《胎教篇》中指出:"婚妻嫁女,必择孝悌世世有行义者,如是其子孙慈孝不敢淫暴,党无不善。"

汉代强调"臣事君以忠"、"在朝者忠于君"、"君惠臣忠"的"忠君"思想,特别强调孝和忠的紧密相关性,在他们看来:"孝"是"忠"的前提,"忠"是"孝"的目的;"孝",是"忠"的外衣,"忠"是"孝"的内核。所谓"求忠臣以于孝子之门",乃是汉家孝风真谛。

首倡孝风的是开国皇帝汉高祖刘邦。君临天下后,不忘根本,首封太上皇,五日一朝,是规范意义上的常回家看看。更让天下父老感动的是,为了彻底解开太上皇浓郁的思乡情结,刘邦还派名匠吴宽在长安郊区,一切照搬故乡情趣,建了一个新丰县,鸡鸭鹅狗,知其巢穴,太上皇觉得如居故里。刘邦一开绪端,子孙们便承顺祖制,汉家天下,孝风日炽。

汉代从惠帝开始,皇帝们经常赏赐孝悌,优待孝子,导民以孝,不绝于史。汉代皇帝赏赐孝悌者的方式是多种多样的,有"复其身"、"赐帛"、"赐爵"等,每遇大事,就给孝悌者赐帛、赐爵。

举孝廉者入官为宦是汉代皇帝重孝的重要举措。汉武帝元光元年初令郡国举孝廉各一人,举孝廉从此成为常设的选官制度。孝廉为郡举,每年一次,其数目是相当可观的,"得人之盛,则莫如孝廉"。

汉代皇帝还多次专下诏书。文帝元年诏曰:"老者非帛不暖,非肉不饱。今岁首,不时使人存问长老,又无布帛酒肉之赐,将何以佐天下子孙孝养其亲?今闻吏禀当受鬻者,或以陈粟,岂称养老之意哉!具为令。"武帝元朔元年诏曰:"兴廉举孝,庶几成风,绍休圣绪。"元狩元年诏曰:"朕甚嘉孝弟力田,哀夫老眊孤寡鳏独或匮于衣食,甚怜悯焉。其遣谒者巡行天下,存问致赐。"元狩六年诏曰:"谕三老孝弟以为民师。"汉代皇帝对尊老倡孝确实是情真意切落到实处。《孝经》全书不过一千多字,"汉制使天下诵《孝经》,选吏举孝廉"。汉平帝元始三年立地方官学:"乡曰序,聚曰庠。庠,序置《孝经》师一人。"明帝时,"自期门羽林之士,悉令通《孝经》章句"。《孝经》为国民必修课。石奋父子五人皆以驯行孝谨,官至二千石,景帝赐号"万石君"。

汉代除了通过学校的教育导民以孝外,官吏们还亲自体察民情,导民以孝。后汉任延任会稽都尉时,"每时行县,辄使慰勉孝子,就餐饭之"。仇览为蒲亭长时,当地有一个叫陈元的人,"独与母居,而母诣览告元不孝。览惊曰:'吾近日过舍,庐落整顿,耕耘以时,此非恶人,当是教化未及至耳。母守寡养孤,苦身投老,奈何肆忿于一朝,欲致以不义乎?'母闻感悔,涕泣而去。览乃亲到元家,与其母子饮,因为陈人伦孝行,譬以祸福之言。元卒成孝子。"

汉代还设有专门导民以孝的官员,即吕后初置的孝悌力田二千石官和文帝时增置的县孝悌力田官(六百石)。上行下效,孝风大行。《后汉书·列女传》中记载了多位东汉时期的孝女,如广汉人姜诗:"事母至孝,妻奉顺尤笃。……姑嗜鱼脍,又不能独食,夫妇常力作供脍,呼邻母共之。"

武梁祠画像石闵子骞失棰图,并有题记曰:"闵子骞与假母居,爱有偏移,子骞衣寒,御(车)失棰。"可见汉代已经把闵子骞当作孝行教化的楷模。

还有"孝孙颐养老人图"。图中有"孝孙"、"孝孙祖父"、"孝孙父"。图中孝孙手指一副担架,与父作语状。此图描述原谷劝父母行孝之事。原谷父母厌弃年高的祖父,用一副担架将之抬出,弃于野外。临回时,原谷随手将担架收回。父问何故?原谷言此担架留着父亲老时抬出来用。父恐惧感悟,复将原谷祖父抬回赡养。原谷以其智慧及孝心使父母警悟,其纯孝之心,令人感动。

赡养老人是当今最为严重的社会问题,目前社会上各种不良现象仍很严重,如典型的"老少倒挂"、"老养小"现象,以及由于赡养纠纷而诉诸公堂的事件颇见报道,农村养老的问题更为严重。更有子女杀父母、父母卖子女的屡屡见于报端及网络。

宣传孝慈文化、弘扬孝道思想,构建和谐社会,历来是当政者执政理念的必然选择。否则,孝孙原谷的担架在等着夕阳向晚的我们。

六、记 忆 宿 州

伟人毛泽东有一首著名的《贺新郎·读史》:"人猿相揖别。只几个石头磨过,小儿时节。铜铁炉中翻火焰,为问何时猜得?不过几千寒热。人世难逢开口笑,上疆场彼此弯弓月。流遍了,郊原血。一篇读罢头飞雪,但记得斑斑点点,几行陈迹。五帝三皇神圣事,骗了无涯过客。有多少风流人物?盗跖庄屩流誉后,更陈王奋起挥黄钺。歌未竟,东方白。"

这首诗简直就是专门为宿州量身打造。

宿州,历史悠久,源远流长。文明的篝火自八千年前新石器时期燃起,小山口、古台寺、玉石山、花甲寺是中华晨曦的寥若星辰;宿国、萧国、徐国各有一段段风流故事被滚滚黄沙掩埋。南北要冲古宿州,历来为兵家必争。涉故台上,戍卒陈胜一声喟叹:"王侯将相宁有种乎?"催生了亡秦的第一声惊雷。皇藏峪里隐藏了布衣皇帝刘邦不绝如缕的王气,垓下逐鹿,西楚霸王和他的虞姬虞美人留下了一个血色黄昏,宋金符离鏖兵、国共淮海决战,均发生于此。

隋开通济渠,埇桥乃为"舟车汇聚,九州通衢"之地;公元 809 年,唐置宿州,初治虹,继治符离,为保漕运,复治于埇桥。此后数百年间,宿州呵护着汴河,汴河哺育着宿州。

宿州,人杰地灵,文化璀璨。闵子骞自不赘言。喜欢打铁的文人又是音乐家的嵇康一曲《广陵散》留下了那个沉沉暗夜的铮铮绝响。金戈铁马气吞万里如虎的刘裕、朱元璋的一代贤马娘娘马大脚马秀英,均是宿州人。李白、白居易、苏轼、赛珍珠等在宿州留下了不绝的文脉。

宿州,你不应该被遗忘。

实践前沿

陈泽枝 湖南省长沙市天心区委党校校长、教授。研究方向：社会管理科学。是《老旧居民区物业化管理存在的问题及对策研究》、《金融业带动下省府商圈总部经济范式研究》、《天心区下岗失业自主创业的调查与思考》等课题的主要负责人。

基层医疗服务体系建设的路径研究

——以长沙市天心区为例

陈泽枝　唐正鹏　杨晶璆

　　基层医疗服务体系的建设既是党委政府的民生项目，也是社会关注的热点问题。但就目前就说，构建什么样的基层医疗服务体系，如何构建均衡完善的基层医疗服务体系等核心问题既没有得到理论上的指导，也缺乏具有普适性的实际经验总结。本文拟以长沙市基层医疗服务体系建设为背景，通过对典型区域基层医疗服务体系建设基本情况、个案经验、存在的问题深入了解、调研分析，试图实现对个案的经验总结与问题归纳，并在参阅其他地区先进经验的基础上，为长沙市基层医疗服务体系建设提供有益建议。

一、天心区基层医疗服务体系现状及经验总结

　　天心区的基层医疗服务体系基本可概括为以社区卫生服务中心和乡镇卫生院为骨干、社区卫生服务站和村卫生室为基层的"四位一体"新型集约化医疗卫生服务网络体系。

（一）　基层医疗服务体系网络基本形成

据天心区卫生局提供数据显示,天心区目前共有 8 个社区卫生服务中心(5 个政府办),1 个乡镇卫生院(政府办)及 39 个社区卫生服务站、13 个村卫生室,已注册的卫生技术人员 700 余人,业务用房近 30 000 平方米,设施设备基本齐全,城区社区卫生服务按规划和标准已基本实现全覆盖,基本可保障 95% 以上的社区居民步行 10—15 分钟享受到社区卫生服务,在全省首创"15 分钟医疗卫生服务圈"模式。这一网络体系建设的主要成就也可从两个方面予以概括:

一是积极开展基层医疗机构标准化建设。根据《长沙市天心区基层医疗机构标准化建设三年行动方案》的相关文件精神,加大对社区卫生服务中心的标准化建设的投入。

二是扎实开展示范创建活动。对具备创建省示范社区卫生服务中心条件的街道给予人财物的支持,成立创建工作领导小组,制定奖惩方案,组织学习先进经验,分解示范创建指标体系到各单位,实行分片包干责任制,确保活动扎实开展。

（二）　基层医疗制度在改革中发展完善

一是理顺管理机制。首先完善制度。天心区制定下发《天心区委区政府关于深化医药卫生体制改革的实施意见》、《天心区基层医疗机构标准化建设三年行动方案》等一系列文件指导基层医疗工作。其次稳定组织。成立医改领导小组、中医药适宜领导小组等。再次监管财务。成立社区卫生会计核算中心,对政府举办的基层医疗机构的收支进行统一核算监管。

二是优化队伍结构。一方面善用人才。通过公开招聘,吸纳管理人才和公共卫生专业人才进入基层医疗这一领域。另一方面考核人才。制定《长沙市天心区基本公共卫生服务项目绩效考核实施方案》、《天心区政府办社区卫生服务中心绩效考核实施方案(试行)》等方案管理人才。

（三）　基层医疗投入力度进一步加大

一是加大经费投入。根据医改的相关要求，按照中央、省、市、区分担比例，足额纳入预算予以保障，加大基本医疗服务经费的投入。包括 11 项基本公共卫生服务以及基药经费。

二是有效使用经费。联合财政局、审计局对基层医疗机构以季度为时间单位定期进行考核，确保经费充分有效地使用到基层医疗项目中。联合下发《天心区基层社区卫生服务绩效考核与经费补助实施方案》，把各级政府预算安排的基本公共卫生服务专项资金，按照购买服务的方式，用于基层医疗服务机构开展的基本公共卫生服务补助。

（四）　基层服务的内涵进一步丰富

一是全力推进基本公共卫生服务均等化。确保 11 项基本公共卫生服务全面覆盖，建立城乡居民电子信息档案，以及对老年体检工作的周调度等措施促进公共卫生服务均等化的进程。创新"医疗赶集"、"家庭医生签约式服务模式"等特色服务全面加强基层医疗服务体系的建设。

二是有效确保基本药物制度实施全覆盖。联合其他职能部门如财政、发改、药监局等督查和指导，确保国家基本药物制度落实到村级卫生室。

（五）　创新服务理念进一步强化

一是不断探索双向转诊模式。各社区卫生服务中心、卫生院分别与市中心医院、省脑科医院等签订双向转诊协议。通过探索社区首诊和双向转诊服务，推行综合性医院、专科医院和社区卫生服务机构定点协作，社区医生逐步成为居民医疗的守门人，确保了资源共享，利益和风险共担。

二是加快基础工作信息化管理。开展居民健康档案建档工作,为高血压、冠心病等重点人群建立了健康档案,并将居民档案录入省卫生厅规定的金仕达软件。既为医疗资源摸底、信息共享打下基础,又方便了对社区居民健康信息进行动态监控和管理。

二、基层医疗服务体系建设困境及原因分析

(一) 基层医疗政策制定与实施脱节

一是基本公共卫生服务项目开展不顺利。国家基本公共卫生服务项目启动已有四年多时间,由于部分社区卫生服务机构认识不足、宣传力度不够,自身设备技术条件有限、公卫医生力量薄弱等原因,存在居民群众不知晓、不认同、不配合的现象,公共卫生服务标准及效果与国家的要求有一定差距。

二是基本药物制度不完善。基本药物制度只推广到政府办社区卫生服务中心和村卫生室,民办卫生服务中心和社区卫生服务站未纳入基药实施范围,制度执行中存在基药销售平台缺货、药品网内采购比网外采购贵等问题。

(二) 基层医疗机构基础设施薄弱

一是阵地建设有待提升。省级示范社区服务中心数量少。街道区划调整致使部分新成立社区卫生服务中心工作百废待兴。

二是信息建设有待加快。基本医疗卫生管理信息系统是促进医疗服务和公共卫生体系同步发展的基础,应涵盖基本医药供应使用、门诊诊疗系统、人员培训、绩效考核、财务管理等基本功能,但区级基层医疗机构内部信息化水平参差不齐,与现代化管理、服务存在差距。

三是医疗垃圾处理存在隐患。大部分机构的医疗垃圾采用付费购买环保公司处理服务的方式,存在收费标准不统一、收取不及时等问题,而少部分机构采取焚烧等

方法自主处理,存在安全隐患。

(三) 专业人才队伍发展结构失衡

一是编制数量不足。基层医疗机构服务群体庞大,而对基层医疗机构提供的编制数额一般较少。市、区级基层医疗机构标准化建设三年行动方案对编制数量稳增长过于理想化,实际操作过程中存在难度。这一不足使基层医疗机构无法提供及时到位的服务。

二是医疗技能不强。基层卫生服务机构的条件落后、工资待遇较低(人均工资仅3.5万元/年),优秀人才大都流动到城市大医院或私立医院工作,严重制约了基层卫生事业发展。由于部分诊疗设备设施有限及老化、处方药使用受限等原因,导致医疗技能整体上偏低,居民的认同感、满意率都不高。

三是生存压力较大。一方面,社区服务中心医务人员大部分从事的是不能产生明显经济效益的公共卫生服务,人员待遇偏低,工作人员队伍不够稳定。另一方面,部分社区服务中心受市场药房冲击大,群众居民认可度不高,存在业务量偏少等状况,生存压力大。

(四) 协作共赢的工作机制缺乏

一是各机构与街道、社区关系。各社区卫生服务机构与街道、社区无隶属关系,街道、社区在健康教育、建立健康档案等公共卫生服务方面,无法给各机构提供力所能及的帮助。

二是各级机构的关系。街道卫生服务中心参与社区服务中心的业务指导与业务考核,但在业务评价与年度考核中无话语权;社区服务中心对于街道卫生服务中心的业务指导与服务无评价权,双向互动考核机制卫星城导致资源无法有效共享。

三是各机构与医院的关系。从社区卫生服务机构向医院的"单向转诊"占大多数,而在大医院确诊后的慢性病治疗和手术后的康复转至社区卫生服务机构却为数甚少。驻区医院在业务指导、培训学习、业务合作等方面的资源优势没有得到重视与挖掘，基层首诊制形同虚设。

三、"多中心治理"理论在基层医疗服务体系建设中的应用

（一）　明确定位政府为组织者、监督者

基层医疗的建设作为政府公共服务的一项重要内容，政府要担当其体系建设的组织者和监督者。政府不仅要设计出基层医疗卫生体系的框架模式，还应担当基层医疗服务体系建设的组织者和监督者。在基层医疗服务体系建设中，政府应着重解决组织模式的选择、资金的筹集、保障和救助标准的制定以及对这些办法的全过程监督。此外，建立健全基层医疗服务体系建设的法律保障体系，保证基层医疗服务体系建设在法制框架内发展，也是政府作为公共服务提供者应该承担的职能。在本文中，借助"多中心治理"理论的研究框架，笔者将制度设计的眼光投向公共财政建设。

（二）　完善基层医疗服务体系的财政政策

基层医疗服务体系的建设是一项庞大的系统工程，需要多方面的协调，持续稳定的财政投入是其顺利开展的重要保障。建立以政府资助为主的多方筹集建设资金的长效稳增长机制是公共财政政策的方向之一。虽然基层医疗支出在各级、各地政府财政支出的比例中都有较明显的增加，但仍需要逐步扩大基层医疗服务经费在财政支出中的比例，形成稳定、持续性的投入机制。提升基层医疗机构的诊疗环境、人才引进力度、医疗设施设备的更新升级力度。为了吸引更多合格的医护人员在基层医疗机构服务，政府可借鉴其他地区如浙江等地合理的做法，给予各种倾斜政策，如规定，凡获得全科医师或住院医师执照、愿意到基层医疗机构工作者，在工作期间，除获工资外，还可享受政府给予一定的安家费或住房补贴；绩效考核结果与基层医疗机构的财政补助、基层医务人员的个人收入挂钩；优秀指标重点向承担公共卫生服务、关

键岗位、业务骨干和有突出贡献的工作人员倾斜。

（三） 优化政策操作机制与制度衔接转换

简而言之，就是要强化属地规范管理，健全层级联动机制。

一是建立卫生工作联席会议制度。明确街道对社区卫生服务的职能职责及经费配套，加强各街道、社区对辖区内社区卫生服务机构的联系与服务力度，在健康档案建立、健康咨询等需要群众配合的工作中共同合作。社区在批准生育证的工作中，协助社区卫生服务中心做好孕产妇保健、疫苗接种等服务的宣传工作，并及时为各中心提供服务对象的信息，使公共卫生服务更加深入人心。

二是建立中心与站之间双向互评机制。加强中心与站、站与站之间在公共服务、业务交流、资源整合方面的联动。从群众满意度、行政考核评价等多方面出发，逐步优化社区卫生服务的基本标准与行业规范，制定合理的奖惩制度与淘汰机制，利用信息化平台的管理与考核功能，逐步加强考核的刚性，量化考核细则，促进基层医疗卫生事业的良性发展。

（四） 夯实人才队伍建设

充实的责任队伍配备，责任团队的技术水平指导，先进医疗设备的引进等支持，是基层医疗卫生服务体系建设的支撑。按照省、市的相关政策要求，根据区域服务人口数量，增加社区医疗人员的编制数量，大力引进专业人才，并对优秀人才予以进编，增强医疗人员的归属感与荣誉感，稳定医疗队伍。继续实施基层医疗机构人才队伍"四个一批"工程建设，通过规范化培训、转岗培训、执业医师招聘和设置特岗等方式加强全科医生队伍建设，并对基层医疗机构的医务人员实行人才激励机制。在人员业务培训与指导、业务合作与交流、下派优秀的医疗技术人员等方面，加强与优秀医院资源合作，形成上下联动的长效机制，使优质资源下沉，充分发挥医院的优势，提升基层医疗的业务水平。

（五）　拓宽参与渠道，加强服务受众的制度内参与

要建立稳健、便捷的医疗服务体系，需从当地居民实际需求和自身的基础、能力出发，在对国家、省市的政策文件细致研究、贯彻执行的基础上，从基层医疗机构、辖区居民真正关心的问题和存在的困难出发，做到边研究、边探索、边实践。在基层医疗服务计划制定时，公民多方面的参与方式，其中包括：（1）基层医疗信息的知情权以及与公共服务提供方的双向互动；（2）在基层医疗服务计划执行时的监督。加大扶持力度，进行自下而上探索建设，增强服务受众的自主性和积极参与性是基层医疗体系建设的成长路径之一。

参考文献

吴娜：《长沙城市社区医疗卫生服务问题研究——以长沙市雨花区为例》，湖南师范大学硕士学位论文，2012年。

龚幼龙：《从基层医疗体系建设看上海的双向转诊》，《中国社会保障》2009年第9期。

蒲川：《促进基本公共卫生服务均等化的实施策略研究》，《软科学》2010年第5期。

仇雨临、龚文君：《公共服务体系构建与全民医保发展》，《西南民族大学学报》2012年第10期。

蒋学武：《关于构建三层级医疗服务体系的国家医疗改革设想》，《中国卫生事业管理》2013年第1期。

章建华 湖南省长沙市天心区委党校常务副校长、教授。研究方向：党的建设、法律。

基层公共文化服务体系建设研究

——以长沙市为例

章建华　陈晓菁　骆德勇

一、长沙市基层公共文化服务体系建设的主要做法

长沙市以科学发展观为统领，按照城乡统筹、全民共享的思路，坚持以文惠民、以文乐民、以文育民、以文化设施为阵地、以文化服务为核心、以保障人民基本文化权益为着力点，构筑完备的公共文化服务设施网络，提升公共文化服务水平。目前，长沙市已经形成了独具特色的公共文化服务"长沙模式"，即初步构筑起主城区和县（市）城区 10 分钟、中心镇和特色镇 15 分钟、一般村镇 30 分钟的公共文化服务圈，初步实现了公共文化"设施网络化、供给多元化、城乡一体化、服务普惠化、活动品牌化"的格局，初步做到了"读有书屋、唱有设备、演有舞台、看有影厅、跳有广场、讲有故事、创有指导、办有经费"，在公共文化服务体系建设中具备较强的示范性。

（一）设施网络化

按照"建成投放一批，建设上马一批，规划布局一批"的思路，不断完善市、区县（市）、乡镇（街道）、村（社区）公共文化设施网络体系。一是抓标志性设施建设。长沙

市先后投入上百亿元,建成了橘子洲生态文化公园、湘江风光带、梅溪湖国际文化艺术中心、铜官窑考古遗址公园等一批标志性文化设施。二是抓骨干性设施建设。市辖各区县(市)累计投入近 20 亿元,建成文体中心(大剧院)6 个,全部建成国家三级以上标准的文化馆、图书馆,其中一级馆及以上有 12 个。三是抓基础性设施建设。2011 年以来,建成了大型市民休闲文化广场 20 个,农村中心集镇特色文化广场 15 个,完成了广播电视户户通 135 927 户,建设社区未成年人绿色上网场所 322 家。全市乡镇(街道)综合文化站、村(社区)文化活动室(中心)、农家书屋实现全覆盖。

(二)　供给多元化

一是阵地服务全免费。目前,全市所有博物馆、纪念馆、图书馆等公共文化场馆实现免费开放。同时,通过政府购买服务等方式,有序推进游泳场馆、兵羽场馆、中小学体育场地等设施免费向社会开放。二是流动服务全覆盖。利用流动图书车、流动演出车等,积极开展公共文化"五送"(送图书、送演出、送电影、送展览、送讲座)和"五进"(进社区、进村镇、进屋场、进校园、进工地)服务,年均送戏 1 000 多场、送电影进村镇 20 000 多场,服务群众达 460 余万人次。三是特色服务全领域。出台《长沙市"雷锋号"文化志愿者章程》、《长沙市"雷锋号"文化志愿者管理办法》,成立长沙市"雷锋号"文化志愿者支队、文化志愿者联盟,开展点单式志愿服务,全市文化志愿者达 20 万人,包括大学教授、专家、学者、官员、文化爱好者、群众文化活动骨干、大学生等。

(三)　城乡一体化

一是合理布局,推进了建设一体化。坚持以市级为龙头,以区县(市)为重点,以乡村为基础,以群众为对象,构建了全面覆盖的公共文化设施体系。二是强化使用,推进了管理一体化。按照"建得起、管得好、用得活"的原则,坚持"全天候开放、满负荷运转",建立星级农家书屋、社区星级"绿网"评比机制,并常年组织开展文化站、文化活动室(中心)工作人员培训,提高管理水平。三是提升效能,推进了服务一体化。

为广大市民提供公共文化服务一体化引导，同时积极举办农民艺术学校，扶助农民群众文艺团队组织开展丰富多彩的文化活动，实现了城乡文化"天天有娱乐、月月有演出、季季有活动、年年有节庆"。

（四）服务普惠化

在公共文化服务体系创建过程中，长沙市坚持让群众就近、便利、均等、快捷享受文化。一是实施了公共文化进村入户工程，让群众就近享受文化。以文化、科技、卫生"三下乡"为载体，开展形式多样、内容丰富的"五送"、"五进"等文化服务，让群众在家门口享受文化盛宴。二是实施了书香星城"211"工程，让群众便利享受文化。以市图书馆为总馆，100 余个基层图书室为分管，推进资源共享、通借通还的总分馆建设和服务模式创新；以"三湘读书月"系列活动为龙头，举办"星城科学讲堂"、"市民文化讲堂"、"橘洲讲堂"等各类读书活动，连续举办 20 届长沙图书交易会，2013 年图书交易会成交额突破 16 亿元。三是实施外来务工人员文化共享工程，让群众均等享受文化。部分区街专门推出农民工专场演出等专项服务，极大丰富了外来务工人员的精神家园。四是实施公共文化数字服务工程，让群众快捷享受文化。建立了长沙市数字咨询中心，推进数组图书馆、文化馆、博物馆等文化信息共享工程，让市民畅享文化发展成果。

（五）活动品牌化

长沙市大力实施"文化品牌"战略，努力打造了"群文湘军"队伍品牌，全市 1 200多支群众文艺团队是"群文湘军"的中坚力量，每年自治开展各种群众文艺活动，举办各类演出 2 万多场。2008 年以来，长沙市积极探索文化市场反哺公共文化服务的新路径，开展"阳光娱乐，创业兴文"活动，举办各类公益演出 300 多场。努力打造了雷锋家乡文化志愿服务品牌，精心组织开展"争当雷锋精神传人，弘扬社会文明新风"活动，评选"我身边的雷锋"，创建"雷锋号集体"，培育"雷锋式人物"，招募"雷锋号"文化志愿者等,推进社会主义核心价值体系建设。努力打造了地方特色载体品牌,如好戏天天演、文化橘洲、牵手芙蓉、欢乐天心、激情岳麓、和谐雨花等活动品牌,全市80%以上村(社区)拥有各自特色品牌活动。

二、长沙市基层公共文化服务体系建设中存在的问题

(一) 公共文化服务供需尚未完全对接,难以满足市民的公共文化需求

一方面,虽然在公共文化服务体系建设中,长沙市投入建设了大量公共文化服务项目和设施,但是,公共文化服务产品的数量和品种仍然不够丰富。另一方面,在调研中还发现,一些基层公共文化单位的公共文化服务场地、设备设施闲置,开展的文化服务不能满足基层群众的真正需求。如部分社区(行政村)开设了村民文化服务室、村民书屋等,但知晓程度和利用率均不高。此外,一些社区仅仅将公共文化服务作为娱乐群众的一种工具,放弃了教育群众、引领群众的重要作用,没有注重激发群众的文化创造潜力,以及引导群众奋发向上。有些文化站提供的服务和产品,由于与基层群众对接不够,群众不喜欢、用不上,造成了搁置和浪费。

(二) 基层文化管理体制不顺,难以形成有效的保障

公共文化服务体系建设缺少长远规划、保障措施和实施办法,一些急需出台的政策措施还处于空白状态。引导机制不健全,上级文化管理部门对基层文化建设引导不力,评奖、汇演等交流评价机制不健全,缺乏有效工作抓手,公共文化活动处于放任状态。在调查中发现,公共文化服务机构往往处于多头管理状况,一方面,街道、乡镇一级对文化机构的人员编制、文化活动等进行监督和指导;另一方面,市文广新局、区文体新局也对各个基层文化机构进行管理。由于管理的不顺畅,没有形成有效的制度保障,导致许多政策措施没有很好的落实到位,也导致许多文化机构向上对接困

难,影响公共文化服务的开展。

(三) 文化经费投入比重不足,难以保障各项文化事业顺利开展

当前,文化事业虽然快速增长,但由于缺乏健全的公共文化服务经费保障机制,公共文化服务的经费严重不足。与历史其他时期相比,文化事业费占财政支出的比重明显偏低;与科技、教育、卫生等事业相比,经费投入比重仍严重不足,且增速明显偏低,公共文化服务体系建设缺乏有力的财政保障和支撑;与潜在的巨大需求相比,文化事业经费总量明显不足,难以满足人民群众日益增长的公共文化需求。

(四) 公共文化人才缺失严重,难以确保各级公共文化服务项目活动

公共文化人才队伍流失情况较为严峻,导致文化产品生产能力和文化服务能力下降。这种状况越往基层越严重。调查发现,基层的公共文化服务专业人才队伍存在严重断层问题,不论数量还是质量都远远不能满足实际需要。一些街道领导对文化工作思想认识不够,影响了文化建设的进一步发展。比如对文化干部的培养不够重视,把经济和文化割裂开来,认为基层公共文化的发展不能直接转化为经济效益,文化干部队伍建设抓不抓无关紧要。在人才队伍建设问题上,创新意识不强、机制不灵活、用人体制过于死板、工资待遇较低等因素的存在,造成"需要的人才进不来,不需要的人员走不掉",难以吸引优秀的文化人才和文化志愿者加入。同时,现有的文化人员考评与激励体制不完善,部分文化专干不善于贴近实际,没有把创新作为自己工作的一部分,还是停留在向政府"等、靠、要"的观念上。

三、基层公共文化服务体系建设的路径选择

(一) 以效能为导向,提升公共文化服务水平

实现群众文化需求的满足是文化建设的出发点和根本落脚点。要使公共文化服

务体系建设面向基层,贴近百姓,保证各项公共文化服务项目的建设为民所用,服务效用得到最大化的体现,必须在"以人为本"的思路下,坚持贴近实际、贴近生活、贴近群众,发展广大人民群众喜闻乐见的文化活动。按照建设现代公共文化服务体系的要求,保证居民最基本的文化活动,如读书、看报、看电影,逐步实现公共文化服务标准化。根据城乡差别,因地制宜开展公共文化活动。在城市,建立有层次的文化服务体系,在基础建设完成的前提下,提高群众审美情趣与文化品位,同时促进广场文化、社区文化、校园文化、企业文化建设,拓宽文化场所的建设。在农村,做好规划,以科技下乡为核心,以文化大院为阵地,以优秀民间艺术为媒介,保护民间文艺作品,繁荣民间文艺舞台,最终让村庄成为有文化的"新农村",让农民成为有知识、有文化的"新村民",逐步实现公共文化服务均等化。

(二)　以管理变革求突破,理顺公共文化管理体制

建立健全相关制度,以此来达到以管理促建设,以建设强功能的目的,不断提升服务质量。一方面,加强考核。建立基层公共文化服务体系建设评估考核体系,明确财政投入、设施规模、服务质量、群众满意度等各项考评细则,由市、区有关部门牵头,采取政府组织、专家参与的方式,定期对辖区公共文化服务体系建设情况进行评估考核,并将考核情况纳入各级党委、政府及领导干部绩效考核范畴。另一方面,开展试点。选择部分街道或社区进行公共文化管理体制改革试点,探索将现有的公共文化服务体系建设和管理由横向块状的行政管理转向纵向条形的专业管理,将街道、社区的管理权限从街道上收到市、区级文化行政管理部门,确保管理顺畅。

(三)　以政府为主导,加大公共财政投入力度

随着公共服务被确定为政府的基本职能,"管理就是服务"已成为各级政府部门的基本执政理念。公共文化服务体系是政府举办的、非营利的、传播先进文化和保障大众基本文化需求的各种文化机构和服务的总和。因此,在公共文化服务体系建设

中,必须以政府为主导,创新投入机制,逐步提高公共文化支出在公共财政支出中的总量和比重。设定投入的保障底线,根据当年财政收入增长情况同步提高投入比重。改革公共财政投资机制,从现在的经济投资型财政体制逐步转变为公共服务型财政。从直接拨款向项目投资、政府购买服务方面转变,逐步提高具有激励性质的经费投入比例。运用政策手段鼓励和吸引多重经济成分投入公共文化服务体系中,使其形成一个多元的投入格局。

（四） 以队伍促发展，加强公共文化人才培养

高端文化人才的严重缺失是制约文化发展的瓶颈,要实施人才战略,建立健全文化人才的保障机制,努力造就一支适应文化发展、结构合理、门类齐全、素质优良的人才队伍。坚持高端引领,重点优化公共文化人才队伍结构。重点培养引进公共文化策划、组织、管理和"一专多能"的复合型人才,实现文化人才培养由"人才数量"向"优化结构"转变。突破人才体制壁垒,建立科学、合理、灵活的柔性人才引入机制,由人才引进为主转向人才引进与智力引进并重。对高端文化人才在政治上送关怀,在工作上压担子,在政策上给支持。坚持内外协调,加大对体制外公共文化人才培养力度。打破体制、身份界限,把民间艺人、非遗传承人、业余文化骨干、文化热心人、文化能人、文化志愿者等体制外人才纳入公共文化人才统计范畴,纳入业务培训规划,纳入人才工作服务对象。进一步完善文化志愿者队伍招募、培训、服务、考核、奖励等制度,促进文化志愿服务制度化和日常化。

参考文献

《中共中央关于深化文化体制改革,推动社会主义文化大发展大繁荣若干重大问题的决定》,2011 年 10 月 18 日。

《党的十七届六中全会〈决定〉学习读本》,党建读物出版社、学习出版社 2011 年版。

中共南宁市委党校课题组:《南宁市宣传文化人才队伍建设的对策分析》,《中共南宁市委党校学报》2010 年第 1 期。

邱明哲:《探索加强基层宣传文化人才队伍建设的思考》,《经济研究导刊》2011 年第 18 期。

方彦富:《新时期文化人才队伍建设的若干思考》,《东南学术》2010 年第 5 期。

李敏:《文化人才队伍建设的分析与思考》,《江汉论坛》2011 年第 12 期。

王春芳 湖南省长沙市天心区委党校副校长。研究方向：社会发展与社会学。

社会组织承接政府职能转移提供
社会公共服务的调查与思考

——以长沙市天心区为例

王春芳　骆德勇　陈晓菁

当前，我国正处于全面建成小康社会的重要战略机遇期，又处于社会矛盾凸显和社会风险加大的关键期，社会管理领域存在诸多问题，政府包揽公共管理的弊端逐渐暴露，迫切需要推进政府机构改革，加大政府职能转移力度，让社会组织参与社会管理，共同对社会经济、政治、文化等事务进行统筹管理，加快形成政社分开、权责明确、依法自治的现代社会组织体制。

一、社会组织承接政府职能转移提供社会公共服务的重要性

（一）社会组织与政府的关系定位

一方面社会组织是政府社会管理的合作伙伴。社会组织与政府在参与社会管理中有着共同的理念和价值观，在向社会提供优质服务与提升社会管理和服务水平上的目标是一致的。政府通过转移或买卖等，将部分职能转接给社会组织；社会组织通过承接政府职能，与政府在公共服务领域中分工合作，协助政府将服务渗透管理，将管理寓于服务。另一方面，社会组织是政府社会管理的重要补充。在社会管理中，社

240

会组织与政府优势互补,它精简了政府原本繁琐的社会管理流程,使政府社会管理的成本大大降低。

(二) 社会组织承接政府职能转移提供社会公共服务的重要性

社会组织承接政府职能转移是社会发展之必然。随着政府机构改革的不断深入,政府不再是公共事务的唯一管理者,社会组织作为社会管理主体之一,已经成为我国完善公共服务体系的必然选择,它能够弥补政府管理的不足和市场体系的缺陷。

社会组织是承接政府职能转移的重要平台。从目前来看,政府有意将"不该管"、社会"接得住"且"管得好"的事项转移给社会组织,让社会组织参与社会管理和公共服务。同时,政府在社会组织的孵化、登记、监管等方面做些必要工作,能够有效地掌握社会组织的发展状况。

社会组织是构建和谐社会的重要力量。作为连接政府与群众的桥梁,社会组织已经成为社会民生建设的重要组成部分,并成为提供政策咨询、反映合理诉求、平衡各方利益、调节矛盾纠纷、维护社会稳定、促进社会和谐的重要力量。

二、天心区辖区社会组织承接政府职能 转移提供社会公共服务的基本情况

(一) 政府职能转移步伐加快

天心区政府坚持"党委政府主导、登记机关激励、业务单位引导、社会组织实施、分步分类推进"的原则,以政府职能转移鼓励社会组织参与,以信息化管理规范社会组织运行,以党建工作促进社会组织发展,同时积极发挥全区社工队伍优势,承接了经济、科研、教育、卫生、文体、慈善、法律、宗教等众多领域的社会公共服务职能。

（二）　社会组织日益发展壮大

截至 2012 年 12 月底,全区注册登记的社会组织已达 160 家(社会团体 16 家、民办非企业单位 144 家),备案的有 157 家。在全省率先建成社会组织孵化基地,并按照点上实验、面上铺开的办法,构建了扶持培育、评估激励、财政保障等一系列工作机制,打造了为老、助残、法律援助、医疗服务、文化生活、青少年心理咨询与辅导等一批公益性民间组织品牌,推动了公益性民间服务的快速发展。

（三）　社会协同管理作用渐显

一是维护了社会秩序。区反邪协会着眼于帮助群众提高对邪教组织的警惕性和防范力,有效抵制了不法分子假借宗教名义蛊惑群众;区文化市场协会充分发挥职能,使区内酒吧、网吧等文化产业的市场秩序得到极大改善,恶性竞争、执法混乱等问题得到有效遏制。二是救济了弱势群体。社区卫生服务站免费为社区居民体检,不定期开展义诊,为大病患者送去治疗药物,建立了群众健康档案;区商会充分整合社会资源、集中民间力量用于济困助人,成为政府与群众之间交流交心的纽带和桥梁。三是承担了社会事务。通过公开招标,区居家养老服务中心以"民办公助"的模式推进了全区机构养老步伐,大大减轻了政府负担、活跃了民间力量;通过授权委托,区社工协会作为第三方对承接政府居家养老服务的机构进行考核评估,促进了政府购买服务的公平公正。四是引导了健康生活。社工协会充分整合辖区教育、法律、卫生等各类资源,积极推进平台建设;各社区公共事务协会广泛开展老年人活动,帮教青少年,对刑满释放人员进行社区矫正;区体协组织全区各社区文体团体参加了省内外各类比赛、演出,营造了稳定和谐、团结友爱的浓厚氛围。五是强化了社会责任。大部分公益性民间组织活动经常承担政府部分职能,为行业服务,参与社会管理和公共服务,作用及影响不断扩大。例如天心区各级工会在劳、资、政三方谈判过程中,不仅代表工人的利益,同时注重维护社会的整体利益。

三、社会组织在承接政府职能转移中面临的困难和问题

尽管社会组织承接了部分政府职能,在社会公共服务中发挥着越来越重要的作用,但社会组织在天心区尚未发展壮大,在政府层面、社会层面以及自身建设中尚有不少困难和问题,类似困难和问题在全国其他地方同样存在。

(一) 政府对社会组织重要性的认识断层

社会组织作为政府和市场的第三方伙伴,其总体规模和数量在一定程度上反映一个国家和地区的市民社会的发达水平。基于此,我国中央政府已经进一步加大政府机构的改革力度,旨在充分发挥社会组织在社会管理中的主体作用。而在地方,尤其是基层地区,对社会组织建设的重视程度远远没有达到预期的程度,常常是为了应付指标数据而积极孵化社会组织,忽视了职能转移和专业性的扶持培育。同时,基层政府对社会组织的引导、管理和监督也显得十分薄弱,以天心区民间组织管理局力量配备为例,该机构作为承担民间组织信息管理工作,指导和监督社会团体、基金会、民办非企业单位登记管理的部门,仅有一个分管领导和一名负责专干,人员编制严重不足,难以真正发挥对全区数百家社会组织登记管理、转移职能和有效监管的作用。

(二) 社会组织机制建设不健全

在政策机制方面,缺少鼓励社会组织发展的政策措施,尤其是在承接政府职能转移方面的鼓励政策不够明确。在管理机制方面,天心区政府对社会组织实行登记管理机关、业务主管单位和辖区派出机构的三重管理体制,带来了多头管理、监管职责难以落实等问题,严重影响了社会组织的健康发展,也削弱了社会组织作为独立法人的自主性。在投入机制方面,政府购买没有规范化,出现投入机制不健全、投入力度小且分配不均的现象。同时由于多头管理的现状,社会组织难以区分该向哪个部门

申请经费，"求财"无门，导致有些社会组织名存实亡。

（三）　法律法规建设滞后于社会组织的发展

法律法规不健全，也成为制约社会组织顺利承接政府职能并提供社会公共服务的原因之一，导致社会组织行为不规范，自身发展活力不足。我国目前只有几部规范性的条例，如《基金会管理条例》、《社会团体登记管理条例》、《民办非企业单位登记暂行办法》等，还没有一部统一的专门性法律对社会组织进行规范、约束和调节。在天心区，随着社会组织的数量不断增多，承接职能范围不断扩大，没有社会组织方面规范的法律出台，更缺少一套区内指导性的意见和办法，无法保障社会组织健康有序发展。

（四）　社会层面对社会组织的思维定势问题

在社会组织体系发展健全的国家，如美国，人们遭遇困难和问题时，大多数情况下首先想到的不是政府，而是设立在他们周围的社会组织，他们更加信任社会组织的力量。而在我国，以天心区为例，由于宣传经费不足而难以进行系统宣传教育，造成社会各界对社会组织提供公共服务的认知不足、社会支持与关怀缺位的遗憾局面。群众传统观念固化，大多数人习惯性地依靠政府的力量，"有需要找政府、有困难靠政府、有矛盾怪政府"的观念形成定势，束缚了人们的思维。

（五）　社会组织自身建设存在问题

一是自身定位问题。在承接职能转移中，有些组织盲目响应政策，没有认识到提供社会公共服务的实质性意义，缺乏主动性；有些组织行政色彩浓厚，变成了狐假虎威的"二政府"。二是人才资源力量不强。以天心区社会组织为例，大多数社会组织的工作人员普遍学历不高、专业不强、大多为兼职，人才流失情况严重。三是基础设施建设较弱。区内多数社会组织由于经费较为紧张，基础设施建设薄弱，存在场地不够、设施不全等现象。四是交流互动缺乏平台。从社会组织服务机构的大环境看，同行之间由于竞争关系，形成了各自为政、沟通不足的困局；不同业务组织之间缺少相互之间的交流互动。

四、对 策 建 议

"十二五"规划实施以来，我国重视社会组织在承接政府职能转移提供社会公共服务中的重要作用，社会各界也开始高度关注社会组织的发展，社会组织面临前所未有的发展机遇。要使社会组织充分发挥主体作用，应从以下几个方面努力。

（一） 不断健全社会组织政策法规，为社会组织发展保驾护航

通过完善社会组织相关政策措施，推动政府部门向社会组织转移职能，向社会组织开放更多的公共资源和职能承接领域。制定一套科学合理的社会组织法律法规，从法律意义上明确社会组织参与社会管理提供社会公共服务的地位和作用；制定社会组织财税优惠政策，增加税收优惠种类、扩大税收优惠范围、提高税收优惠幅度，建立统一、合理、普惠的社会组织税收优惠政策体系；制定社会组织人才政策，健全和落实社会组织从业人员职称评定、薪酬待遇、培训教育、社会保险等政策，让社会组织用得了人、留得住人；规范社会组织承接政府职能过程中的各项细则，杜绝腐败发生。

（二） 建立科学合理的监管制度，引导培育社会组织健康发展

一要建立科学合理的社会组织管理机制。形成登记审批、日常监管、违法审查、行政处罚等各环节相统一的管理机制，探索登记管理和业务主管职能一体化，逐渐消除多头管理现象，推行社会组织社区备案制度。二要完善社会组织监督体系。将法律监督、政府监督、社会监督和社会组织自我监督相结合，建立社会组织立体监督网，

杜绝社会组织腐败发生。三要制定社会组织分类评估制度。以部门规章的形式颁布《社会组织评估管理办法》，制定分类评估标准体系，使评估工作做到有法可依、有章可循。

（三）　以政府购买的方式转移职能，加大对社会组织的投入力度

结合行政事业单位改革的进程，探索性地制定相关措施，规范政府购买公共服务行为，把一些公益性、服务性、社会性的公共服务职能，如教育科技、文化体育、医疗卫生、福利事业、生态环保、服务社区等，通过政府购买的方式转移给社会组织，加大政府投入力度，增强社会组织的造血功能，促进社会组织做大做强。广东省在这方面已率先进行了一些有益探索，如收购社会组织服务、向社会组织提供活动场所、提供一定的经济支持等，使政府与社会组织处于买卖双方的平等地位。

（四）　不断加大对社会组织的宣传力度，转变传统思维定势

一方面要深入政府行政体制改革，将能放权的放权，社会能做的交给社会，鼓励社会组织承接政府转移出的职能；另一方面要大力宣传社会组织提供社会公共服务的优势和意义，既能鼓励社会组织参与社会管理的积极性，又能转变人民群众传统的思维定势，将视角逐渐转向社会组织，不再一味地依赖政府。逐渐形成党委领导、政府负责、社会协同参与的新型社会管理格局。

（五）　引导社会组织进行合理定位，提升社会组织自身建设水平

社会组织自身建设水平决定着其提供公共服务的水平。一要改革传统组织模式。使社会组织真正成为政府和社会的"中介"，而不是简单地依附于政府。二要建立组织运行管理章程。完善内部管理，健全民主选举、民主决策、民主管理、民主监督体系，提高自律性和诚信度，增强透明度和公信力。三要重视党建工作。充分发挥党

员模范带头作用,以党建带动组织建设,保证发展的正确方向。四要加强人才队伍建设。不断引进专业人才,重视对社工人才的培训教育,提升社工人才专业性。五要建立相互交流的平台。建立社会组织联合会,通过有效的平台进行相互交流,促进不同社会组织间的职能互补,共同发展。六要提供高质量的公共服务。通过有效、主动、亲民的社会服务,建立社会组织与人民群众的良性互动。

参考文献

丁元竹:《中国社会建设战略思想与基本对称》,北京大学出版社 2008 年版。

李强、傅治平:《公共产品供给与建设和谐社会》,中国社会出版社 2009 年版。

陈成文:《社会学》,湖南师范大学出版社 2005 年版。

矫海霞:《从伦理学视角看民间组织在和谐社会构建中的作用》,《天府新论》2009 年第 3 期。

刘敏婵:《发挥社会组织在发展和谐社会中的作用》,《理论界》2009 年第 10 期。

黄震海:《和谐社会建设中社会组织的作用新探》,《市场周刊·理论研究》2010 年第 2 期。

姜力:《积极发挥社会组织的作用,努力为社会提供更好更多的公共服务》,《中国机构改革与管理》2011 年第 6 期。

杨晓梅:《论发挥社会组织在社会建设多元主体中的作用》,《广东行政学院学报》2011 年第 2 期。

陈莲凤:《泉州市社会组织作用发挥问题探究》,《中共云南省委党校学报》2011 年第 11 期。

谢建社:《发挥社会组织在社会管理中的积极作用》,《学会》2011 年第 5 期。

他山之石

隆国强 国务院发展研究中心党组成员、办公厅主任、研究员。对外经济贸易大学博士生导师。多次获得中国发展研究奖、全国外经贸优秀成果奖。主要著作有《大国开放与粮食流通》、《跨国产业转移与产业结构升级》(主笔)、《中国服务贸易》(主笔)等。

大调整时代的世界经济

隆国强

国际金融危机爆发后,世界经济进入大调整、大转型时代。未来5年,世界经济将呈现出一些不同于以往的趋势与特点:世界经济增长速度回落,转入低速增长时期;新兴经济体成为世界经济增长的新引擎;发达国家力推制造业振兴,发展中国家对外投资加速,成为推动全球价值链分工的两大新动力;"创新发展"备受重视,新兴产业蓄势待发,争夺产业与技术制高点的竞争更趋激烈;全球能源结构与供求格局深刻变化;发达国家为应对危机而采取的宽松货币政策将导致全球范围的流动性过剩,加剧金融动荡与通货膨胀;全球经济治理机制变革加速推进;区域一体化成为推动贸易投资自由化的重要形式。世界经济的大调整令我国发展的外部环境出现诸多新变化,我国必须坚持扩大开放的基本国策,创新对外开放的战略与模式。

国际金融危机爆发后,世界经济进入大调整、大转型时代。主要经济体增长前景分化,美国将保持温和增长,欧洲经济仍将处于金融危机之中,日本经济仍难以摆脱失速状态,新兴经济体增速有所回落,但明显高于发达经济体。世界经济的大调整令我国发展的外部环境出现诸多新变化,机遇与挑战的内涵不同以往,我国必须坚持扩大开放的基本国策,创新对外开放的战略与模式,构建参与全球竞争与合作的新优势,才能在世界经济大调整中趋利避害,乘势而上。

一、世界经济的主要趋势

（一）　世界经济转入低速增长期

2007 年之前,世界经济经历了长达 10 多年的高速增长与繁荣时期,尤其是 2004—2007 年期间,全球经济年均增长速度达到 3.9%,比近 30 年来的平均增长速度高近 1 个百分点。以美国为首的发达国家是世界经济增长的火车头。世界经济的高速增长得益于四个重要因素:一是以信息通信技术、互联网为代表的技术革命;二是经济全球化的红利;三是 1991 年苏联解体,冷战结束带来的和平红利;四是 20 世纪 80 年代以来各国的体制调整与开放政策带来的制度红利。

2008 年美国次贷危机引发的国际金融危机终结了世界经济的繁荣,拖累世界经济步入了低速增长时期。据预测,未来 10 年世界经济平均增速将降至 2.9%,明显低于金融危机前 5 年的 3.6% 和危机前 20 年的 3.1%—3.2% 的平均增速。

导致未来世界经济低速增长的原因是多方面的。一是国际金融危机的冲击。发达国家普遍面临着高负债、高赤字、高失业和低储蓄的结构性问题。美、欧等重灾区经济体需要相当长的一段时期才能走出困境,其政府、企业、家庭通过"去杠杆化"来修复资产负债表并非易事。二是世界经济处于康德拉季耶夫长周期的下行阶段。新一轮产业革命尚处于孕育期,5 年内难以成为世界经济增长的主要动力。三是发达国家和中国人口快速老龄化,全球人口总抚养比将自 2015 年后开始上升,对储蓄率与投资率产生不利影响。

（二）　新兴经济体成为世界经济增长新引擎

发达国家由于占世界经济份额高,长期是推动世界经济增长的主要引擎。未来 5 年,发达国家经济减速,占全球经济份额下降,对世界经济增长的贡献明显下降。新兴经济体对世界经济增长的贡献将更加重要,成为世界经济增长的新引擎。这可以从新兴经济体占世界经济的份额持续上升和新兴经济体与发展中国家在全球贸易与投资中的地位日益重要这两方面显现出来。

（三） 两大新动力推动全球价值链分工进一步深化

各国发展理念趋同，越来越多的国家采纳"开放发展、创新发展、绿色发展、包容发展"的理念。发达国家的再制造业战略和发展中国家大规模的对外投资，成为整合全球价值链的两大新动力。

制造业将更加受到各国重视。过去 20 年，东亚、南亚等地区的一大批发展中经济体融入全球分工体系，在低附加价值的制造与服务活动中占据日益重要地位，其中，中国取代美国一跃成为世界最大的制造大国。发达国家在全球分工体系中转向制造业与服务业的高端价值环节，在享受低成本进口好处的同时，也面临着日益严重的产业"空洞化"挑战，结构调整和失业压力上升。金融危机后，发达国家反思危机前过度追求经济服务化、虚拟化的教训，纷纷推出了"再制造业化"战略。围绕制造业振兴，美国政府制定了包括基础设施更新、人力资源提升、5 年吸引 1.5 万亿美元外商直接投资的"选择美国"计划、"5 年出口倍增"等一揽子措施。法国、日本等发达国家也制定了振兴制造业的类似计划（尽管名称各不相同）。可以预期，全球制造业供给能力将快速扩张，在需求不振的形势下，未来世界经济可能面临更加严重的产能过剩和更加激烈的国际竞争。

此外，来自新兴经济体的对外投资将成为整合全球价值链的新动力。在全球生产价值链整合中，发展中国家将更为主动。随着发达国家与发展中国家双向投资规模的持续扩大，价值链分工不断深化，各国利益更加融合，国际竞争将更加激烈，合作也将更为深入。

（四） "创新发展"备受重视，新兴产业蓄势待发

从历史经验看，重大的危机往往会激发新一轮技术革命。作为应对金融危机的

战略措施,美国等发达国家政府更加重视新技术研发与新产业发展。美国政府 2009 年、2011 年两度发布《创新战略》;英国政府发布了《技术蓝图》报告,明确提出英国要努力成为世界上最具吸引力的创新科技投资之地;德国出台了《纳米技术 2015 行动计划》、"生物经济 2030 国家研究战略"、《可再生能源法》等一系列科技计划。发达国家在研发投入总量、技术储备、人才与产业基础等方面仍将占有明显优势,继续引领全球技术创新的方向。

面对科技创新日益激烈的国际竞争,新兴经济体也不甘落后。俄罗斯发布了《俄罗斯联邦 2020 年创新发展战略》,印度提出 2020 年成为知识型社会与全球科技领导者的目标。中国则大力推进创新型国家的建设。新兴经济体在技术研发上急起直追。针对日趋活跃的技术创新,西方有学者提出"第三次工业革命"的概念。从近中期看,信息技术的深度应用将是创新最为活跃的领域,云计算、大数据、虚拟现实、移动互联网、物联网等将不断拓展新的应用领域与模式。信息技术与制造业深度融合,推动 3D 打印、智能机器人、人工智能等加速发展。美国页岩气开采技术的突破与大规模应用,对全球能源价格、能源结构和能源地缘政治将产生深远影响。但是,未来 5 年,尚难以看到可以产生革命性影响的重大技术突破,新兴产业仍处于产业化的初级阶段,难以担负引领世界经济走出困境的重任。

未来各国围绕人才、资金、技术与标准、知识产权、市场的争夺将更加白热化,在产业与技术领域的竞争将更加激烈,合作也将更加广泛多样。

(五) 全球能源结构与供求格局深刻变化

国际能源领域正处在大变革时期。一是能源结构将发生重要调整。2005—2011 年,太阳能和风能的年均增长率分别达到 61% 和 25%。风电已连续 5 年成为欧盟第一新增电源。美国页岩气呈现爆发式增长,2011 年美国页岩气产量是 2000 年产量的 15 倍,占其天然气总产量的 34%。2009 年美国超过俄罗斯成为全球第一大天然气生产国。未来全球能源结构将进入油、气、煤、可再生能源、核能五足鼎立的新格局,可再生能源和非常规油气成为新的快速增长的两个领域。

二是国际石油供求格局出现重大变化。非常规石油资源带动石油储量增长,美国页岩油的勘探开发成为未来石油资源新增量的重要来源。未来非常规石油产量增大,开采成本较高,加上主要产油国严重依赖石油出口,低价石油的时代难以再现。石油消费中心东移,生产中心西移。东亚及太平洋地区正成为新的石油消费中心。

三是世界能源地缘政治将出现新的格局。美国能源独立取得重要进展,减少了对中东地区的依赖,为美国的全球战略布局调整提供了巨大空间。中东、北非地区一些产油国政局动荡和存在战争风险,给全球石油市场带来不确定性。

气候变化日益成为国际社会普遍关心的重大全球性问题。尽管各国在二氧化碳减排上存在分歧,但在应对气候变化上,各国达成多项共识,为进一步展开双边和多边磋商、达成新的具有普遍法律约束力的协议奠定了基础。

(六) 全球流动性过剩,金融动荡与通货膨胀压力增大

金融危机后,出于救助金融危机、刺激经济增长、降低融资成本和稀释外债成本等多重目的,美、欧、日三大经济体同时采取了宽松的货币政策,未来世界经济将面临严重的流动性过剩局面。

全球流动性过剩将产生一系列严重后果,导致国际金融市场的持续动荡。一是可能导致大宗商品价格高位振荡,加剧通货膨胀压力。二是加剧跨境资本流动。逐利是资本的本性,过剩的流动性会四处寻找高回报的机会,在不同国家之间套利,从而加剧跨境资本流动,并可能冲击各国金融市场甚至宏观经济的稳定。新兴经济体由于其相对较好的增长前景,将成为资金流入的重要选择。三是加剧汇率波动,发达经济体通过宽松的货币政策压低本国货币的汇率,推动各国间竞争性贬值。新兴经济体面临较大资金流入压力,可能推高其汇率。四是可能在局部形成新的资产泡沫,积累新的金融风险。五是美国将多方维持"美元霸权"。美国宽松货币政策可能导致美元的贬值,加之美国经济相对地位的下降,对美元的国际地位产生不利影响。面对其他货币的挑战,美国出于战略利益考虑将多方维护"美元霸权",对任何潜在的竞争货币采取打压措施,从而影响国际金融市场的稳定。

（七）　全球经济治理机制变革加速推进

国际金融危机的直接原因有所不同，美国次贷危机源于房地产泡沫破灭和过度金融创新；欧债危机源于政府过度负债。但深层次的原因则是现有的国际治理机制和国内经济体制不能适应生产力发展和经济全球化持续深化带来的冲击。国际金融危机揭示了现有全球经济治理的重大缺陷，新兴经济体与发达经济体实力对比的新变化也对全球治理变革提出了迫切要求。

国际金融危机爆发后，国际金融监管体系变革快速推进，全球治理发生了新的变化。一是新兴经济体在现有多边治理机制（如世界银行、国际货币基金组织）中的份额与话语权有所提升。二是20国集团（G20）取代8国集团（G8）成为大国经济政策交流对话与协调的新平台，新兴经济体的影响力明显提高。三是发达国家加速推动制定新的国际规则，围绕利益分配和规则制定的国际竞争日趋激烈。面对新兴经济体崛起的挑战，发达国家为了维护其既得利益，极力推动新的国际经贸规则的制定，试图将气候变化、国有企业、竞争中性、劳工标准等纳入国际规则。新兴经济体在全球经济治理机制中的话语权不断提升，但新兴经济体利益诉求分化、协调能力较弱，在重大问题上难以形成一致声音，制约了其在全球治理变革中的作用发挥，发达国家主导全球规则制定的局面中期内难以改变。

（八）　区域一体化成为推动贸易投资自由化的重要形式

全球金融危机后，贸易投资保护主义有所抬头，但贸易摩擦影响的国际贸易金额占比不到1%，各国在经济发展中的相互依存和利益交融日益增强，经济全球化仍是主流。多哈回合陷入僵局，各国将主要精力转为构建区域一体化安排，区域和双边自由贸易安排成为推动贸易投资自由化的重要形式。与多边贸易投资自由化的非歧视原则不同，区域贸易安排会对非成员国形成贸易转移效应。各国均担心被边缘化，在多米诺骨牌效应下，争相加入或发起新的自由贸易安排。未来5年区域一体化将保持快速推进势头。

对大国而言,区域一体化战略还可以将经贸利益与地缘政治战略有机结合。大国将推动自己主导的区域一体化组织作为实施全球战略的重要手段。在已经和准备启动的自贸谈判中,美国主导的"跨太平洋伙伴关系协定"(TPP)、东盟推动的"区域全面经济伙伴关系"(RCEP)将对亚太地区的一体化格局产生重大影响,美欧自由贸易区、日欧自由贸易区一旦建立,意味着主要发达经济体之间将形成更加紧密的关系,中国可能被排斥在发达国家主导的区域贸易集团之外。

二、世界经济大调整对我国的影响

我国与世界经济的融合不断深化,未来世界经济发展趋势与格局的变化,将给我国带来新的机遇与挑战,对我国经济发展与结构升级产生重大影响。

(一) 世界经济大调整给我国带来的挑战

第一,出口增长与结构升级的压力加大。一是全球经济减速导致我国出口的外需增长放缓。二是我国一些低附加价值的劳动密集型产品正受到来自其他发展中国家更加有力的竞争。如果我们不能持续增强国际竞争力,加快出口结构升级,我国出口将面临严峻形势。三是针对中国的贸易投资保护主义持续抬头。经贸摩擦从传统出口产品向技术密集产品、从贸易领域向投资领域、从实体经济向规则制定扩展。四是我国出口结构升级将加剧我国与发达国家的正面竞争。发达国家实施"再制造化"战略,更加重视货物贸易出口。我国出口结构升级将使我国与发达国家的分工关系从互补为主转向更多的正面竞争,如果处理不当,可能重演当年日美贸易战的历史一幕。

第二,保障我国金融安全与资源能源安全的困难增加。一是全球流动性过剩和资金跨境流动加剧,将增大我国巨额外汇储备保值增值的风险,影响人民币汇率稳定,压缩我国货币政策的调整空间,增大我国资本项目开放的风险。二是全球大宗商品价格高位波动,不仅令我国进口资源能源付出更多代价,而且存在输入型通货膨胀压力,可能影响我国宏观经济稳定。三是国际政经环境和地缘政治变化,威胁我国海外利益安全。我国海外投资、人员大幅增加,且有较大比例集中于政治风险较高的国家与地区,维护海外利益的任务将更加艰巨。

第三,我国和平发展的战略环境更加复杂。一是"中国威胁论"、"中国责任论"相互交织。我国承担国际责任的意愿、能力与国际社会的期盼存在落差,国际社会对中国崛起的疑虑加重,将影响到我国的国际形象与对外经贸关系。二是区域一体化快速推进,我国面临被主要区域贸易安排边缘化的危险。三是发达国家力推制定新的国际规则,可能导致国际规则朝不利于我国利益的方向演变。尽管全球治理变革与规则调整为我国提供了更多的参与机会,如果我国不在决策体制方面作出重大改革,大力提升参与国际治理的意识、经验和能力,全球治理变革与规则制定则可能不利于我国利益。四是周边战略与安全环境复杂化,影响我国与周边国家的经贸关系。美国实施"重返亚洲"战略,日本、越南、菲律宾等与我国海洋主权与权益的争端加剧,部分周边国家出于对中国崛起的疑虑与恐惧,采取联美外交政策,一些周边国家政局动荡,均不利于我国发展与周边国家的经贸关系。

(二) 世界经济大调整给我国带来的机遇

世界经济的新变化将给我国带来加速技术进步与产业结构升级的新机遇。

第一,引进高端生产要素与产业活动的机遇。全球经济低迷更突显中国经济良好前景,跨国公司更加看重中国巨大的本土市场和人力资源、基础设施、配套产业等新优势,加速将研发、地区总部、先进制造等更高技术含量、更高附加价值的产业活动向我国转移,高端人才等生产要素也将加速流入我国,有利于我国通过"引进来"提升技术水平和国际分工地位。

第二,整合全球资源,推进技术与产业升级的机遇。一是金融危机冲击下的发达经济体,为我国企业提供了海外低成本并购获取技术、研发能力、国际品牌、国际销售渠道的难得机遇;二是全球性新技术研发创新热潮,既是挑战,也是机遇,如果我们能够充分利用国际、国内两种资源,大力改善创新环境,我们不仅能在传统产业实现大幅提升,而且可能在新技术和新产业的国际竞争中争得一席之地。

第三,提升我国出口结构的机遇。一是发达国家更新基础设施和新兴经济体建设基础设施,将带来全球性的基础设施建设热潮,这有利于我国扩大海外工程承包并带动我国机械、设备等高附加值制成品的出口。二是新兴经济体推进城市化、工业化将为我国性价比具有国际竞争力的发电设备、建筑机械、运输设备等资本品提供日益扩大的市场需求,带动我国出口结构的升级。新兴经济体日益扩大的中产阶级,其消费结构升级,也将为我国质优价低的消费品出口提供新市场。三是日益激烈的国际竞争和信息技术的深度应用,将有力地推动国际服务外包,我国可以充分发挥大学毕业生多的人力资源优势,实现服务外包的大发展。

第四,拓展我国发展空间的机遇。一是全球经济治理变革为我国参与全球规则制定提供机遇。二是区域一体化热潮有利于我国发挥市场吸引力,打造与我国经贸联系更加紧密的周边环境,落实周边外交战略。三是发展中国家日益重视吸引外商直接投资,修订法律法规,改善投资环境,将吸引中国企业投资作为重点,有利于我国更好地利用发展中国家的资源、土地、劳动力和市场,改善与发展中国家的关系,拓展我国和平发展的战略空间。

三、应对世界经济大调整的政策建议

未来 5 年是中国和平发展的关键时期,面对世界经济大调整带来的机遇与挑战,我们必须审时度势,冷静分析,沉着应对,抢抓机遇,在对外开放领域做几件大事与实事,才能真正实现化危为机,趋利避害。

第一,着力提升我国全球价值链分工地位,继续拓展出口市场空间。我国已经成为世界第一出口大国,但出口产品集中于低附加值的劳动密集型产品,未来一段时期虽然外需增长放缓,但随着我国在国际分工中地位的提升,我国出口增长和提升国际市场份额仍有很大空间。一是树立制造立国、质量立国理念,创造出口竞争新优势。发达国家的"再制造业化"战略昭示出制造业对一国经济发展的关键作用,我国更应该高度重视不断培育制造业国际竞争新优势。要围绕这一目标,在技术追赶与创新体制、房地产制度与市场、劳动力成本与技能、税收、汇率、贸易便利化与自由化等各个层面,改善增强出口竞争力的舆论环境、制度环境和市场环境。二是创新特殊经济区政策,打造"六大中心",即把我国从现在的世界"制造中心"扩展到"国际制造"、"国际物流"、"国际销售"、"国际结算"、"国际研发"、"国际维修"六大中心,大大提升我国的全球价值链分工地位。三是要扩大利用外资规模,提高利用外资的综合效益。加快服务领域对外开放,改善投资环境,大力引进技术含量与附加值更高的外商投资项目。四是大力发展服务贸易,大力开拓国际服务外包、海外工程承包市场。

第二,大力支持企业"走出去",打造几十家我国自己的具有国际竞争力的跨国公司与全球行业龙头。一是与美、欧等发达国家商议签订投资协定,并研究探索签署多边投资协定的可行性,为我国企业对外投资创造良好外部环境;二是配合资本项目开放与国内投融资体制改革,率先改革现行对外投资管理体制,大大简化审批程序,尽早取消审批;三是大力完善对外投资服务体系,包括信息服务、融资服务、法律服务、海外人员与资产安全保护服务等;四是大力增强我国企业国际化经营能力,不仅要"走出去"而且要"扎下来"。

第三,积极主动推进自由贸易区战略。积极推进中日韩自贸区、区域全面经济伙伴关系(RCEP)谈判,探讨与美、欧建立自由贸易安排的可行性,力争5年内与重要经济体谈成一个大的区域贸易安排。

第四,加强周边经贸合作,发展"铁杆"朋友。一是要与周边国家发展互惠互利可持续的经贸关系。充分考虑周边国家的发展目标与主要关切,综合利用贸易、投资、金融、援外等多种手段,把农业全产业链投资与贸易合作、基础设施建设、转移出口导向型的加工制造项目、资源开采与深加工等作为经贸合作的重点领域。二是让周边国家充分分享我国的市场机遇,通过单边降低关税、重点分配进口配额、建立双边自由贸易安排等扩大自周边国家的进口。三是加快周边大通道建设。开工建设中老柬铁路和直通印度洋的中缅铁路;打通经朝鲜直通日本海的水、陆通道;修建中蒙铁路复线、提升中蒙公路等级;加快与中亚上合组织成员国的公路、铁路网建设。四是加强陆海统筹,大力发展海洋经济。不仅要认识到海洋对我国安全的战略意义,而且要认识到海洋对保障我国资源能源安全和发展经济的巨大作用。除了继续发展传统的海洋农渔业、资源能源开采与加工、航运、旅游等传统的海洋经济活动,还要大力发展海洋生物、海洋可再生能源、海水利用等新兴产业。要创新理念、创新制度、创新技术,在维护我国主权的前提下,大力开展海洋经济的国际合作。

张 爽 北京第二外国语学院国际政治系主任、副教授。

美国崛起的若干历史经验及对中国的启示

张 爽

在国际政治话语里,所谓崛起就是一个国家与其他国家相比,国际地位显著提高,其实力差距迅速缩小或拉大,从而对整个国际秩序和世界格局产生重大影响。大国崛起之路从来都不是平坦的,也格外受人瞩目。以美国而言,其崛起就不是一帆风顺的。从 1865 年美国内战结束到一战爆发这一阶段,是美国崛起的起飞时期。在这一时期,美国面临过种种困难和危机,可以说美国是带着诸多的难题实现崛起的。总结美国崛起的若干经验,对于正在努力实现中华民族伟大梦想但又面对各种难题的中国而言,大有裨益。

一、美国崛起起飞阶段所遭遇到的主要难题

(一) 行政效率低下与政治腐败

美国一直宣称其有一个三权分立、相互制衡的完美政治制度,并以此而自豪。但实际上,美国崛起起飞阶段的诸多麻烦恰恰来自于其政治制度上的一些缺陷,其中一个最重要的缺陷就是联邦政府立法、行政和司法三个部门之间权力划分模糊。19 世纪后期,美国联邦政府的核心部门是国会,联邦行政部门的规模非常小,甚至小到不能有效履行基本职能。例如,一直到 1900 年,美国的联邦政府全部雇员人数也只有

94 000人,财政收入只有4亿多美元,甚至比不上美国铁路公司的规模。因此,很长一段时间之内,美国联邦行政部门一直难以承担起日益复杂的经济和社会管理职责,不能根据当时的经济趋势相应地制定对策,导致美国经济发展中不断产生危机。同时,由于权力的不平衡,美国国内政治腐败情形相当严重。以最廉洁为指数0、最腐败为指数1为标准,19世纪70年代,即共和党总统格兰特执政期间(1868—1876年),指数创下1.03的历史纪录。在此期间,号称民意机构的国会有12名议员包括众议院议长遭到收受贿赂的指控,这引起民众对立法机关强烈的不信任。除此之外,行政与司法系统腐败的情形也十分严重。行政部门官员通过分配公共职位偷窃国库,通过泄漏与利用内部信息以及在政府采购中巧取豪夺等多种办法大肆获取不义之财。被称为社会公正的最后一道防线的法院,也多次作出不公正的判决。例如,19世纪末,由洛克菲勒家族控制的标准石油公司就多次通过重金贿赂法官来阻止竞争对手获得巨额赔偿金。

(二) 企业垄断和环境污染严重

从表面上看,美国实行完全的市场经济,其产权制度对所有的人都给予同样的保护,但实际上产权的保护是非中性的,制度设计对工商业利益集团表现出一种明显的偏爱。例如,美国《宪法》第十四条宪法修正案原文是:"任何一州未经正当法律程序不得剥夺任何人的生命、自由或财产。"但是最高法院把修正案中的"任何人"解释为任何"法人",从而使公司企业可以以"法人"身份行事,把维护产权放在司法判决的核心位置,强调私人经济的发展对市场经济的作用而忽视对公共利益的保护,造成了严重的垄断。在19世纪后期到20世纪前期,美国一直是世界上垄断最严重的国家之一。例如,国际收割机公司控制了85%的收割机市场;全国9/10的罐头由美国罐装食品公司出售;美国糖业集团控制着美国全部的食糖市场。同时,商人对利润的过度追求和缺乏有效的政府监管造成了严重的环境污染。由于没有任何法律要求企业处理它们导致的煤烟和灰尘,这些煤烟和灰尘被任意排放,特别是在毗邻矿山的地方,矿物燃烧后产生的有毒气体,直接排放进大气与湖泊河流。空气和水的污染不仅破坏了环境,而且损害了人民的健康。

(三) 社会道德严重滑坡

19世纪后期,美国传统的自由主义思想与达尔文主义相结合,导致个人主义至上的思想泛滥,社会道德滑坡情况严重。最突出的问题就是把财富作为衡量一个人在社会中是否成功的最重要甚至是唯一标准,这种情形使当时美国人的精神世界完全为贪婪所左右。一个突出的表现是,由于对食品、药品的生产和销售没有任何监管,食品和药品安全构成了一大社会问题。例如贪得无厌的生产商和销售商经常销售结核病奶牛生产的奶和低质量的奶,在牛奶中掺水、盐、苏打水等,在脏牛奶上覆盖一层好牛奶,用没有消毒的、敞开的容器运送牛奶等。作家厄普顿·辛克莱在《屠宰场》里描写屠场老板唯利是图,把腐烂发臭的肉当作好肉制成罐头销售,虽然是小说,却被公众广泛认为是事实。

(四) 外交摩擦不断,处于相对孤立的状态

从美国内战结束之后到一战之前,美国在世界上处于一种相对孤立的状态。一方面,传统的孤立主义政策,使美国不愿介入外部事务;另一方面,国力快速上升引起了英国和欧洲老牌强国的摩擦。1910年,美国的工业产值已经相当于英国、法国和德国的总和。美国的工业化发展导致出口商品急剧增加,影响了欧洲强国的商业利益。在强盛国力的支持下,美国在美洲极力寻求独大地位也引起了欧洲老牌强国的不满。因而,美国当时和英国、法国、德国等世界主要强国的关系都十分紧张,1889年美国和德国围绕萨摩亚岛屿以及1895年美国和英国围绕委内瑞拉边界划分问题,都曾经走到了战争的边缘。欧洲社会中"美国威胁论"甚嚣尘上。美国和周边国家也是矛盾重重,西奥多·罗斯福总统的至理名言是:"有一则家喻户晓的格言这样说,'话说得客气些,手里再提着大棒,事情一定好办得多'。"罗斯福想表达的意思就是,欧洲无权干涉美洲的内政,但是美国可以依照自己的逻辑任意干涉美洲各国事务。

美国对周边国家的颐指气使导致周边国家对美国的疑惧加深,美国同周边国家关系紧张。

二、美国面对崛起困境采取的改革措施

面对国内外诸多难题,美国公众感到迷茫,为何美国崛起过程中产生的是社会不稳定而不是稳定? 理想与现实之间为何出现了如此强烈的反差? 现实中的种种问题使美国政府和公众清醒地意识到,国家快速崛起必然会带来种种不适应,因而需要必要的改革,否则必然会让人们逐步丧失对国家政治经济制度的信心。从 19 世纪末开始,美国国内发起了声势浩大的进步主义运动,社会各阶层形成广泛的共识,必须消除那些容易滋生极端主义的社会、经济条件,必须通过完善政治、经济和社会制度来逐步解决和克服美国崛起过程中的种种危机。

(一) 在政治领域,美国开始有意识地进行制度改革

三权分立、相互制衡的框架依旧存在,但是联邦行政部门的权力开始日益集中,大规模的社会与经济变革正在扩大美国生活的范围,导致了不和谐的经济混乱和激烈的政治冲突。这些变化要求美国联邦行政部门作出更快和更有效的反应,进行有效的管制。没有政府管制就没有市场经济,有效的市场经济是建立在有效的监管之上的。美国联邦行政部门的财政预算和人员规模开始显著增加。与 1900 年相比,1914 年服务于联邦行政部门的人员已达到 29.2 万人,增加了 2 倍多,联邦财政收支从 4 亿多美元增加到 7 亿多美元。联邦立法部门的改革更加强调议员的代表性,联邦参议员从各州议会选举改为各州选民直选,众议员的选区也作了调整。国会内部也进行了一系列的改革,诸如降低议长的权力,加强常设委员会等,目的是使社会中各种不同利益集团的声音都能在国会得到倾听,其利益诉求都能够得到表达。

美国通过健全法律和司法体系、加强监督执行法律规章的独立机构来防止腐败。国会相继通过了诸如禁止公司向联邦公职候选人捐款的法律(1907 年)、竞选经费公

开法(1910年)等一系列防止腐败的法律,建立了司法部公共廉洁处、联邦调查局和独立检察官等起诉公共腐败行为的联邦刑事机构,来保证政府遵循高度透明性、强烈责任感和权力限制原则,以此抑制腐败。至1914年前后,美国腐败指数已经降低到0.16的历史最低水平。

(二)　在经济领域,美国联邦政府意识到,绝不能允许任何一个团体控制其他所有人的命运

必须对贪婪的资本主义及其对国家自然资源的掠夺进行"刹车"。如同美国总统威尔逊所言:"我们的任务不是为了任何单个利益,而是为了作为整体的国家利益服务。"联邦政府开始有意识地充当公正裁判的角色,根据普遍的民意倾向在不同利益集团的利益相互冲突中采取适度的平衡规范原则,最突出的举措就是美国开始认真执行反托拉斯法。1890年美国通过的《谢尔曼反托拉斯法》,最初并没有得到有效执行,1890—1900年间,法院只受理了17起反垄断案件。但是随着社会呼声日益强烈,联邦政府开始强化反垄断法的实施。1901—1912年间,美国发起了94起反垄断案件调查。依据反托拉斯法,美孚石油公司、北方证券公司等一批垄断企业被拆散。《食品和药物纯净法案》和《肉类产品监督法案》等涉及民众生命与健康的法律相继出台。环境保护越来越受重视。美国最高法院对于许多案件的判决开始顾及社会的呼声,在维护私人产权和维护公共利益及公共权利方面寻求平衡,并努力使其判决适应现代的需要,目的是为了创造一个更公平的竞争环境,使政府能够更有效地处理时代问题。

(三)　在道德层面,自由主义思想虽仍是美国的底色,但是美国社会各界逐渐认识到,民主需要包含一个社会的维度

美国哲学家杜威认为:"自由总是一个社会问题,而不是一个个人问题。"政治学家克罗利认为:"真正有益的和标准化的民主目的是要让民主组织机构能够代表个人

成就和社会进步的共同利益,而不仅仅是个人自由或权利平等。"过度地忠实于自由放任的自由主义已经严重地损害了美国的民主。放任自由的自由主义信念逐渐被一种新的信念所取代,即为了在一个非常复杂的工业社会中保证人民的自由和维护民主制度,必须对自由主义进行调整和修正,民主社会应该为所有人而运行,在坚持自由主义的同时,每个人都应该意识到大家是互相联系在一起的,每个人都应该有一点对他人的社会责任。因此,在公共对话和政策制定中,必须在个人自由和社会责任之间进行平衡,需要用社会责任意识来平衡个人主义。这种自由才是真实的自由。

(四) 在外部事务处理方面,美国认识到,避免同世界主导性大国发生直接冲突是十分重要的

"美西战争"之后,美国对外行为保持了相当的克制。美国外交的注意力一直放在拓展本国的商业利益上。根据自身核心利益的需要,美国将国防建设的重心放在海军建设上。从 1904 年开始,除个别年份之外,美国海军的财政开支一直超过陆军。对于当时世界主要大国之间的矛盾,美国尽力避免直接介入。在处理与周边国家的外交事务时,美国也开始调整政策,通过加强贸易往来和直接投资的方式来促进同周边国家的经济联系,以减轻周边国家的疑虑,使美洲逐渐变成美国稳固的战略基础和支撑,保证美国的崛起始终在相对较为充裕的安全环境下进行。

三、美国的崛起经验对中国的启示

当今中国正在朝着实现伟大复兴梦想的方向前进,同时也面临着一些现实的严峻问题。这使一些国人产生了疑问,中国梦能够顺利实现吗? 我们可以从美国崛起的若干历史经验获得启迪。正如托克维尔在《论美国的民主》里所说:"我们把视线转向美国,并不是为了亦步亦趋地仿效它所建立的制度,而是为了更好地学习适用于我们的东西。"

（一）　必须坚定地明确和维持一种社会广泛认可的价值观，以最大限度地达成社会共识

崛起的大国必须具有足以凝聚本国人民的意识形态，否则崛起难以维系和持续。美国在崛起过程中一直坚持自由主义意识形态，因为这是美国民众所广泛接受和认可的思想，是美国价值观的核心，它对于美国的经济与社会发展起到了巨大的推动作用。但是，任何一种意识形态在经济和社会结构发生巨大变化的时候都不可能保持不变，都会发生一些问题，因而需要不时地进行自我调整。美国进步主义运动兴起的重要原因就在于此。但是进步主义运动从来没有怀疑过美国的基本价值观。同样的原因，中国也必须具有为社会广泛接受和认可的价值观才能促成中国社会与经济的顺利发展。在当下的中国，社会主义核心价值观仍然是被我国最多数的民众所接受和认可的价值观。因此，我们必须坚定地维护自身的社会主义核心价值体系。只有在社会主义核心价值观体系上才能建立起广泛的社会共识，才能使举国上下始终保持有效的战略定力。

（二）　要坚持与时俱进的有效制度改革，使国家制度能够适应社会和经济的发展变化

美国依靠比当时世界主要强国更广泛、更深入的制度改革实现了国家的迅速崛起。当下中国迅猛的经济发展和社会进步说明，我国的制度是适合中华民族复兴的制度。然而，没有一种制度是完美无缺的，当前中国所面临的种种问题反映了我们制度层面还存在种种缺陷，需要进行有效的改革。

首先，要明确政府在经济与社会发展中的作用。随着市场经济的发展，一方面，行政部门要简政放权，能够由市场决定的坚决由市场来主导，不该政府管的坚决不管，让市场在资源配置中起决定性作用。另一方面，市场经济的有效运行也要求政府对市场监管要更加有效，所以政府的监管必须非常严格和细腻，特别是在涉及民生的

食品、药品和环境保护等问题上，需要根据社会对公共服务的需求来确定政府相应的人员和财政规模。

其次，立法部门要吸收社会不同阶层的代表加入。国家崛起的过程也是公民的利益得到充分保护、公民的精神得到充分抒发的过程，需要一个完备的法律体系来充分保障。一部法律的出台必须体现社会各阶层最广泛的共同利益，所以立法机关代表的广泛性在多元化的社会中是必需的。

再次，司法制度的完善是极为重要的。从美国崛起的经验看，司法制度的重要作用在于，在维护私人产权与维护公共利益方面保持平衡。一方面，必须通过有效维护财产权利和契约权利来给个人以更多的释放能量的机会以保证国家经济活力的持续，这是一个国家具有创新能力的重要根源，美国的崛起同一大批富有创新意识的企业家的兴起是密不可分的。另一方面，司法制度要维护社会大众普遍认可的公共利益和公共权利。公平的判决有利于缓和社会的急躁情绪，保持社会的平和与稳定。为此，宪法必须取代普通法成为国家权力和个人权利合法性的最后仲裁者。

（三）　在外交领域，国家要坚持适当的韬光养晦和奋发有为相结合的政策

崛起国家实力上升迅猛时总是不可避免地会激起霸权国家的防范与遏制，这在美国崛起过程中得到了充分反映。与此同时，崛起国家内部的诸多矛盾也降低了国内民众对自身实力的认识，因而对于国家在国际社会中如何发挥重要作用，很难在国内达成广泛共识。因此，国家对于自身战略目标的排序要有轻重缓急之分。要坚定地、毫不含糊地维护自身核心利益，并且采取有效措施来强化自身的国防实力。同时，要尽力避免挑战和质疑区域外强国的核心利益。在国内共识增加和国力日益增强的前提下，逐步扩大自身在国际社会中所承担的责任，从而顺其自然地、从容地走到世界舞台的中央。

一个国家的崛起模式并不意味着就是另一个国家的崛起模式。但是，纵览美国崛起历程，有一个重要的启示却是具有普遍意义的，那就是在美国崛起过程中无论面

临多少艰难险阻,美国政府与民众始终对其自身价值观、发展模式和国家基本制度充满自信。正是依靠这种自信,美国克服与战胜了种种危机与困难,成功实现了自身的崛起梦想。所以,对于当前正在期盼实现中国梦的国人而言,最重要的就是不要怀疑自己的成功经验和成功道路,始终坚定道路自信、理论自信和制度自信。只要我们坚定这三个自信,中国梦的实现将是历史的必然。

图书在版编目(CIP)数据

中国经济与管理.2014.第2辑/颜廷君,顾建光主
编.—上海:上海人民出版社,2015
ISBN 978-7-208-12733-3

Ⅰ.①中… Ⅱ.①颜… ②顾… Ⅲ.①中国经济-经
济管理-文集 Ⅳ.①F123-53

中国版本图书馆 CIP 数据核字(2014)第 304292 号

责任编辑　王舒娟　刘林心
封面装帧　王小阳

中国经济与管理 2014

（第二辑）

颜廷君　顾建光 主编

世 纪 出 版 集 团

上海人民大版社出版

(200001　上海福建中路 193 号　www.ewen.co)

世纪出版集团发行中心发行　江苏启东人民印刷有限公司印刷
开本 787×1092　1/16　印张 17.25　插页 6　字数 264,000
2015 年 1 月第 1 版　2015 年 1 月第 1 次印刷
ISBN 978-7-208-12733-3/F·2282
定价 68.00 元

中国经济与管理丛书